1 fr. 25 le volume

ŒUVRES COMPLÈTES D'HECTOR MALOT

ZYTE

PARIS
ERNEST FLAMMARION, ÉDITEUR
26, RUE RACINE, PRÈS L'ODÉON

EN VENTE A LA MÊME LIBRAIRIE

EN COURS DE PUBLICATION

ŒUVRES COMPLÈTES D'HECTOR MALOT
à 1 fr. 25 le volume

Le Lieutenant Bonnet	1 vol.	Les Millions Honteux	1 vol.
Susanne	1 —	Le docteur Claude	2 —
Miss Clifton	1 —	Le Mari de Charlotte	1 —
Clotilde Martory	1 —	Conscience	1 —
Marichette	2 —	Justice	1 —
Pompon	1 —	Les Amants	1 —
Un Curé de Province	1 —	Les Époux	1 —
Un Miracle	1 —	Les Enfants	1 —
Romain Kalbris	1 —	Les Amours de Jacques	1 —
La Fille de la Comédienne	1 —	La Petite Sœur	2 —
L'Héritage d'Arthur	1 —	Une Femme d'Argent	1 —
Le Colonel Chamberlain	1 —	Les Besogneux	2 —
La Marquise de Lucillière	1 —	Une Bonne Affaire	1 —
Ida et Carmelita	1 —	Mère	1 —
Thérèse	1 —	Mondaine	1 —
Le Mariage de Juliette	1 —	Un Mariage sous le second Empire	1 —
Une Belle-Mère	1 —	La Belle Madame Donis	1 —
Séduction	1 —	Madame Obernin	1 —
Paulette	1 —	Paulette	1 —
Bon Jeune homme	1 —	Micheline	1 —
Comte du Pape	1 —	Le Sang-Bleu	1 —
Marié par les Prêtres	1 —	Baccara	1 —
Cara	1 —	Un Beau-Frère	1 —
Raphaelle	1 —	Zyte	1 —
Duchesse d'Arvernes	1 —	Ghislaine	1 —
Corysandre	1 —	Mariage riche	1 —
Anie	1 —	Complices	1 —
Vices français	1 —		

IMPRIMERIE E. FLAMMARION, 26, RUE RACINE, PARIS.

ZYTE

8°Y⁻²
18312

EN VENTE CHEZ LE MÊME ÉDITEUR

ŒUVRES COMPLÈTES D'HECTOR MALOT

LES VICTIMES D'AMOUR :
- Les Amants .... 1 vol.
- Les Époux .... 1 —
- Les Enfants .... 1 —
- Les Amours de Jacques. 1 —
- Romain Kalbris ...... 1 —
- Un Beau-Frère .... 1 —
- Madame Obernin ...... 1 —
- Une Bonne Affaire ... 1 —
- Un Curé de Province.. 1 —
- Un Miracle .... 1 —

SOUVENIRS D'UN BLESSÉ :
- Suzanne .... 1 —
- Miss Clifton .... 1 —
- Un Mariage sous le second Empire .... 1 —
- La Belle Madame Donis 2 —
- Clotilde Martory .... 1 —
- Le Mariage de Juliette. 1 —
- Une Belle-Mère ...... 1 —
- Le Mari de Charlotte. 1 —
- La Fille de la Comédienne .... 1 —
- L'Héritage d'Arthur .. 2 —

L'AUBERGE DU MONDE :
- Le Colonel Chamberlain .... 1 —
- La Marquise de Lucillière .... 1 —
- Ida et Carmelita .... 1 —
- Thérèse .... 1 —

LES BATAILLES DU MARIAGE :
- Un Bon Jeune Homme. 1 —
- Comte du Pape ...... 1 —
- Marié par les Prêtres. 1 —
- Cara .... 1 —

- Sans Famille, ouvrage couronné par l'Académie franç. Illustré. 2 vol.
- En Famille, ouvrage couronné par l'Académie française. Illustré .. 2 —
- Le Docteur Claude... 2 —

LA BOHÈME TAPAGEUSE :
- Raphaelle .... 1 —
- La Duchesse d'Arvernes .... 1 —
- Corysandre .... 1 —
- Une Femme d'Argent. 1 —
- Pompon .... 1 —
- Séduction .... 1 —
- Les Millions Honteux 1 —
- La Petite Sœur ...... 2 —
- Paulette .... 1 —
- Les Besogneux .... 2 —
- Marichette .... 1 —
- Micheline .... 1 —
- Le Sang Bleu .... 1 —
- Le Lieutenant Bonnet. 1 —
- Baccara .... 1 —
- Zyte .... 1 —
- Vices français ...... 1 —
- Ghislaine .... 1 —
- Conscience .... 1 —
- Justice .... 1 —
- Mariage riche .... 1 —
- Mère .... 1 —
- Mondaine .... 1 —
- Anie .... 1 —
- Complices .... 1 —
- Amours de Jeune .... 1 —
- Amours de Vieux .... 1 —

ÉMILE COLIN — IMP. DE LAGNY

ZYTE

PAR

HECTOR MALOT

PARIS
ERNEST FLAMMARION, ÉDITEUR
26, RUE RACINE, PRÈS L'ODÉON

Tous droits réservés

ZYTE

PREMIÈRE PARTIE

I

Le soleil couchant se noyait au milieu des vapeurs cuivrées qui, dans le lointain, emplissaient l'horizon au-dessus de Paris, et déjà l'ombre grise des soirs de février avait brouillé le ciel du nord à l'est. Le temps qui le matin s'était mis au dégel retournait au froid, et les plaques de neige délayées dans la boue épaisse de la route se reprenaient en glace, craquant sous le pied. Pas un paysan aux champs, pas une charrue dans la plaine déserte où quelques mottes de terre trouaient de points noirs la nappe de neige qui avait commencé à fondre; partout la solitude dont le morne silence n'était troublé que par une bise glaciale qui dans les branches dénudées des peupliers soufflait la chanson de l'hiver, et aussi par les croassements de quelques corneilles attardées à chercher leur nourriture.

Cependant deux voitures, de celles que dans le monde des saltimbanques on appelle des *roulottes*, descendaient la côte de Champs, traînées par des chevaux efflanqués et de couleur indécise : dans le calme du soir on entendait les mécaniques serrées grincer et les essieux crier avec la plainte lamentable des choses détraquées.

Celle qui tenait la tête, attelée de deux chevaux, était un long édifice en planches rouges et jaunes alternativement, sur lesquelles on lisait en lettres blanches d'une taille démesurée : « *Grand théâtre Duchatellier* »; dans les côtés s'ouvraient des fenêtres à persiennes, et de son toit sortait un bout de tuyau en T d'où s'envolaient des petits flocons de fumée; l'avant était disposé en vérandah avec galerie circulaire et porte vitrée. Plus petite et plus modeste était la seconde *roulotte*; un seul cheval la traînait, bien qu'elle parût assez lourdement chargée à en juger par les planches, les tréteaux et les décors roulés entassés sur l'impériale.

Autour de ces voitures marchaient des hommes vêtus de costumes bizarres pour la forme comme pour la couleur et qui bien évidemment ne servaient point dans la vie ordinaire, mais qu'on avait tirés des coffres aux costumes, quand la bise avait commencé à souffler, pour se défendre du froid : c'était dans le carrick gris à petits collets de *Cho part dit l'Aimable* que s'enveloppait le conducteur de la première voiture, M. Duchatellier lui-même, et dans le manteau troué de *Don César de Bazan* que se drapait le père Lachapelle, le financier de la troupe, qui pour le moment conduisait par la bride Bélisaire, le vieux cheval aveugle attelé à la seconde voiture; Théodore le comique avait endossé le pourpoint du duc de Brabant; Joseph, l'amoureux et le jeune premier, s'était fait un cache-nez du châle avec lequel on jouait les Anglais ridicules; et Stanislas, en qualité de fils de la maison qui peut tout se permettre, s'était adjugé la pèlerine de lapin blanc du juge, ainsi que le bonnet de fourrure sans lequel il n'y a pas de bon geôlier au théâtre.

En descendant la côte, qui est raide, il avait fallu la main vigoureuse de Duchatellier et l'adresse du vieux Lachapelle pour soutenir les chevaux qui glissaient sur la neige déjà verglassée, et encore avaient-ils failli s'abattre plus d'une fois.

Arrivés au bas, on s'arrêta.

— Halte! commanda Duchatellier en s'appuyant sur le timon, dans la pose du conducteur de bœufs de Léopold Robert.

Puis se tournant vers la roulotte, il appela, — à la cantonade :

— Holà! les femmes, madame Duchatellier, Zyte, Marietta, tout le monde à bas.

La porte vitrée de la vérandah s'ouvrit et une tête, jeune, enveloppée dans un fichu de laine blanche, d'où s'échappaient des mèches de cheveux ébouriffés, se pencha en avant :

— Qu'est-ce qu'il y a, père? demanda-t-elle d'une voix sonore et douce.

— Il y a que le verglas nous prend, et que nous ne pourrons pas démarrer, si nous ne nous pressons pas; les chevaux n'en ont que déjà trop lourd à traîner; il faut les soulager, descendez.

— Et mon oignon qui va brûler, dit madame Duchatellier apparaissant sur la vérandah.

— Je connais quelqu'un qui voudrait bien être à la place de l'oignon, dit Théodore avec l'accent gras du Parisien des faubourgs.

— Dépêchons, dit Duchatellier, la nuit vient.

Zyte sauta à bas légèrement, avec la souplesse de ses dix-huit ans, tandis que sa mère qui, à représenter les princesses avait pris des attitudes de dignité et des habitudes de lenteur majestueuse mit un certain temps à descendre; derrière elle vint Marietta que la maigreur de ses quatorze ans avait fait surnommer le chat écorché et qui, sur le théâtre paternel, jouait les rôles d'enfant ainsi que ceux d'amoureuse, selon les nécessités du répertoire, allant intrépidement de l'âge de sept ans à celui de vingt et de vingt-cinq.

Duchatellier fit claquer son fouet, Lachapelle reprit Bélisaire par la bride et la caravane se remit en marche tant bien que mal, les chevaux glissant des quatre pieds à la fois, quand ils rencontraient une flaque glacée.

Zyte et Joseph étaient restés derrière la dernière voiture et ils cheminaient côte à côte sans parler. Tout à coup Joseph, qui à plusieurs reprises l'avait regardée des pieds à la tête, déroula le châle qu'il portait autour de ses épaules et le lui tendit.

— Tu n'as pas pris de manteau avant de descendre

de la roulotte, dit-il, tu vas gagner froid, enveloppe-toi dans ce châle, il est chaud.

— Et toi ? répondit-elle en repoussant doucement le châle.

— Oh ! moi, je suis échauffé par la marche.

— Justement, tu ne t'en refroidirais que mieux.

— Il n'y a pas de danger, et puis...

Il attacha sur elle des yeux attendris.

— Tu me ferais... plaisir.

— Donne.

Elle voulut prendre le châle, mais au lieu de le lui donner de la main à la main, il le lui posa sur le cou, ce qu'il fit doucement, presque religieusement ; alors elle s'enveloppa dedans en rejetant les deux bouts par-dessus ses épaules ; dans ce mouvement gracieux sa taille souple parut fondre comme si elle n'avait pas d'os, et les bras serrés contre la poitrine elle continua sa marche avec des ondulations félines.

— Tu es bien, n'est-ce pas ? demanda Joseph.

— Oui, très bien, je te remercie.

Duchatellier ne s'était pas trompé en pensant qu'ils auraient de la peine à monter la côte : les chevaux ne tenaient pas pied, car de minute en minute, sous le souffle glacé du vent du nord, la neige se durcissait et Bélisaire qui n'avait pas de camarade pour le soutenir, menaçait à chaque instant de s'étaler.

— Allons, les enfants, cria Duchatellier, il faut pousser à la roue, ou nous restons en détresse.

Tout le monde obéit : Théodore, Stanislas,

madame Duchatellier en se mettant derrière la première roulotte, Joseph, Zyte derrière la seconde.

— Ne te fatigue pas, dit Joseph, je pousserai pour deux.

Et ce fut un si vigoureux coup d'épaule qu'il donna que le vieux Bélisaire, sentant venir la voiture plus légère, reprit courage.

Cependant il fallut bientôt s'arrêter et caler les roues avec les cailloux du chemin.

— Nous aurions mieux fait de passer la nuit à l'abri des murs du parc Chamontain, dit madame Duchatellier, qui, comme toutes les natures indécises, revenait volontiers sur ce qu'on aurait pu faire et plaidait les si.

— Et les chevaux? répliqua Duchatellier, Bélisaire n'est plus d'âge à coucher dehors par un pareil temps, le pauvre vieux; qu'est-ce qu'il aurait mangé? ce n'est pas les Chamontain qui nous auraient donné un picotin d'avoine. Et puis je tiens à arriver ce soir à Noisy, pour annoncer tout de suite les représentations de demain.

On se remit en marche, chacun poussant de toutes ses forces sans s'épargner, même Zyte, malgré ce que Joseph lui disait.

Mais on n'alla pas bien loin. A un endroit où la neige était épanchée en nappes épaisses et où, par conséquent, le verglas emplissait la route, Bélisaire, malgré la poigne de Lachapelle, s'abattit. Ce fut en vain que le vieux comédien, aidé de Joseph, essaya de le relever; découragé de toujours glisser sans comprendre sur quoi on le faisait marcher, puisqu'il ne voyait pas la glace, il refusait de répondre aux paroles aussi bien qu'aux coups de bride. N'avait-il pas assez trimé sur les grands chemins, par la poussière et par la boue, par le froid et par le chaud, en été et en hiver, sous la pluie et sous le soleil, poussé dans les descentes, tirant ferme dans les montées, nourri tant bien que mal, au hasard des saisons ; bien, quand l'herbe des fossés était longue et fraîche, mal, quand elle était courte et que ses vieilles dents pouvaient à grand'peine en pincer quelques brins. Il était las, bien las, et ne demandait qu'à se reposer ; si le repos n'était possible qu'avec la mort, eh bien qu'on le laissât mourir ; au moins ce serait fini. Autant sur cette route que sur une autre. Puisqu'il était couché à quoi bon se relever? Et la tête collée sur la terre gelée, les quatre membres raidis, haletant, il restait là avec la placide résignation des bêtes vieillies qui ont appris par l'expérience qu'on ne se révolte pas contre le sort.

Cependant ils s'étaient tous empressés autour de lui, et, après l'avoir débarrassé de ses harnais, ils avaient tiré la voiture en arrière pour qu'il eût la liberté de se relever. Mais étalé sur la route, il n'avait pas bougé.

— Pauvre vieux Bélisaire, dit Marietta tristement, il est mort.

— C'est un feignant, répondit Stanislas en voulant prendre le fouet de Lachapelle, je vais le ramasser.

— Veux-tu le battre! s'écria Zyte en retenant le bras de son frère.

— Ce n'est pas la peine, continua Théodore, il a froid aux pieds, le pauvre vieux, et ça le dégoûte de marcher sur la glace, il faut lui mettre des bas

— Avez-vous le cœur de rire? interrompit madame Duchatellier qui prenait tout au sérieux.

— Je ne ris pas : l'année dernière, quand je travaillais au couvent des Dames Irlandaises, nous ne pouvions pas marcher tant le carreau était bien ciré; alors on nous a donné des petits carrés de laine que nous mettions sous nos pieds et personne ne tombait plus; c'est de la laine qu'il faut aux sabots de Bélisaire.

Sans attendre qu'on lui répondît, il entra dans la roulotte. Presqu'aussitôt il en ressortit apportant un vieux tapis qu'il coupa en quatre morceaux avec son couteau. Puis aidé de Joseph et de Stanislas il en enveloppa les sabots du vieux cheval en les attachant au moyen d'un bout de ficelle autour du jarret.

— Tu sais, ma vieille, qu'il n'y a rien de meilleur pour avoir chaud aux pieds que de mettre des chaussettes; tu peux m'en croire : Allons debout!

Mais Bélisaire ne bougea pas; bien que Lachapelle le secouât par la bride, il restait étalé, la tête collée sur la terre : avec son œil sans regard et sa bouche entr'ouverte il paraissait mort.

Autour de lui, chacun lui criait le même mot:

— Hue donc!

Mais chacun le disait avec un accent différent, celui de son caractère : Duchatellier noblement, madame Duchatellier doucement, Théodore en blaguant; Stanislas en rageant.

— Laissez donc Zyte lui parler, dit Joseph, s'il écoute quelqu'un ce sera elle; il fait tout ce qu'elle veut.

Alors Zyte le prit d'une main par la bride que Lachapelle lui donna et de l'autre elle lui flatta la tête en lui disant de douces paroles.

— Allons, Bélisaire, lève-toi; tu ne vas pas coucher là, tu aurais froid, viens, vieux camarade, viens.

Le vieux camarade parut comprendre, il souleva sa tête en ramenant sous lui ses jambes raides, puis donnant un vigoureux coup de reins il se mit debout, et après un moment de surprise il se secoua vigoureusement avec satisfaction : s'il était résigné à mourir, en somme il ne demandait pas mieux que de vivre.

On lui remit ses harnais et après qu'on l'eût attelé la caravane reprit sa marche, Joseph et Zyte restant derrière la voiture pour la pousser. Mais ils n'eurent pas de grands efforts à faire; maintenant que le cheval tenait pied sur le verglas grâce à ses chaussettes, il tirait bravement la charge.

— Bêtes et gens, dit Joseph, tu n'as qu'à parler; tu ressuscites les morts : en t'écoutant, en te regardant, j'aurais voulu être à la place du vieux.

Elle partit d'un franc éclat de rire :

— Et dans quelle catégorie te mets-tu? demanda Zyte.

— Dans celle des bêtes, bien entendu, tu n'a pas à le demander.

Elle haussa les épaules :

— Tu ferais bien mieux de regarder le clair de lune, dit-elle, est-il assez beau !

— Tu ne veux pas que je parle.

— Moi, je regarde.

Il poussa un soupir, mais sans insister il se mit à regarder avec elle.

Pendant le temps assez long qu'ils avaient passé autour de Bélisaire, la lune s'était levée derrière les collines, dans le ciel éclairci, et sa lumière frappant les plaques de neige qui couvraient les pentes de la côte rayonnait comme sur un miroir : au loin, à travers les branches nues des grands arbres, des petites taches argentées indiquaient confusément le cours de la rivière qu'on devinait plutôt qu'on ne la voyait.

— N'est-ce pas que cela est beau ? dit-elle en étendant la main.

— Si tu veux.

— Ce que je voudrais ce serait que tu le dises toi-même.

— J'aimerais mieux te parler d'autre chose.

— Ecoute, interrompit-elle.

Tout au loin on entendait un grondement qui arrivait de l'autre côté de la Marne, et que le bois qu'ils longeaient en ce moment répercutait.

— Parbleu, dit Joseph d'un ton fâché, c'est un train express qui passe le long des coteaux de Chelles.

— Je sais bien que c'est un train, mais cela ne fait pas que cet écho ne soit curieux.

— Si tu veux.

— Mais qu'est-ce donc qui t'intéresse ?

— Toi. Il n'y a que toi. Je ramène tout à toi. Je ne vois que toi. Et ce qui m'intéresse c'est de te le dire.

— Mais tu me l'as déjà dit cent fois, mille fois.

— Je voudrais te le dire toujours.

— Tiens, regarde, interrompit-elle.

— Mais quoi encore ?

— Là-bas dans les grands arbres.

Ce qu'il y avait dans les grands arbres c'était une nappe de lumière rouge qui passait comme un éclair entre les branches, — celle que projetait la lanterne de la locomotive qui arrivait.

— Tu ne veux donc pas m'écouter, s'écria-t-il avec plus de tristesse que de colère.

— Mais je ne fais que ça de t'écouter ! Voyons, mon pauvre Joseph, crois-tu que ce soit une existence ? Dans toutes les pièces que nous jouons, tu me fais des déclarations ; ça c'est obligé et je ne t'en veux pas puisque ça n'est pas ta faute. Mais ce qui n'est pas obligé, c'est que tu recommences pour de bon aussitôt que nous sommes seuls : « C'est que l'amour bout dans mon cœur, Fenella, c'est que le feu court dans mes veines comme du plomb fondu. » Je le connais, ton plomb fondu, tu sais.

— Peux-tu rire ?

A ce moment, Lachapelle les interrompit :

— Pousse donc, Joseph, voilà Bélisaire qui recommence à glisser.

Docilement Joseph appuya son épaule contre la

voiture et poussa sans rien dire, se répétant tout bas : « Je le connais, ton plomb fondu. »

La route se fit sans autre accident, grâce aux chaussettes de Bélisaire, et bientôt ils aperçurent, trouant la nuit, les lumières des premières maisons de Noisy.

A la grille du parc on fit une halte pour mettre de l'ordre dans la caravane ; comme la grande rue avait été débarrassée de la neige et balayée, il ne s'était pas formé de verglas lorsque la gelée avait repris, et dès lors il était inutile de mener les chevaux à la bride ; on pouvait donc faire une entrée triomphale dans le village et frapper l'attention par la pompe de cette cérémonie : Théodore prit la tête, sonnant de la trompette, et derrière lui, noblement espacée, la troupe s'avança par deux de front, les roulottes suivant.

Aux éclats de cette sonnerie, les portes s'étaient ouvertes, et les gamins quittant leurs soupes s'étaient précipités dans la rue, la bouche pleine.

— Les Duchatellier.

Instantanément ils avaient formé un cortège à la troupe.

— C'est Théodore ! Bonjour, Théodore ! Bonjour M. Duchatellier ! Bonjour, Joseph !

On avait échangé des poignées de mains.

— Les Duchatellier ! Les Duchatellier !

On eût pu se croire revenu au temps où les rois, mérovingiens faisaient leur entrée dans leur villa de Noisy ou leur palais de Chelles.

C'est que, pour Noisy, l'arrivée des Duchatellier

était la promesse de deux mois de plaisirs : on allait s'amuser, rire, pleurer. Et à Noisy qui n'est plus une ville royale, il s'en faut de tout, les occasions de s'amuser sont assez rares pour qu'on se jette sur celles qui se présentent, quelles qu'elles soient. La route qui traverse ce vieux village, si vieux qu'il en est usé, ne conduit nulle part : les deux lignes de chemin de fer qui passent à une certaine distance le laissent isolé au haut de son promontoire; à quatre lieues de Paris sur la carte, il en est à cinquante lieues pour la vie civilisée, et cependant sa population de croquants qui travaillent la *tarre* (c'est la prononciation de terre), à la binette, de petits commerçants, de petits boutiquiers, veut des distractions d'autant plus vivement qu'elle en est privée. De là la popularité du grand théâtre Duchatellier, qui pendant deux ou trois mois prenait ce pays perdu pour son quartier-général, rayonnant de là dans les villages environnants : Chelles, Villiers, Neuilly.

Le cortège ne tarda pas à arriver à l'avenue du château sur laquelle s'ouvre la salle de bal qui pendant le séjour de la troupe se transforme en théâtre. Là, les deux roulottes furent rangées dans le rond-point, et, les chevaux ayant été mis à l'écurie, tout le personnel masculin, armé d'instruments bruyant, se groupa pour aller sur la place de la fontaine et de la mairie annoncer la représentation du lendemain : Théodore avait gardé sa trompette, Joseph battait du tambour, Stanislas jouait du cornet à piston, Lachapelle poussait la grosse caisse avec son ventre et Duchatellier marquait le pas avec les cymbales, — les gamins hurlaient :

— Les Duchatellier !

Arrivés à la fontaine, les comédiens n'eurent pas besoin de jouer longtemps leur musique de parade pour amasser un triple cercle de curieux autour d'eux ; alors Duchatellier imposa silence à sa musique, et commença son boniment d'une voix formidable :

« Habitants de Noisy, Noisillons,

» La présente annonce est pour vous faire savoir que

» Le grrrrand théâtre Duchatellier

» A fait son entrée dans vos murs et que demain dimanche à sept heures, dans la salle de bal de M. Marinier, il sera donné une grande représentation ainsi composée :

» 1° Il y a seize ans

» Drame en trois actes, la pièce la plus célèbre qui ait jamais été représentée sur les théâtres de Paris, mise à la mode et au style du jour par

» M. Duchatellier !

» Le personnage du comte de Clairville sera représenté par M. Duchatellier, premier rôle des théâtres de Paris; celui d'Amélie par madame Duchatellier, celui de Gérôme par M. Lachapelle, de la Comédie-Française, ce qui est tout dire; celui de Félix, — travesti de jeune homme aussi intéressant que malheureux par mademoiselle Zyte, incomparable dans ce rôle. Allez la musique ! »

Elle joua l'air de la *Grâce de Dieu,* mais presque tout de suite Duchatellier l'interrompit :

» Les autres personnages seront joués par MM. Théodore, Joseph et Stanislas et par mademoiselle Marietta.

» Avant *Il y a seize ans,* nous donnerons le *Dîner de Madelon,* la pièce la plus gaie qui ait jamais été représentée sur les théâtres de Paris, jouée par MM. Duchatellier, Lachapelle, Théodore et par mademoiselle Zyte qui, avant de faire pleurer les cœurs les plus durs, fera rire ceux qui ont le foie malade, s'il s'en trouve dans l'honorable société. Allez la musique. »

Cette fois la trompette et le cornet qui seuls pouvaient suivre un air jusqu'au bout jouèrent : *Mon ami Vincent.*

Duchatellier reprit son boniment :

« Intermèdes et chansonnettes comiques par M. Théodore qui dira... »

Les gamins interrompirent en chœur :

— La *Légende du grand étang.*

Duchatellier salua avec un geste d'acquiescement.

« Qui dira à la demande générale, « *La Légende du grand étang.* » Rien ne sera négligé pour donner à cette grrrrande représentation un éclat extraordinaire. Décors, attributs et costumes analogues au sujet.

» L'honneur de votre présence!!! »

II

Aussitôt que les roulottes furent rangées, madame Duchatellier voulut reprendre sa cuisine au point où elle l'avait interrompue dans la côte de Champs, mais l'oignon était brûlé comme elle l'avait prévu et, de plus, le poêle était éteint.

Sans doute il était facile de rallumer le feu, ce qu'elle fit avec l'aide de Zyte, mais elle n'avait plus d'oignons à couper dans la casserole.

— Si je réchauffais le bouilli sans oignon, dit-elle en consultant sa fille, ce qu'elle faisait toutes les fois qu'elle se trouvait embarrassée pour se décider, c'est-à-dire du matin au soir.

— Théodore va grogner.

— Il est trop porté sur sa bouche, Théodore, trop boyau fin.

— Pour l'oignon.

— Eh bien, il faut envoyer Marietta en chercher pour deux sous.

— Elle a filé.

— Trouve-la.

C'était en effet l'habitude de Marietta de filer aussitôt que la troupe arrivait quelque part : elle n'allait pas bien loin, simplement chez le libraire du pays, où elle avalait successivement tous les romans en cours de publication dans les petits journaux quotidiens ou illustrés, prenant le feuilleton là où il en était, heureuse quand elle l'avait commencé, mais ne se décourageant point si son imagination devait inventer les trente ou quarante numéros déjà parus. A Noisy il n'y avait pas de libraire, mais dans une sorte de cave où l'on descendait par trois marches un petit bossu vendait des jouets d'enfants, de la papeterie, de la morue, des harengs saurs, du pain d'épice, des sucreries, et à ce commerce il avait joint celui des journaux, que lui apportait l'omnibus de Nogent. Pendant le séjour de la troupe Duchatellier à Noisy, Marietta était la cliente la plus fidèle de cette boutique, et en échange des entrées de faveur qu'elle donnait à son ami le petit bossu, celui-ci lui permettait de lire ses journaux, à condition qu'elle ne coupât pas ceux qui étaient pliés.

Ce fut là que Zyte vint chercher sa sœur, qu'elle trouva installée sous un quinquet, debout pour mieux voir les images; mais il ne fut pas facile de l'en arracher; ce ne fut qu'en bougonnant qu'elle se décida à sortir. N'était-ce pas cruel de l'interrompre, précisément au moment où on allait retrouver la tête d'un cadavre coupé en morceaux, dont une jambe et un bras étaient déjà découverts.

— Ecoute bien ce que je t'explique, dit madame Duchatellier, lorsqu'elles entrèrent dans la roulotte, et ne te trompe pas dans ce que je te commande : tu vas m'aller chercher deux sous d'oignons; tu m'achèteras aussi deux livres de sucre chez Permettez, et tu me prendras pour trois sous d'essence de menthe chez madame Legrand; emporte le flacon.

— De l'argent ? demanda Marietta en tendant la main.

Madame Duchatellier fouilla dans sa poche et en tira une poignée de sous au milieu desquels brillait une pièce de cinquante centimes : le compte fait, elle trouva vingt-cinq sous.

— Vingt-quatre sous de sucre, dit-elle, deux sous d'oignons, trois sous d'essence, cela fait vingt-neuf sous ; il m'en manque quatre, prête-les moi, Zyte.

— Je ne les ai pas.

— Alors tu ne paieras pas chez Permettez, dit madame Duchatellier sans s'émouvoir.

— Je n'irai pas, dit Mariette résolument.

— Vois-tu comme ta sœur me parle ! s'écria madame Duchatellier en appelant sa fille aînée au secours de son autorité maternelle méconnue.

— On doit déjà trois francs quinze sous à Permettez, de l'année dernière, dit Marietta : si je lui demande encore quelque chose à crédit, il va me regarder comme je ne veux pas qu'on me regarde.

Elle se mit à pleurer en répétant :

— Je n'irai pas, je n'irai pas.

— Elle a raison, dit Zyte doucement en intervenant.

— Et les pastilles ! s'écria madame Duchatellier, tu la défends.

— Elle va prendre seulement une livre de sucre ; comme cela elle pourra payer, et les pastilles ne manqueront pas pour la représentation de demain.

— Il n'y aura pas assez de pastilles.

— Il y aura ce qu'il y aura.

Employée dans un magasin de confiseur avant d'être comédienne, madame Duchatellier y avait appris l'art de travailler le sucre, et c'était elle qui tous les jours fabriquait les pastilles, les berlingots, les sucres d'orge que Marietta, pendant les entr'actes, vendait dans la salle, « pour ses petits profits », disait-elle, mais en réalité pour le profit de la direction qui, bien souvent, ne réalisait un bénéfice que par ce supplément de recette. Il importait donc de ne pas manquer de pastilles le lendemain, et cela autant pour le gain à faire sur leur vente que pour le plaisir des spectateurs qui n'eussent pas retrouvé leur grand théâtre Duchatellier, si, comme tous les ans, Marietta n'était pas venue leur en proposer.

Pendant que le chat écorché courait chez l'épicier, le fruitier et le pharmacien, madame Duchatellier, aidée de Zyte, s'occupa des préparatifs du repas du soir qui devait être prêt quand les hommes rentreraient.

Tout le monde connaît les roulottes des forains et il n'est personne qui n'ait, en passant, jeté un coup d'œil dans l'intérieur, mais celle des Duchatellier ne ressemblait pas à ce qu'on voit ordinairement : pas de haut lit avec entassement de matelas et d'édredons ; pas de chaises, pas de table, à l'exception d'un poêle avec fourneau, aucun meuble qui encombrât cette chambre servant en même temps de cuisine et de salle à manger. C'est que cette voiture avait été construite pour un physicien qui, en homme habile dans l'art des trucs et des machines, l'avait fait aménager d'après certaines idées plus ingénieuses que ne le sont ordinairement celles des charrons. Ce qu'on avait cherché avant tout dans sa distribution, c'avait été de gagner de la place, et on y était parvenu en lui donnant plus de hauteur que n'en ont généralement ces voitures. Ce qui habituellement repose sur le plancher, la table, le lit, était collés au plafond, et les chaises étaient remplacées par deux longs coffres établis de chaque côté, dans lesquels on serrait le linge, la vaisselle, les costumes et sur lesquels on s'asseyait. Quand on voulait dîner, on abaissait la table au moyen d'une corde roulant sur une poulie ; quand on voulait se coucher, on abaissait de la même manière le lit qui se composait d'un seul matelas plat, et son sommier se reposait alors solidement sur la table. Par cette combinaison, quand le lit et la table étaient remontés, on circulait dans cette chambre comme si elle avait été moitié plus grande qu'elle ne l'était réellement. En un tour de main le ménage était fait ; on appuyait sur la corde et tout disparaissait : la salle à manger se transformait en salon ; c'était un simple changement à vue.

Marietta ne fut pas longue dans ses courses, pressée qu'elle était par l'envie de reprendre sa lecture ; il n'y avait pas dix minutes qu'elle était partie, qu'on entendit ses pas précipités sur l'escalier de la roulotte. Mais elle n'était pas seule : derrière son pas léger et rapide on en entendait un autre plus lourd et plus lent. La porte ouverte, avec elle entra un jeune homme blond, en longue blouse écrue et en tablier blanc, tête nue, le crayon derrière l'oreille, qui avait tout l'air d'un épicier et qui n'était autre, en effet, que M. Permettez lui-même.

— Bonsoir, madame Duchatellier, bonsoir, mademoiselle Zyte. J'ai voulu vous apporter moi-même la commande et prendre vos ordres pour demain.

Il déposa deux paquets qu'il portait : un sac en papier bleu contenant évidemment du sucre et un paquet enveloppé de papier gris.

Pendant ce temps, Marletta avait donné à sa mère les oignons et la fiole d'essence, puis prestement elle avait filé.

— Nous disons donc, continua Permettez, en retirant son crayon de derrière son oreille, qu'il vous faut du café, du chocolat, de l'huile, de la moutarde, du sel; je ne parle pas du sucre, j'en ai apporté trois kilos; parlez, madame, j'écris sous votre dictée.

On ne pouvait être plus engageant, plus insinuant, et ce n'était pas seulement en paroles qu'il faisait ses offres de services, c'était aussi de toute sa personne, par ses deux mains tendues, par son buste penché en avant, par un aimable sourire qui épanouissait sa figure rasée de près.

Etait-il possible à madame Duchatellier de refuser des propositions ainsi présentées ? Elle ne le crut pas, et elle fit une assez grosse commande en se disant que la recette du lendemain lui apporterait l'argent nécessaire pour la payer.

— Maintenant, mademoiselle, dit Permettez lorsqu'il eut fini d'écrire, c'est à vous que j'ai une demande à adresser.

Il défit son second paquet et en tira une paire de souliers de velours bordés de fourrure.

— J'ai remarqué que l'année dernière, à cette saison, vous aviez bien froid aux pieds en jouant la *Nonne sanglante*, et j'ai pensé qu'il vous serait agréable d'avoir des bons souliers bien chauds... que je vous prie d'accepter... comme un hommage de mon admiration.

— Vous êtes trop bon.

— Je voudrais l'être réellement; les uns offrent des fleurs, les autres des diamants, mais nous sommes à Noisy.

Et à Noisy Zyte était aussi heureuse de cette offre pratique qu'elle l'eût été de recevoir des fleurs à Paris ou des diamants à Saint-Pétersbourg. C'est qu'il avait vu juste, le galant épicier, en remarquant, l'année précédente, qu'elle avait eu terriblement froid aux pieds dans ses pauvres chaussures de théâtre où le carton entrait pour une aussi grande partie que la peau; et elle éprouvait une pensée de bien-être en se disant qu'il n'en serait pas de même cette année avec ces beaux souliers.

Comme elle le remerciait, il lui coupa la parole respectueusement :

— C'est moi qui serai votre obligé si vous voulez bien m'accorder ce que j'ai à vous demander; — je dis vous, c'est-à-dire M. et madame Duchatellier.

— A moi ?

Et madame Duchatellier s'interrompit de remuer son oignon qui déjà se grésillait dans la cocotte.

— Vous allez jouer le *Diner de Madelon*, n'est-ce pas, pendant votre séjour ici?

— Demain.

— Eh bien, j'ai l'ambition de remplir le rôle du caporal.

— Vous, monsieur Permettez ? s'écria Zyte en retenant difficilement un sourire.

— Mon Dieu oui, mademoiselle, je m'en flatte ; et si j'ose le dire c'est mon plus grand désir. Quand j'étais garçon chez Corcelet, j'ai vu jouer plus de vingt fois le *Dîner de Madelon*, au Palais-Royal ; et je ne crois pas en imposer en affirmant que j'ai la tradition. J'ai une manière de dire : « Silence ! » qui je l'espère vous satisfera.

En tous cas cette manière de dire : « Silence » fit rire aux éclats madame Duchatellier et Zyte

— N'est-ce pas que c'est drôle ! dit Permettez, déjà assez artiste pour ne voir et n'entendre partout que des applaudissements.

— Très drôle.

Il se rengorgea, mais avec une certaine modestie, celle qui convient à un débutant.

— Et mon couplet de sortie, il faut entendre ça; tenez, je vais vous le dire :

> La bouteille est finie,
> Bonsoir la compagnie ;
> Nous emportons l'espoir
> De bientôt vous revoir.

Bravo, bravo ! s'écria Zyte qui étouffait.

— N'est-ce pas que ce n'est pas mal ; certainement le public ne saisira pas, comme vous, tout ce que je mets dans « Nous emportons l'espoir ; » mais c'est égal, je m'imagine qu'il sera frappé.

— N'en doutez pas, répondit Zyte, il sera frappé, cela est certain.

— Ah ! combien je suis heureux de vous entendre parler ainsi, vous qui avez tant de talent. Alors vous pensez que M. Duchatellier accueillera ma demande?

— Il va bientôt rentrer, vous la lui présenterez.

— Et je puis espérer que vous lui serez favorable.

— Oh ! bien sûr, dit madame Duchatellier noblement et avec une parfaite bonne foi.

— Quand on vous aura vu une fois, vous ferez recette, dit Zyte qui ne prenait pas tout, comme sa mère, par le côté sérieux.

— Alors je vais attendre la rentrée de M. Duchatellier, dit Permettez en se rengorgeant.

Il s'assit sur un des bancs à côté de Zyte qui recousait à grands points un costume; puis il garda le silence d'un air embarrassé, en homme qui a quelque chose à dire et qui n'ose pas parler. A la fin cependant, il se décida :

— Croyez-vous qu'il ne serait pas à propos d'essayer ces souliers? demanda-t-il ; je crois les avoir pris à votre pied, mais enfin s'ils n'allaient pas je les ferais changer.

Zyte passa dans la chambre voisine, et à peine eut-elle refermé la porte sur elle, que Permettez se levant vivement s'approcha de madame Duchatellier.

— J'ai voulu éloigner mademoiselle Zyte pour vous entretenir d'une chose grave, dit-il en sifflant ses paroles de façon à ce qu'elles ne fussent pas entendues de l'autre côté de la cloison. C'est un subterfuge.

Il cligna de l'œil finement.

— En deux mots, j'aime mademoiselle Zyte, et mon ambition est d'obtenir sa main.

— Vous, monsieur Permettez ! s'écria madame Duchatellier, oubliant que Zyte ne devait rien entendre.

— Parlons bas : j'ai mon magasin, du bien au soleil qui me vient de mon oncle, le tout vaut plus de quarante mille francs. C'est mon apport. Si Noisy ne plaît pas à ma femme, nous nous établirons à Paris, dans un beau quartier, celui qu'elle voudra.

— Votre femme ! Mais je ne sais pas si ma fille...

— Est disposée à m'accepter. Je ne sais pas non plus, et c'est justement pour l'apprendre que j'ai demandé à jouer un rôle dans le *Dîner de Madelon*. C'est le moyen que j'ai trouvé pour l'approcher... adroitement et me faire connaître. Ainsi s'établiront des relations plus suivies, et j'ose espérer que je serai assez heureux pour ne pas lui déplaire. Pour moi je l'aime depuis l'année dernière, et vous voyez que mon projet est réfléchi.

La porte se rouvrant devant Zyte coupa court à ces confidences.

— Vous voyez, dit-elle en allongeant un peu la jambe, ils n'iraient pas mieux, si je les avais choisis moi-même.

En effet, ils allaient admirablement : ni trop longs ni trop courts, ni trop larges ni trop étroits, ils moulaient bien le pied qui était charmant d'ailleurs, cambré, allongé et souple, avec une fine cheville.

— Ils sont si jolis et je me sens si bien dedans, que je les mettrai demain pour jouer Madelon ; ça n'est peut-être pas, avec leur fourrure, des souliers de saison à la saint Boniface, mais bast! on ne s'en apercevra pas, et j'aurai chaud.

— Moi, je m'en apercevrai, dit Permettez avec attendrissement et fierté.

Un bruit de pas lourds résonna sur la vérandah et on frappa à la porte vitrée.

— Ouvrez, dit la voix de Lachapelle.

Zyte s'empressa d'obéir, et le père Lachapelle fit son entrée, chargé non seulement de sa grosse caisse, mais encore du tambour de Joseph, des cymbales de Duchatellier, de la trompette de Théodore et du cornet à piston de Stanislas, l'orchestre complet.

— Qu'est-ce qu'il y a? demanda madame Duchatellier étonnée et un peu inquiète.

— Il y a que nous venons de rencontrer la noce du jeune Sacapé; ils en sont au troisième jour, et ils nous ont invités au repas et au bal; il a fallu accepter, mais comme les repas et les bals ne sont plus de mon âge, j'ai pu me sauver; on m'a donné les instruments.

Ce n'était point la première invitation de ce genre qui se produisait, et plus d'une fois déjà pendant leur séjour à Noisy, la troupe Duchatellier avait ainsi pris place à des repas de noces où on lui demandait de payer son écot en chansons; on était fier de raconter plus tard qu'on « avait eu Théodore » et qu'on lui avait fait dire pour soi la *Légende du grand étang* ou le *Vieux vagabond*. Et c'était un souvenir aussi d'avoir dansé avec Joseph.

Dans ces conditions, il était inutile que Permettez attendît davantage. Après avoir prié madame Duchatellier de présenter sa demande du rôle du caporal, il se retira et Zyte sortit avec lui pour aller une fois encore chercher sa sœur chez le petit bossu.

— Je te rejoins tout de suite, répondit Marietta, je n'ai plus que quelques lignes à lire.

Quand Zyte rentra dans la roulotte, la table descendue du plafond, reposait sur ses pieds, et le père Lachapelle était en train de mettre le couvert en chantant :

> A table, à table, à table,
> Coupons ce jambonneau
> Qui sera délectable,
> S'il est mangé bien chaud

— Bœuf à l'oignon serait peut-être plus juste que jambonneau, dit-il en riant, mais la rime serait pauvre, et il faut tout sacrifier à la rime; retiens ça, ma petite Zyte.

On se mit à table : Madame Duchatellier, comme toujours, à côté du poêle, de façon à n'avoir qu'à étendre le bras pour prendre le plat et servir; Zyte auprès de sa mère et Lachapelle en face.

— Ainsi, dit-il en coupant le pain, ce jeune épicier a l'ambition de jouer la comédie ?

— Et je vous assure qu'il a une manière de dire son « silence » qui aura du succès.

— Il a bien d'autres ambitions, interrompit Madame Duchatellier.

— Et lesquelles! demanda Zyte.

— Entre autres celle de t'épouser.

— M'épouser, M. Permettez!

— Il m'a demandé ta main, et c'est pour te plaire ou tout au moins pour avoir l'occasion de se rapprocher de toi, qu'il désire jouer le caporal dans le *Dîner de Madelon*.

— Ça, s'écria Zyte en riant, c'est encore plus drôle que son « silence. »

— Mais c'est très sérieux, il a quarante mille francs, et si tu ne veux pas rester à Noisy il consent à aller à Paris, où tu voudras.

— Epicière!

— Dame, quarante mille francs.

Zyte se tourna vers sa mère sans répondre, puis regardant Lachapelle :

— Et vous, père Lachapelle, qu'est-ce que vous dites de ça?

Il hésita un moment et parut embarrassé.

— Vous ne répondez pas!

— Dame... mon enfant... quarante mille francs...

— Alors toi, maman, et vous, père Lachapelle, vous êtes d'avis que je dois accepter M. Permettez?

— C'est un si grand soutien dans la vie d'avoir la sécurité, dit madame Duchatellier, en femme qui a souffert les angoisses du hasard.

— Eh bien, permettez, permettez, s'écria Zyte, permettez que mon avis ne soit pas le vôtre Je ne sais pas si je me marierai, mais si cela arrive je n'accepterai pour mari qu'un prince ou un banquier... très riche que j'aimerai passionnément. J'ai mes idées là-dessus qui sont bien arrêtées; et si j'abandonne jamais le théâtre, je veux que le mariage réalise pour moi, dans la vie, tous les rêves que mes rôles m'ont fait vivre : je vais être roi dans les *Enfants d'Edouard*, j'ai été princesse cinquante fois, j'ai été fée, j'ai été génie ! à dix-huit ans je n'ai pas envie d'être épicière. Je sais bien qu'il y a peu de probabilités pour que le prince rêvé vienne me chercher à Noisy, et qu'il y en beaucoup pour que le banquier entrevu passe par la ligne de Chelles ou par celle de Villiers, eh bien alors je resterai premier sujet du grand théâtre Duchatellier, j'aime mieux ça... si vous le permettez, que d'être madame Permettez.

A mesure qu'elle parlait le visage de Lachapelle s'épanouissait; quand elle se tut, il se leva et venant à elle il l'embrassa :

— Ah ! ma chère fille, s'écria-t-il d'une voix émue et les larmes aux yeux, que je suis heureux de t'entendre parler ainsi : tu peux te vanter de m'avoir donné un moment d'angoisse.

— Et les quarante mille francs ?

— Fallait-il t'influencer ? je n'ai voulu que faire entendre un mot de l'expérience de l'âge à l'inspiration de ta jeunesse; heureusement, en brave fille que tu es, c'est ton inspiration que tu as écoutée et suivie. Ta mère a eu raison de te dire que c'est un grand soutien dans la vie que d'avoir la sécurité, mais ce n'est pas tout. J'ai soixante-douze ans, et d'aussi loin que je me souvienne, je n'ai pas eu un moment de sécurité dans cette longue existence. J'ai travaillé sans être jamais sûr du lendemain, et maintenant si pour une raison quelconque je venais à vous quitter ou si vous me quittiez, je n'aurais qu'à aller mourir au fossé comme un *vieux vagabond*. Eh bien, je ne regrette rien, et si c'était à recommencer je ferais ce que j'ai fait : je serais fidèle à ce que j'aime, et pour de l'argent je ne vendrais ni ma liberté, ni mes idées, ni mes croyances, ni mes goûts. C'est que vois-tu, ma petite Zyte, ce n'est pas le talent qui fait l'artiste, c'est l'amour de l'art : on peut avoir le plus grand talent et n'être pas artiste, tandis qu'on peut l'être sans avoir le moindre talent. Heureusement, toi, ma fille, tu l'es deux fois, et par l'amour de ton art et par le talent. Aussi sois tranquille, ce n'est pas premier sujet du grand théâtre Duchatellier que tu resteras, c'est premier sujet de la Comédie-Française que tu deviendras.

Il avait parlé debout, avec feu, entraîné par son émotion ; il reprit sa place sur le banc, et tendant son assiette à madame Duchatellier :

— Une tranche de bœuf, je vous prie, dit-il avec un sourire bonhomme, et ne m'en veuillez point de tout ce qui vient de m'échapper ; vous avez vu que je ne me suis lancé qu'après que Zyte s'était prononcée, et j'ai parlé avec mon cœur qui est encore plus jeune que je ne croyais.

— Et le prince, et le banquier ? demanda Zyte vivement, pour couper la réponse de sa mère qu'elle prévoyait devoir être peu agréable au père Lachapelle.

— Il n'est pas de mon âge de courir après les rêves, je ne vois pas le prince, je ne vois pas le banquier, tandis que je vois ton talent qui est réel et qui sera très grand si tu veux travailler.

— Vous savez bien que je ne demande pas mieux.

— Alors nous allons profiter de ce que nous sommes seuls pour répéter ce soir notre grande scène des *Enfants d'Edouard*, n'est-ce pas ?

— Mon Dieu, Lachapelle, que vous êtes terrible avec vos *Enfants d'Edouard*, dit madame Duchatellier. Quelle idée de nous faire jouer une tragédie à Noisy, et de m'obliger à apprendre tous ces vers du rôle d'Elisabeth, je n'en sortirai jamais ; est-ce que nous sommes des comédiens pour jouer la tragédie : c'est bon pour vous qui avez été à l'Odéon, qui avez accompagné Rachel dans ses tournées.

— Il ne s'agit pas de nous, ma chère madame Duchatellier, il s'agit de Zyte : est-ce que si je ne forme pas cette petite à dire le vers, elle sera la grande comédienne que je veux qu'elle soit : combien ai-je vu d'actrices de talent qui, après s'être fait une réputation dans le répertoire courant, ont misérablement échoué le jour où elles ont abordé le vers. Eh bien, cela n'arrivera pas pour Zyte, si, comme je l'espère, comme je le crois, elle devient la comédienne que je vois, cet échec lui sera épargné : elle saura pleurer sans grimaces, être noble et fière sans emphase ridicule ou bourgeoise, pathétique sans vulgarité, touchante avec dignité, et ce qui ne s'improvise pas, si bien douée qu'on soit, elle saura donner au vers son harmonie et sa sonorité. Puisqu'elle ne peut pas avoir l'éducation du Conservatoire, laissez-moi au moins la remplacer.

Une fois que le père Lachapelle avait enfourché l'éducation du Conservatoire, il n'était pas facile de l'en faire descendre : c'était son dada. Il l'avait reçue, cette éducation, et si elle ne l'avait conduit qu'à jouer des petits bouts de rôle à l'Odéon — que Duchatellier dans ses boniments appelait la Comédie Française, — c'était, il en convenait lui-même, avec une bonne foi qui désarmait la raillerie, parce que la nature lui avait refusé un don sans lequel il n'y a pas de comédien — celui de sortir de soi pour entrer dans le personnage même qu'on représente. Lachapelle il était, Lachapelle il restait, retenu autant par sa timidité naturelle que par le savoir acquis. Le souper s'acheva avant qu'il eût fini son discours.

— Et Marietta qui n'arrive pas, dit madame Duchatellier.

— Ne vous fâchez pas contre cette petite, dit Lachapelle, laissez-la user son imagination dans ses lectures ; il faut bien la mettre quelque part.

— On peut la mettre ailleurs, répliqua Zyte.

— Et où mets-tu la tienne, toi ?

— Là, — elle posa sa main sur son front, — et là ; — elle l'abaissa sur son cœur.

— Veux-tu bien te taire, s'écria Lachapelle ; allons répéter les *Enfants d'Édouard*.

Zyte alluma une chandelle et ils passèrent dans la

pièce voisine, le chandelier n'était pas accroché à la cloison que Lachapelle haussant son épaule et courbant son cou pour imiter la bosse de Glocester, commença :

Sera-t-il, cet enfant, mon esclave ou mon maître?

Zyte, qui jouait Édouard lui donna la réplique, et la scène continua, interrompue presqu'à chaque vers par les observations de Lachapelle ou par ses applaudissements, car il n'était pas un professeur grognon et c'était le plus souvent pour admirer qu'il arrêtait la répétition.

— Bravo, ma fille, c'est parfait.

— Mais non, ce n'est pas parfait, ce n'est pas seulement passable ; jamais je ne pourrai bien dire ces vers cahotés et entortillés.

— Veux-tu te taire, il ne faut pas médire des *Enfants d'Édouard*, il y a des situations.

— Va pour les situations, mais comment voulez-vous que je sorte de ces vers terribles :

...Pour secouer l'enfance
Sur les degrés du trône il ne faut qu'un instant.

Pouvez-vous m'expliquer comment ça se secoue, l'enfance. Ah! si vous vouliez, que j'aimerais bien mieux répéter la scène d'*Iphigénie*.

— Mais, ma pauvre enfant, nous ne pouvons pas jouer *Iphigénie* à Noisy ; vois-tu Joseph dans le rôle d'Achille?

— Puisque nous travaillons.

— Eh bien, va.

Elle commença :

> Mon père,
> Cessez de vous troubler, vous n'êtes pas trahi.
> Quand vous commanderez, vous serez obéi.
> ... Je saurai, s'il le faut, victime obéissante,
> Tendre au fer de Calchas une tête innocente.

Lachapelle joignit les mains dans un geste d'admiration.

— Fasse le ciel, s'écria-t-il, que je t'entende sur un vrai théâtre, jamais personne n'a dit comme toi « une tête innocente » avec ta grâce, ton attendrissement, ta résignation ; ce jour-là je mourrai content, j'aurai donné à l'art une grande actrice.

Dans cette admiration il y avait plus que l'orgueil d'un maître fier de son élève, il y avait le cri de la sincérité émue, car avec ses beaux grands yeux navrés, son visage aux traits purs, sa pose virginale, sa voix douce et profonde, elle était bien, rien que par sa nature, la victime innocente du poète, telle qu'eût pu la concevoir un statuaire fils des Grecs.

III

Bien que le bal de la noce Sacapé eût fait coucher la troupe à une heure avancée de la nuit, le lendemain matin, au jour levant, tous les hommes étaient à l'ouvrage : il fallait, dans la salle Marinier, monter le théâtre sur des tréteaux, équiper les décors, disposer les accessoires « analogues au sujet », comme disait Duchatellier dans ses annonces et il y avait du travail pour toute la journée.

Heureusement ce travail était facilité par les aptitudes particulières de Joseph et de Théodore qui, avant d'être comédiens, avaient été ouvriers du bâtiment : Joseph menuisier, Théodore peintre. Dans une année de chômage, Théodore qui, depuis son enfance, hurlait des chansons sur ses échelles et ses échafaudages, avait demandé à son talent de chanteur de le faire vivre, et il s'était engagé dans la troupe du grand théâtre Duchatellier où il avait débuté par *Bruno le fileur*, qui lui avait valu un succès considérable. Un jour, à Coulommiers, Joseph qui venait d'être libéré du service militaire et allait rentrer à Paris avait vu Zyte, et pris au cœur, il s'était engagé dans la troupe de Duchatellier par amour, pour suivre celle qu'il aimait, vivre près d'elle, l'entendre, lui parler, la regarder, lui dire en scène ce qu'il devait taire, rentré dans la coulisse.

Si Duchatellier et Lachapelle faisaient fonctions de directeur et de régisseur aux répétitions des pièces nouvelles, Joseph et Théodore prenaient la première place quand il s'agissait de monter le théâtre ; ils commandaient, on leur obéissait, et c'étaient les coups de marteau de Joseph appliqués d'une main sûre qui marquaient le mouvement.

Quand on construit ces théâtres forains en plein air, leur disposition étant toujours la même, l'assemblage s'en fait facilement et vite ; mais quand ils doivent, comme le théâtre Duchatellier, se plier aux dimensions d'une salle close, c'est l'emplacement qui commande leur distribution : il faut les agrandir ou les rapetisser, et chaque fois c'est une construction nouvelle. A Noisy, la salle de bal étant grande, la scène était grande aussi et le matériel transporté par les roulottes se trouvant insuffisant, on le complétait avec des emprunts faits au propriétaire, qui était entrepreneur de maçonnerie en même temps que marchand de vin. A la vérité, ces planches hourdées de plâtre et de mortier, formaient de bizarres dessins blancs mêlés sur la scène aux vieilles planches des roulottes, mais le public n'y regardait pas de si près ; il avait un théâtre sur lequel ses comédiens pouvaient se livrer à des mouvements tout à fait dramatiques, — cela suffisait.

Joseph, à la fois architecte et maître compagnon, dirigeait tout, et sous ses ordres le personnel masculin de la troupe travaillait activement, Duchatellier comme les autres, malgré son importance ; seulement comme il n'avait point l'habitude d'un pareil labeur, il suait sang et eau et quand il avait dû, à son tour balayer une planche encroûtée de plâtre, il étouffait ; alors on faisait une pause, et conduit par lui, on allait tous ensemble boire un verre sur le comptoir du marchand de vin.

Ce fut pendant un de ces repos que Permettez vint présenter sa demande à Duchatellier qui, prévenu par sa femme, voulut bien répondre en trinquant qu'il était fort honoré d'ouvrir la scène... française... à un jeune homme aussi... distingué, aussi... — il chercha sans la trouver une épithète bien ronflante — que M. Permettez.

Puis lui donnant une forte poignée de main en se renversant en arrière pour faire bomber sa poitrine et agrandir la taille :

— Et vous m'aurez vu de près, dit-il avec une simplicité scénique.

L'avoir vu ! De près, de loin, de face, de dos, de profil, dans le *Diner de Madelon*, ou dans *Lazare le pâtre*, Duchatellier n'imaginait pas qu'il y eût de plus grand bonheur pour un mortel. — Vous avez vu Frédéric Lemaître dans *Kean*, c'est bien, mais moi m'avez-vous vu ? Ce n'était pas lui qui voyait les pays par où il passait, c'étaient ces pays qui le voyaient : — Lagny m'a vu dans *Don César de Bazan*, Coulommiers dans *Trente ans !* — Et quand il avait dit cela modestement, ou tout au moins avec la mimique convenue pour exprimer la modestie, les yeux baissés, la tête à demi détournée, les deux mains jetées en avant, il n'imaginait pas que les habitants de Lagny ou de Coulommiers pussent désirer d'autres jouissances artistiques.

Lorsqu'ils rentrèrent dans la salle de bal, ils y trouvèrent Zyte qui venait voir où en était le travail : au saut du lit elle avait chaussé ses beaux souliers dont elle avait rêvé, et elle marchait toute fière en avançant le pied et en se penchant pour les admirer.

Ils sautèrent aux yeux de Joseph.

— Comme tu as des beaux souliers, dit-il en venant à elle.

—. N'est-ce pas ? Comment trouves-tu qu'ils me vont ?

— Jamais je ne t'ai vu le pied aussi fin, aussi joli. Tu viens de les acheter?

— Non. C'est M. Permettez qui me les a donnés hier au soir.

— Il te donne des souliers! s'écria-t-il. Et toi tu les acceptes! Tu n'es pas arrivée qu'il vient te voir.

Elle haussa les épaules.

— Sois donc raisonnable, mon pauvre Joseph.

Mais Joseph ne pensait guère à être raisonnable, ni même à écouter ce qu'elle lui disait; c'était sa pensée qu'il suivait, sa jalousie affolée qui l'emportait.

— Et c'est pour se rapprocher de toi qu'il veut jouer le Caporal.

Elle se mit à rire.

— Je t'assure qu'il a une manière de dire : « silence » qui est drôle.

— Tu le trouves drôle, s'écria-t-il, et beau aussi, n'est-ce pas, et spirituel et charmant, pourquoi ne le dis-tu pas?

— Es-tu assez insupportable.

— C'est ça, moi je suis insupportable.

— Hé, Joseph, cria Duchatellier, viens donc ici, on a besoin de toi.

— Je ne travaille plus, répondit-il furieux.

— Comment tu ne travailles plus?

S'éloignant de Zyte, Joseph se rapprocha de la scène.

— Etes-vous décidé à donner le rôle du Caporal à l'épicier! demanda-t-il les dents serrées.

— Puisque ça lui fait plaisir, à ce garçon.

— Suis-je chef d'emploi ou ne le suis-je pas?

— Qu'est-ce que tu nous chantes? demanda Duchatellier stupéfait.

— Je chante que si l'épicier joue ce soir, je donne ma démission.

Ils s'étaient tous arrêtés et ils le regardaient ahuris. Zyte qui l'avait suivi le prit par le bras, et le forçant à se retourner :

— Viens un peu là-bas, dit-elle en lui montrant la porte d'entrée.

Il voulut résister, mais elle lui serra doucement le bras, et aussitôt, la tête basse, il la suivit.

— Si j'étais ta femme, que dirais-tu donc? demanda-t-elle !

— Rien, parce que tu m'aimerais et alors j'aurais confiance en toi ; mais tu n'es pas ma femme, tu ne m'aimes pas, qui peut te défendre?

— Moi.

— Toi, toi.

— Tu ne t'es pas trompé en pensant que M. Permettez veut se rapprocher de moi.

— Tu vois!

— Il veut même mieux que ça.

Joseph fit un pas vers la porte :

— Je vais lui régler son compte.

— Es-tu mon père, mon frère? Il veut m'épouser.

Habituellement Joseph était pâle ou plutôt sans couleur; son teint blême devint livide, il se prit la tête dans les deux mains :

— Mon Dieu! murmura-t-il.

Elle lui posa la main sur l'épaule .

— Crois-tu donc que je te dis cela pour te torturer? demanda-t-elle. Tu me connais mal.

— Alors ?

— Je devrais te martyriser pour m'avoir crue capable d'accepter M. Permettez pour mari.

— Ah! Zyte, ma petite Zyte, s'écria-t-il éperdu de joie.

— Donnes-tu toujours ta démission? demanda-t-elle avec un sourire un peu moqueur.

Sans répondre il courut à l'estrade et sautant dessus il reprit son travail en chantant, tandis que Zyte rentrait dans la roulotte pour préparer le repas du matin, Marietta ayant filé depuis longtemps déjà chez son ami le petit bossu.

D'ordinaire ce n'était pas Zyte qui s'occupait de la cuisine, car Duchatellier, qui croyait à l'avenir artistique de sa fille, ne voulait pas, — selon sa noble expression, — qu'elle compromît dans des besognes vulgaires la pureté de ses mains. Mais comme tous les dimanches madame Duchatellier allait à la messe, il fallait bien qu'en son absence quelqu'un préparât le déjeuner de la troupe, et ce quelqu'un était Zyte avec la collaboration de Lachapelle et de Joseph, quand ceux-ci n'avaient rien de mieux à faire.

Ce n'était pas une des moindres curiosités de la vie intime de cette troupe que la piété de la directrice, au moins pour ceux qui ne voyaient dans madame Duchatellier qu'une comédienne comme beaucoup d'autres.

Une comédienne à la messe! Est-ce que ces gens-là ne sont pas excommuniés?

Mais justement madame Duchatellier n'était pas une comédienne comme beaucoup d'autres, et même, à dire vrai, personne ne l'était moins qu'elle : la plus rangée, au contraire, la plus timide des bourgeoises, avec tous les traits de caractère qui sont le fond même du bourgeoisisme.

Ce n'était pas l'amour de l'art, pas plus que les hasards de la camaraderie qui, à vingt-cinq ans, l'avait mariée à un jeune premier rôle des théâtres de Montmartre et de Batignolles — c'était simplement l'amour : c'était parce qu'elle l'aimait, qu'elle l'avait épousé, et c'était parce qu'il était comédien qu'elle était devenue comédienne, sans cesser pour cela d'être ce que la nature et l'éducation première l'avaient faite.

Orpheline à dix-huit ans, d'un petit nobliau de province que les procès avaient ruiné et qui était venu mourir à Paris, elle avait dû entrer dans une fabrique de confiserie pour gagner son pain et tout de suite par son zèle et sa régularité elle s'y était fait une petite position. N'étant pas logée dans la maison de commerce, elle habitait Montmartre, et comme elle n'avait ni parents, ni amis à Paris, tous les dimanches après la messe et les vêpres, ne sachant que faire et n'osant pas se promener toute seule, elle allait au théâtre avec deux vieilles filles qui étaient ses voisines. Régulièrement, quelque temps qu'il fît, on les voyait arriver à la queue, portant chacune un pliant, et sous leurs ombrelles quand le soleil brillait, sous leur parapluie quand il pleuvait, elles attendaient patiemment l'ouverture des bureaux pour être bien certaines d'occuper leurs places habituelles, qui leur appartenaient en quelque sorte.

A cette époque, l'un des jeunes premiers rôles, celui qui, avec Delafosse, Fanolliet, Stryfler, exerçait le plus de prestige sur le public, était Duchatellier le rival de Laferrière — à Montmartre — pour les pantalons collants, les redingotes serrées à la taille et le coup d'œil fatal. Tant de mérites n'avaient pas pu ne pas troubler une fille romanesque; la façon dont il boutonnait et déboutonnait sa redingote dans les scènes décisives l'avait prise au cœur, et le coup de pouce qu'il donnait pour appuyer la situation l'avait achevée.

Elle s'était mise alors à l'aimer, pensant à lui toute la semaine, vivant de l'espérance de le voir le dimanche suivant : qu'il était beau, tendre, passionné, chevaleresque ! il était pour elle le héros vivant de ses rêveries d'honnête fille, le type auquel elle ramenait ses lectures, et, conduite par lui, elle chevauchait sur les sommets bleus où la promenait son imagination.

Cela avait continué pendant des années sans que bien entendu il la connût : il savait que dans cette salle qui pleurait ou s'enthousiasmait à sa voix, il avait un sérail, mais les favorites en titre empêchaient le regard des discrètes et des réservées d'arriver jusqu'à lui, et c'était au dernier rang des plus discrètes qu'elle se plaçait elle-même; il était si beau ! il était tant aimé ! Car pendant les heures qu'elle passait sur son pliant, elle entendait parler de lui par ceux qui l'entouraient et les histoires qu'on racontait étaient bien faites pour le hausser en même temps que pour l'abaisser elle-même : l'épingle qu'il portait à sa cravate lui avait été donnée par la femme d'un restaurateur de la rue des Martyrs, le diamant qui brillait à l'un de ses doigts par une princesse étrangère dont personne ne connaissait le nom, et ne le connaîtrait jamais, avait-il dit lui-même, quand on avait voulu le faire parler de cette femme « qui était une très grande dame » comme dans la *Tour de Nesle*.

Pauvre fille sans argent et sans beauté, que pouvait-elle être jamais pour ce vainqueur ?

Cependant, après bien des luttes et bien des hésitations, un dimanche, elle s'était enhardie : il faisait une belle journée de printemps, Paris était en fête ; les jeunes gens qu'elle avait rencontrés en allant à l'église et en revenant chez elle, semblaient courir à des rendez-vous, l'amour sur les lèvres et dans les yeux ; il y avait des parfums de fleurs dans l'air. Au lieu d'attendre ses voisines pour s'en aller toutes les trois ensemble comme à l'ordinaire, elle était sortie seule, et dans la rue, sur la petite voiture d'une fleuriste, elle avait choisi un gros bouquet de violettes qu'elle avait porté chez le concierge du théâtre : « Pour M. Duchatellier. » Le nom avait été jeté si vite, le bouquet avait été déposé si rapidement sur une tablette, que le concierge n'avait pas eu le temps de distinguer la femme qui avait ouvert et refermé sa porte comme un coup de vent.

Quelle émotion, quel anéantissement de bonheur

quand, à l'entrée en scène de Duchatellier, elle avait vu qu'il portait trois ou quatre brins de violette à la boutonnière de sa redingote ! Sans doute elle s'était trahie, car dans son trouble de joie elle sentit qu'il tenait ses yeux attachés sur elle plus longtemps que s'il ne l'avait regardée que par hasard.

Son émoi ne s'était un peu calmé qu'en se disant qu'il ne la connaissait point et qu'il n'y avait pas de chances pour qu'il la connût jamais : comment croire qu'un homme tel que lui, dans sa position brillante, que toutes les femmes aimaient, allait prendre souci d'une pauvre fille comme elle : il avait voulu savoir de qui venait ce bouquet, voilà tout ; les choses ne pouvaient pas aller plus loin.

Le dimanche suivant si elle n'avait pas osé porter elle-même un second bouquet, il lui avait été impossible cependant de résister à la joie de l'envoyer ; et cet envoi s'était régulièrement répété pendant trois ou quatre mois chaque dimanche, sans que de son côté Duchatellier parût désirer connaître celle qui le lui envoyait, de plus près que par le regard qu'il attachait sur elle lorsqu'il entrait en scène et qu'il la cherchait à sa place.

Un soir de juin, comme elle était assise sur un banc du boulevard de Clichy pour respirer un peu d'air frais avant de rentrer chez elle, après une journée de lourde chaleur, elle avait vu son héros, qui ne jouait pas ce soir-là, passer devant elle, le nez au vent, la tête de trois quarts comme il convient quand on daigne se montrer aux populations, la taille serrée dans sa redingote, marchant la pointe des pieds en dehors, en tendant le jarret : C'est moi, Duchatellier, voyez, admirez, aujourd'hui, la vue n'en coûte rien. Au moment où il allait la dépasser, il l'avait reconnue, car il ne faisait point un pas sans jeter autour de lui un regard circulaire qui ramassait les admirations, et s'arrêtant il l'avait saluée ; puis après un court moment d'hésitation il s'était assis auprès d'elle.

Il ne lui avait pas fallu longtemps pour confesser cette pauvre fille éperdue d'émotion, qui, malgré ses vingt-cinq ans, était timide comme si elle en avait quinze.

On s'était revu, car il ne l'avait pas jugée comme elle se jugeait elle-même : ce qu'elle appelait « sans beauté » était plus justement sans éclat : en réalité elle était grande, bien faite, avec un visage régulier et une physionomie qui dans sa placidité ne manquait pas d'une certaine noblesse ; il s'était laissé aimer par plus d'une qui ne valait pas celle-là.

Sur ces entrefaites, un cousin qu'elle avait au pays natal était mort, lui laissant une quarantaine de mille francs ; en la voyant habillée de noir, Duchatellier qui jusqu'alors ne s'était pas engagé bien en avant, s'amusant surtout de l'innocence de cette honnête fille, avait changé d'attitude et aussi de langage.

Au lieu de continuer l'éloge du théâtre et le récit de ses triomphes, ce qu'il faisait toutes les fois qu'il la voyait, il avait laissé entrevoir que les triomphes n'étaient pas en réalité ce qu'on imaginait dans le monde, et qu'on ne les obtenait que par de cruelles souffrances. Nulle part la lutte n'était plus dure et plus implacable que dans les coulisses. Nulle existence n'était plus tourmentée que celle du comédien. Et elle avait eu la surprise d'apprendre que ces héros qu'elle s'était habituée à imaginer dans la vie ordinaire tels qu'elle les voyait sur la scène, ne sont que des êtres envieux, dévorés de jalousie, qui ne pensent qu'à jouer les tours les plus indignes ou les plus misérables à ceux de leurs camarades qui réussissent. Ainsi Duchatellier était victime de cabales nombreuses, uniquement parce qu'on le trouvait trop beau! Le talent, on peut le dénigrer, mais la beauté il faut la subir ; de là la haine qui l'enveloppait. Ces hommes qui expriment les sentiments les plus nobles et n'ont à la bouche que les mots de devoir, de dévouement, de sacrifice, ne sont en réalité dans la vie que de grands enfants ou des femmes affolées de coquetterie, ils ne pensent qu'au charme de leur personne, qu'à leur blanc, leur noir, leur rouge, à leur perruque, à leur costume. Aussi en avait-il assez, l'existence n'était plus tenable... au moins dans ce milieu. Assurément il ne voulait pas abandonner le théâtre: quand on est artiste on meurt artiste ; mais au lieu de rester en butte aux mauvais procédés de ses camarades envieux et de supporter plus longtemps les injustices des directeurs imbéciles, il se préparait à devenir directeur lui-même... quand il aurait réuni aux fonds qu'on lui avait déjà promis, quelques sommes qui compléteraient son capital, car il était prudent et ne voulait rien entreprendre sans être sûr de réussir.

Le résultat de ces confidences avait été de transformer en dot les quarante mille francs de l'héritage, et Duchatellier avait organisé des tournées dans lesquelles les anciens camarades ne pouvaient pas monter de cabales contre leur directeur.

Mais après les cabales c'était de la déveine que Duchatellier avait eu à souffrir. En organisant ses tournées, il s'était imaginé que la gloire de son nom avait dû pénétrer dans un certain rayon autour de Paris, et qu'il n'aurait qu'à paraître à Saint-Denis, à Pontoise, à Corbeil, à Etampes pour faire des recettes assurées; mais il avait fallu en rabattre et reconnaître que les populations de ces villes étaient encore bien arriérées. Il avait persisté, lutté; il s'était endetté, et si bien qu'un jour il lui était resté à peine assez de ressources pour acheter les deux roulottes qui devaient lui permettre d'exploiter les villages.

C'était alors que, pour faire des économies, madame Duchatellier qui jusque-là avait été la caissière de l'entreprise, était devenue comédienne, acceptant l'emploi des premiers rôles de drame auxquels « sa prestance la destinait », disait son mari.

Et c'était par économie aussi, pour utiliser ses enfants, que successivement Stanislas, Zyte et Marietta étaient montés sur les planches, à mesure que leur âge le permettait; encore était-il vrai que cet âge avait été singulièrement avancé et qu'on leur avait fait jouer, à dix ou douze ans des rôles de vingt et de vingt-cinq.

IV

Ce n'était pas seulement pour elle que madame Duchatellier allait à la messe aussi souvent que cela lui était possible, c'était encore pour les siens. Dans les premières années qui avaient suivi la naissance de ses enfants, elle les avait emmenés avec elle, mais quand, sous un prétexte ou sous un autre, ils s'étaient arrangés pour ne pas l'accompagner, elle s'était rabattue sur un moyen qui, dans sa croyance naïve, devait travailler à leur salut en quelque sorte malgré eux. Ce moyen consistait à rapporter son morceau de pain bénit qu'elle leur partageait. Quand ce pain bénit était de la brioche ils l'acceptaient volontiers n'étant pas gâtés par les pâtisseries, mais quand c'était simplement du pain ordinaire, elle ne réussissait pas aussi bien, il y avait de l'indifférence et quelquefois même, chez Stanislas, de la résistance.

Aussi, quand elle se rendait à l'église, après s'être parée de sa toilette des dimanches, celle qui ne servait que pour cette cérémonie — robe de soie violette, châle noir, chapeau de paille marron, — son souci était-il de se demander si c'était un pauvre ou un riche qui rendait le pain bénit : un riche, c'était de la brioche; un pauvre, c'était du pain, à la livre. Encore tout n'était-il pas dit, car il y avait des villages où le sacristain regardait de si haut « cette femme de théâtre », cette « excommuniée » qu'elle n'osait prendre dans la corbeille qu'un tout petit, que le plus petit morceau qui, partagé en famille, devenait presque impalpable. Mais à Noisy elle n'avait pas cette crainte, car le sacristain était un amateur de spectacle, et quand il penchait sa corbeille devant madame Duchatellier ce n'était point à regret, comme la plupart de ses confrères; au contraire, c'était avec un sourire engageant : « Acceptez donc, chère madame, positivement vous me ferez plaisir, c'est moi qui vous offre, et deux morceaux plutôt qu'un ; mais comme un service en vaut un autre, si vous voulez m'offrir en échange une entrée de faveur, je ne la refuserai pas. » Il la mettait si bien à l'aise, que lorsqu'elle ne se sentait pas observée par ses voisines, sa pieuse audace allait jusqu'aux deux morceaux.

Ce dimanche-là, elle eut la chance que ce fût le jour d'un riche, et elle eut la chance aussi de pouvoir envelopper discrètement dans son mouchoir les deux morceaux que son ami le sacristain lui offrit.

Quand elle revint aux roulottes, la troupe rentrait de faire son boniment, et elle put tout de suite distribuer son pain bénit entre son mari et ses enfants.

— Je regrette de n'en avoir pas davantage, dit-elle avec un regard adressé à tout son personnel.

Lachapelle et Joseph remercièrent simplement, mais Théodore qui se croyait obligé par son emploi et par son origine parisienne, dont il n'était pas médiocrement fier, de mettre de l'esprit dans tout ce qu'il disait, ne pouvait pas se contenter d'un remerciement banal :

— Je vous assure que l'intention suffit, dit-il d'un air goguenard.

On déjeuna vite, car le travail de la journée n'était pas terminé pour les hommes ; si le théâtre était monté, les décors n'étaient pas équipés, et l'aide du père Lachapelle allait leur manquer.

De même que Marietta apportait une part de gain dans la maison en vendant des sucreries, le père Lachapelle en apportait une autre de son côté en faisant des photographies. Quand la petite roulotte était débarrassée de son matériel de théâtre, on la transformait en atelier de photographie et c'était là que le père Lachapelle opérait : « Ressemblance parfaite, 1 fr. avec le verre et le cadre. » La noce avait promis de venir poser ; il fallait être prêt pour la recevoir.

Décidément, la journée s'annonçait bien, et encore une fois Noisy aurait sauvé la situation qui commençait à être désespérée, sinon pour Duchatellier, toujours plein de foi en « demain », au moins pour madame Duchatellier toujours aux prises avec les dettes d'hier et les besoins de l'heure présente. Pour elle tout n'était pas fini quand elle était parvenue à payer la location des salles où ils jouaient, il fallait encore que chaque jour elle trouvât l'argent nécessaire à la nourriture de la troupe et des bêtes ; les bêtes, on les lâchait, une entrave aux pieds, dans les fossés des chemins quand on ne pouvait pas leur acheter du foin, mais quand l'argent manquait pour la popotte, combien était-il dur d'avoir à subir les plaisanteries de Théodore en se demandant s'il riait ou s'il se fâchait ! Jamais le père Lachapelle ne se plaignait, jamais Joseph ne se permettait une observation, mais si le dîner tournait court, Théodore ne se gênait pas pour le faire remarquer, sinon par des récriminations brutales, au moins par des allusions, par des propos gouailleurs qui mettaient madame Duchatellier au supplice. Que de fois en ces derniers temps où la déveine les avait constamment poursuivis, l'avait-elle vu faire le geste de saucer son pain dans son assiette vide, avec des mines et des jeux de physionomie qui, en scène, auraient provoqué le rire du public, mais qui chez elle ne provoquaient que la confusion; et sa manière de presser le goulot des bouteilles à sec, était-elle assez mortifiante? Sans compter qu'elle était bien inquiétante aussi : que deviendraient-ils si Théodore les abandonnait pour une autre troupe où il serait assuré de ne pas rester sur sa soif, ce qui pour lui était la plus dure des privations, celle qui lui enlevait sa bonne humeur et ses moyens, car il était de la race de ces ouvriers parvenus à un certain bien-être qui mettent leur orgueil dans le nombre de litres qu'ils absorbent, comme certains bourgeois enrichis mettent le leur dans l'argent gagné. Où en trouver un autre qui aurait autant d'influence que lui sur le public et qui, comme lui, ferait salle pleine rien qu'en chantant la *Légende du Grand Étang.*

Heureusement, à Noisy, ces humiliations et ces transes allaient prendre fin; il pourrait boire à sa soif, si chaude qu'elle fût, et quand il couperait un chiffon de pain, on pourrait lui offrir de la sauce autant qu'il en voudrait, et même de la viande avec.

Le spectacle devait commencer à sept heures ; à six heures et demie, pendant que le personnel masculin de la troupe faisait le tour du pays en battant furieusement le rappel, eut lieu l'ouverture des bureaux, c'est-à-dire pour parler un langage moins imposant, qu'un des battants de l'unique grande porte qui donnait accès dans la salle de bal, fut entrebâillée et que madame Duchatellier s'installa dans cet étroit passage : devant elle, elle avait une toute petite table, et derrière un paravent, destiné bien plus à empêcher le courant d'air de s'engouffrer dans la salle, qu'à la protéger elle-même. A cumuler ainsi les fonctions de caissière et d'actrice, il y avait cet inconvénient qu'elle ne pouvait jamais paraître sur la scène au commencement du spectacle, mais cela n'était pas pour embarrasser Duchatellier ; le plus souvent on donnait un lever de rideau où elle ne jouait point, et si on était obligé de commencer par la grande pièce, il s'arrangeait pour qu'elle ne fût pas du premier acte : un simple remaniement au texte, quelques lignes de récit ou d'explication, et cela suffisait ; c'était ce qu'il appelait mettre les pièces au goût du jour. Après le premier acte, elle quittait son poste, et s'il se présentait des spectateurs, ils avaient généralement la délicatesse de déposer eux-mêmes le prix de leur entrée sur la table : 50 centimes pour les premières, 30 centimes pour les secondes, 15 centimes pour les troisièmes ; aux premières on était assis sur des chaises, aux secondes sur des bancs, aux troisièmes, on était debout.

Dès cinq heures et demie, une bande de gamins s'était formée dans la rue devant la salle de bal, et pour passer le temps agréablement, elle s'était livrée à l'étude du fumage, les petits obtenant de temps en temps la faveur de tirer une bouffée d'une cigarette ou d'un bout de jonc que les grands leur prêtaient ; puis quand la porte s'ouvrit, toute la troupe se poussant défila devant madame Duchatellier, ses trois sous en main, et prit ses places contre la barre en bois qui séparait les troisièmes des secondes.

Peu à peu le public sérieux commença à arriver et madame Duchatellier constata plus d'empressement qu'à l'ordinaire. Son mari eut fait cette remarque que, tout de suite, il lui aurait trouvé une raison plausible : on accourait pour le voir dans le rôle de Clairville où il était d'une noblesse incomparable. Mais bien qu'elle jouât la comédie depuis plus de vingt ans, elle n'était pas plus comédienne dans la vie qu'à la scène et ne se faisait point illusion sur son talent : l'attraction qui amenait ce soir les habitants de Noisy, ce n'était point elle qui l'exerçait, ce n'était même pas son mari, si beau qu'il fut dans Clairville, c'était simplement « l'amateur de la ville » dont on avait annoncé les débuts, — M. Permettez.

Et l'on arrivait à la queue leu-leu : les paysans endimanchés, le menton bleu rasé de la veille ou du matin même, la blouse courte ouverte au cou et rejetée en arrière, marchant à demi-voûtés, les jambes arquées et quand ils n'étaient plus jeunes avec le balancement sur les hanches que donne le travail continu de la binette; les paysannes coiffées du bonnet rond en tulle brodé garni de valenciennes qui, pendant tant d'années, a été avec la marmotte la coiffure des environs de Paris. Les bourgeoises aussi avaient gardé les toilettes faites le matin pour la grand'messe et sous leurs longs manteaux presque toutes portaient des chaufferettes garnies de braise, qui, pendant les premiers actes, devaient combattre le terrible froid de cette salle glacée où poussaient des champignons et des végétations marécageuses.

En passant, l'une de ces bourgeoises qui s'éclairait avec une lanterne, car le ciel était noir de nuages, s'arrêta auprès de madame Duchatellier : c'était madame Legrand la pharmacienne.

— Bonsoir, madame Duchatellier, dit-elle en ouvrant sa lanterne pour souffler la chandelle, je suis venue tout de même, vous voyez; mais pourquoi donc jouez-vous toujours des grands drames qui sont si difficiles à monter?

— M. Duchatellier est si beau dans le drame.

— Je ne dis pas non; mais Zyte aussi serait belle dans les travestis à la Déjazet: *Gentil-Bernard*, les *Premières armes de Richelieu*, *le Vicomte de Létorières*, c'est émoustillant.

Il se fit un brouhaha dans la rue, un bruit de pas et de voix mêlé à des rires, en même temps une nappe de lumière rouge courut sur le pavé jusqu'à la table de madame Duchatellier : c'était la noce qui arrivait avec des lanternes en papier; la mariée conduisait la troupe, se redressant dans sa robe de soie noire, son châle tapis rejeté sur les épaules, de façon à laisser admirer « ses accords » : la chaîne longue en or, la broche et la montre.

Cependant la salle se remplissait vite, et le public se classait, d'après le rang qu'il occupait; aux premières les bourgeois; aux secondes les cultivateurs et les artisans; aux troisièmes les ouvriers. A la vérité, bon nombre de croquants enrichis par la culture de leurs terres qu'ils continuaient de père en fils depuis des siècles, eussent pu, mieux que beaucoup de petits bourgeois occuper les premières; mais ils ne mettaient point leur orgueil dans le paraître, et d'ailleurs, mieux que personne, ils savaient « ce que valent les sous ». En attendant, on causait bruyamment, et comme le froid était âpre, de temps en temps, une femme se baissait et avec la clé de sa porte elle remuait les braises de sa chaufferette.

— La toile, la toile!

Le rideau remua mais ne se leva point; Théodore se glissa sur le devant de la scène, et fit un signe qui, bien que n'ayant rien de caractéristique, fut tout de suite compris.

— Y vas-tu, Auguste?

— Tout de même.

C'était la patrouille qui devait figurer dans le *Dîner de Madelon,* que Théodore venait raccoler parmi les spectateurs. Quatre hommes sortirent du parterre, et à moitié fiers, à moitié embarrassés se dirigèrent vers la scène qu'ils montèrent avec l'aide de Théodore.

Presqu'aussitôt les trois coups furent frappés et le rideau se leva : Zyte entra en scène avec le tablier blanc à bavette de Madelon et le petit bonnet de linge aux brides rejetées en arrière; elle portait une canne, une paire de lunettes et une perruque : avant qu'elle eût ouvert la bouche, une bordée d'applaudissements formidables la salua, lui disant le plaisir qu'on avait à la revoir.

Elle commença : « Ah! monsieur Benoît, c'est demain votre fête et vous ne m'en disiez rien! Heureusement on connaît son almanach et on y voit que c'est aujourd'hui la veille de Saint-Boniface ».

Comme elle l'avait prévu, personne ne remarqua que des souliers garnis de fourrure la veille de la Saint-Boniface, n'étaient pas tout à fait « analogues au sujet »; au contraire, on les admira. D'ailleurs on était trop attentif pour penser à la critique : jusqu'alors Zite avait joué ce rôle de Madelon avec l'accent qui est de convention au théâtre pour les paysans, que ces paysans soient des environs de Paris ou de Caen. Mais l'année précédente, elle avait étudié le parler des vieilles femmes du pays, celles qui avaient gardé dans sa pureté le langage de l'Isle de France et elle le reproduisait avec une surprenante fidélité, mettant bien où il fallait les *a* à la place des *e*, allongeant, abrégeant, chantant les syllabes, à croire qu'elle n'avait jamais quitté Noisy, et tout le monde était ravi : les paysans parce qu'elle parlait la langue du pays, leur langue qu'ils trouvalent charmante sur ses jolies lèvres, les bourgeois parce qu'elle la parodiait : « sous son air simple », c'était bien l'espiègle dont parlait M. Benoît.

A Benoît que jouait Duchatellier et à Vincent représenté par Lachapelle, on fit aussi une chaude entrée, ils eurent leurs applaudissements presqu'aussi nourris que ceux qui avaient accueilli Zyte.

Mais où la salle entière entra tout à fait en belle humeur, ce fut quand on entendit le chœur chanté dans la coulisse par la patrouille :

> Pas de raison et pas de résistance (*bis*)
> De par la loi respect, obéissance.

Un cri courut dans les troisièmes et dans une bonne partie des secondes :

— V'là le marchand de moutarde !

En effet, c'était Permettez qui, en costume militaire, le shako sur la tête, le fusil au bras, faisait son entrée.

> Tu marcheras, je t'en réponds (*bis*)
> Pas de pitié pour les fripons.

— Bravo ! le marchand de moutarde

Malheureusement pour sa gloire et pour les effets qu'il avait préparés, Permettez fut interrompu dans son jeu de scène par une clameur qui s'éleva aux troisièmes et aux secondes :

— Sauve-toi, Lapie, v'là la garde.

Les huées étaient si fortes, le rire avait si bien gagné toute la salle, même les premières, que le spectacle fut interrompu sans que les comédiens,

Permettez et les paysans qui figuraient dans la patrouille exceptés, sussent pourquoi. A la fin de l'hiver précédent, un maçon nommé Lapie avait, racontait-on, trouvé un trésor en travaillant dans une vieille maison, et au lieu de le partager avec les propriétaires, il avait fait main basse dessus, si bien que de misérable qu'il avait été jusqu'à ce jour, il était devenu tout à coup riche, achetant une boutique de marchand de vin, ce qui est l'idéal des parvenus dans ces campagnes, et sa femme portant des diamants aux oreilles. Mais cette transformation ne s'était pas accomplie sans que la morale publique s'en indignât et s'en vengeât à sa manière. A chaque instant, le dimanche, on passait devant la boutique du nouveau marchand de vin, en criant : « Sauve-toi, Lapie, v'là les gendarmes. » Et c'était cette scène que l'arrivée de la patrouille donnait l'occasion de recommencer : « Sauve-toi, Lapie, v'là la garde! » avec accompagnement de huées et de rires d'autant plus formidables que Lapie, qui s'était levé à sa place montrait le poing aux braillards en répétant :

— Sont-ils bêtes ?

La scène se serait peut-être prolongée assez longtemps encore tant on y prenait de plaisir, si l'entrée dans la salle de trois personnages enveloppés de riches fourrures, n'était venue y faire une diversion et la couper court.

Des noms aussitôt coururent sur toutes les lèvres :

— Le fils Chamontain.
— Le duc de Paradan.

Quant au troisième, on le regarda avec d'autant plus de curiosité qu'on ne savait pas qui il était.

— Un ami du fils Chamontain, pour sûr.

V

Chamontain !

Aucun nom n'était plus populaire dans la contrée que celui-là qu'on était habitué à répéter et qui depuis qu'il avait commencé à être connu avait toujours été grandissant de telle sorte qu'il était arrivé à emplir le pays de son importance.

Aussi loin que les plus vieux paysans remontaient dans leurs souvenirs, ils se rappelaient avoir prononcé ce nom quand ils n'étaient que de petits enfants.

Celui qui le portait alors était un vieux meunier établi sur la Marne entre Champs et Gournay. C'était chez lui qu'ils faisaient moudre le blé récolté sur leurs terres, non encore livrées comme maintenant à la petite culture, et le bonhomme, en veste grise, rapportait lui-même la farine, monté sur ses sacs, les jambes écartées, un gros fouet à manche court autour du cou. C'était le premier des Chamontain, au moins le premier qui eût laissé un souvenir encore vivace pour quelques-uns. A celui-là en avait succédé un autre qui, ne se contentant plus de moudre le blé des petits paysans des environs, avait acheté les récoltes des gros fermiers de la Brie, et pour les travailler avait fait successivement construire autour du moulin paternel, dans les îles de la Marne, un groupe d'usines qui étaient devenues une des minoteries les mieux outillées et les plus importantes des environs de Paris. Enfin, à ce deuxième en avait succédé un troisième, le père du jeune homme qui venait d'entrer dans la salle, et c'était celui-là qui avait donné au nom de Chamontain tout son éclat : le premier avait été un simple meunier, le second un habile industriel, le troisième était un spéculateur qui occupait une place considérable dans le monde des affaires.

A la mort de son père, celui-là aurait pu vivre tranquillement avec la belle fortune dont il héritait comme fils unique, mais ni la tranquillité, ni le repos n'étaient dans son caractère, il lui fallait le travail et la lutte avec les satisfactions orgueilleuses que donne l'ambition triomphante. Et justement il avait toutes les ambitions : celle de l'argent aussi bien que celles des honneurs et du rang. Bonnes pour son père, les minoteries de la Marne étaient insuffisantes pour lui ; il avait commencé par les agrandir autant que le permettait la chute d'eau que la rivière mettait à la disposition de ses turbines, puis il les avait complétées par les usines à vapeur qu'il avait élevées à la Villette sur les bords de l'Ourcq, en même temps qu'il entreprenait de grosses spéculations sur le commerce des grains qui, en quelques années, faisaient de lui une puissance financière avec laquelle les plus forts devaient compter.

On était alors en plein dans la période heureuse où toutes les affaires se mettaient en actions; les *Minoteries de la Marne et de l'Ourcq* étaient entrées dans la règle commune et il s'était formé pour leur exploitation une Société au capital de dix millions divisé en vingt mille actions de cinq cents francs. Si bon enfant que soit l'actionnaire, il serait sans doute resté froid en présence d'une pareille majoration, si on n'avait trouvé un moyen de la justifier; pour cela on avait remplacé dans les moulins de la Marne et les usines de l'Ourcq les meules en pierre par des cylindres en fonte; c'est-à-dire qu'à l'ancien système de mouture on en avait substitué un nouveau qui devait, disaient les annonces, révolutionner l'industrie de la meunerie en France et lui permettre de soutenir la concurrence avec ce que l'étranger produisait de meilleur : c'était une affaire nationale, une souscription patriotique. Ainsi présentée, l'émission avait eu un magnifique succès, toutes les actions avaient été enlevées, et la prime obtenue avait été assez belle pour permettre aux fondateurs de l'affaire de se débarrasser avantageusement de celles qu'ils s'étaient attribuées : un outillage neuf, une marque estimée ! un homme de l'expérience et de la capacité de Chamontain à la tête de l'entreprise, comment n'avoir pas confiance.

Cependant les prévisions sur lesquelles l'affaire était basée ne s'étaient pas réalisées, mais il y avait eu cela de consolant et d'honorable pour ceux qui l'avaient organisée et qui la dirigeaient que la faute de cet échec ne pouvait pas leur être imputée, elle remontait jusqu'à la Providence ! En effet, pour assurer l'approvisionnement de ces usines et de ces moulins qui allaient consommer dix-huit cents sacs de blé par jour et produire mille sacs de farine, on avait fait à l'avance des achats considérables de récoltes dans la Brie, dans la Beauce et dans tout le rayon de Paris : jamais l'agriculture nationale n'avait été à pareille fête. Mais il s'était trouvé, cette année-là, que le temps avait été pluvieux, et que le blé rentré mouillé était resté spongieux et tendre. Or les fameux cylindres qui devaient révolutionner l'industrie française sont en usage dans des pays où l'on ne récolte que des blés secs et durs qu'ils écrasent admirablement ; qu'on leur donne au contraire un grain tendre à moudre, ils ne l'écrasent plus, ils le laminent. C'était ce qui s'était produit avec les blés mous de la Brie et de la Beauce ; mal récoltés, ils s'étaient laminés et pour décoller les gruaux il avait fallu leur faire subir une série d'opérations fâcheuses ; la farine avait mal pris l'eau en exigeant des boulangers beaucoup de travail, si bien qu'en quelques mois la marque des minoteries de la Marne et de l'Ourcq, qui était une des premières, alors qu'elles opéraient avec des meules, avait été dépréciée, les boulangers n'en avaient plus voulu ; la vente était devenue difficile, presque impossible : les cylindres étaient jugés, condamnés ! de dégringolade en dégringolade, les actions étaient tombées à vingt-trois francs et encore ne trouvait-on pas à les vendre.

C'était alors que Chamontain avait montré ce dont

il était capable : puisqu'il avait causé ce désastre, il devait le réparer. Il avait fait racheter à vingt ou vingt-cinq francs toutes les actions qu'on pouvait lui trouver, et pour quatre cent mille francs il était redevenu l'unique propriétaire de ses anciennes usines qui quelques mois auparavant avaient coûté dix millions aux actionnaires : à quelque prix que ce fût, il devait sauver une entreprise qui portait son nom.

Et il l'avait sauvée : au lieu de donner à moudre à ses cylindres des blés français *tendres*, il leur avait donné des blés étrangers *durs*, et sa farine était redevenue ce qu'elle avait toujours été, l'égale des meilleures ; en quelques mois sa marque, dont personne ne voulait plus, avait repris son rang, l'un des premiers.

Décidément c'était un malin, un habile ; il avait été recherché par les lanceurs d'affaires, et tous les conseils d'administration qui avaient besoin d'un homme de sa capacité s'étaient empressés de lui ouvrir leurs portes ; ses preuves étaient faites, il était digne d'entrer.

Pour cela il n'avait pas abandonné ses minoteries de la Marne, au contraire, il les avait encore agrandies en perfectionnant leur outillage : d'immenses magasins avaient été construits pour abriter un approvisionnement de blé de plusieurs mois ; un chemin de fer à voie large avait été construit pour les relier à la grande ligne et faire arriver les wagons à leurs quais sans rompre charge ; enfin un service régulier de bateaux à vapeur lui appartenant avait été organisé pour aller prendre à Rouen les chargements de grains qui arrivaient de l'Amérique et de l'Inde. Elles étaient sa gloire, ces minoteries, et son orgueil. C'était de là qu'il était parti, du vieux moulin dont les bâtiments noircis et chancelants avaient été conservés, pour devenir l'homme qu'il était maintenant. Il tenait à s'en vanter en répétant: « Je suis un parvenu, le fils de mes œuvres. » Et comme si ce n'était pas assez de dire et de répéter ce mot qui cependant se trouvait vingt fois par jour sur ses lèvres, il avait voulu qu'un monument durable l'affirmât plus haut encore : dans la façade de ce vieux moulin, il avait fait sceller une belle plaque de marbre sur laquelle on lisait en lettres d'or:

CE PETIT MOULIN QUI DATE DU XIII° SIÈCLE ET QUI
TOURNAIT ENCORE EN 1830 A ÉTÉ
LE BERCEAU

DES CHAMONTAIN

Les Chamontain remontaient-ils au XIII° siècle ; l'inscription ne le disait pas, mais on pouvait le supposer ; pourquoi pas ? six siècles de meunerie dans la famille, c'était de l'aristocratie et de la bonne, celle-là.

Précisément parce qu'il était arrivé haut, il voulut monter plus haut encore, et des conseils des Sociétés financières passer dans ceux de la France où il saurait prendre une place plus en vue et plus glorieuse. Il acheta un journal et avec l'aide d'un teinturier qui avait des idées et de la discrétion, il y publia des articles retentissants pour préparer sa candidature. Deux ans après et sans avoir dépensé plus d'un million il était député et le lendemain de cette élection les pays situés sur la route que suivent les voitures Chamontain pour apporter les farines à Paris, Noisy, Bry, Nogent, Vincennes, voyaient ces voitures passer, pavoisées de drapeaux, les chevaux enguirlandés de rubans tricolores pour fêter ce triomphe démocratique « d'un fils de ses œuvres ».

Le « fils de ses œuvres » n'avait pas l'ambition égoïste, et ce n'était pas pour lui seul qu'il voulait le triomphe, il le voulait aussi pour les siens qui devaient le continuer et atteindre plus haut encore que là où il était arrivé, son fils parce qu'il serait son fils, sa fille par le mariage.

Et ce mariage il l'avait réussi comme tout ce qu'il entreprenait : l'année précédente, mademoiselle Calixte Chamontain, arrière-petite-fille du vieux meunier, celui qui montait la côte de Gournay à califourchon sur ses sacs de farine en faisant claquer son gros fouet pour annoncer son arrivée, avait épousé Marie-Guy-Philippe-Audéric, duc de Paradan, l'unique héritier des Paradan, militaires sous Louis XIV et Louis XV, où leur nom a brillé de son plus vif éclat, parlementaires sous la Restauration, simplement intrigants sous Napoléon III; sous la République française ruinés à plat et si parfaitement que, sans un honnête département de l'Ouest qui lavait ramassé le duc pour en faire un député, celui-ci n'aurait pas eu de quoi manger. C'était à la Chambre qu'ils s'étaient connus, et tout de suite Chamontain avait compris que ce duc ruiné était le gendre que la Providence lui destinait, comme le duc avait trouvé dans Chamontain le beau-père qu'il lui fallait. Sans les finasseries de Chamontain pour diminuer la dot, sans celle du duc de Paradan pour -a grossir, le mariage se serait fait tout de suite. Mais à la fin, après une lutte qui avait accru l'estime du gendre pour le beau-père en même temps qu'elle accroissait celle du beau-père pour le gendre, on s'était mis d'accord et Chamontain avait eu la joie de pouvoir dire : « La duchesse de Paradan, ma fille... »

Au temps où Chamontain jeune encore agitait ses rêveries ambitieuses en se promenant autour du moulin paternel, l'un de ses désirs les plus âpres avait été d'acheter un jour, quand la fortune lui serait venue, le château qu'il voyait devant lui chaque fois qu'il levait les yeux vers la colline et dont le parc en amphithéâtre descendait par ses vertes pelouses et ses massifs boisés jusqu'à la Marne. Quelle plus éclatante manifestation de la puissance de l'argent que de remplacer dans ce noble château, aux dispositions grandioses, la vieille famille qui l'avait fait construire au XVIIIe siècle, et de devenir par lui le seigneur du pays où son grand-père n'était qu'un artisan. Ce désir, il avait pu le réaliser à coup d'argent et c'était dans la chapelle de ce château que Calixte était devenue duchesse de Paradan.

Quelle fête pour les villages environnants que ce

mariage ; à Noisy particulièrement on avait eu le plaisir de voir défiler les calèches, les landaus, les coupés, les chaises de poste arrivant de Paris, pleins de femmes aux toilettes brillantes dont l'éclat illuminait la grande rue sombre d'un éclair rapide ; ce tourbillon de soies claires, de plumes, de dentelles, de harnais argentés, de cuivres étincelants, de panneaux armoriés, de chevaux aux robes luisantes, de laquais galonnés, avait laissé dans le vieux village une vision de la vie mondaine, qui n'était pas encore éteinte.

Aussi que de regards curieux quand le fils et le gendre de ce Chamontain étaient entrés dans la salle du grand théâtre Duchatellier.

Le fils, on était habitué à le voir passer souvent, mais les chevaux de son phaéton qu'il conduisait lui-même allaient toujours d'un tel train que c'était à peine si ceux qui n'avaient point affaire au château le reconnaissaient ; quant au duc, il avait voyagé avec sa femme depuis son mariage, et les occasions de l'apercevoir avaient été rares.

— Ah ! c'était ça un duc !

Il est vrai qu'il était peu séduisant, le duc, avec son visage étroit, ses yeux rapprochés, ses lèvres minces, son teint pâle, ses membres grêles, son air froid ; et cependant, si l'on ne s'en tenait pas à la première impression et si l'on savait voir, on sentait que c'était un homme : dans ces membres grêles, il y avait des muscles vigoureux que développaient l'exercice et l'escrime ; dans ces yeux une flamme, sous cette apparence froide et indifférente une volonté puissante; sous cette mine chafouine une dureté de caractère que déguisait mal la politesse des manières.

Au contraire, Gaston Chamontain produisait une impression sympathique et rassurante : la belle tête régulière au teint frais avec une longue barbe d'or soyeuse et frisée, la taille haute et bien prise, les épaules larges, la physionomie affable et ouverte; en tout un beau garçon et un bon garçon.

VI

Pendant que s'achevait le *Dîner de Madelon*, Gaston Chamontain, le duc de Paradan et leur ami étaient restés debout, ne trouvant pas une place à prendre; mais dans l'entr'acte on leur apporta des chaises de chez le marchand de vin et ils purent s'asseoir, aussi mal installés que possible, dans un coin, contre la muraille humide.

— Ça été vraiment une bien bonne idée de venir à ce théâtre, dit le duc.

— Bachollet n'a que de bonnes idées, appuya Gaston en riant.

— Et il fait un froid dans cette grange! continua le duc, en serrant sa pelisse contre son torse maigre.

— Jamais Bachollet ne se plaindra du froid, dit Gaston.

— Parce que? demanda le duc.

— Parce que plus il fera froid aujourd'hui, plus il

y aura de chances pour que la fête du Cercle des Patineurs ait lieu demain.

— C'est bien naturel.

C'est bien naturel, était l'explication même du caractère de Bachollet, qui ne vivait que pour s'amuser, et surtout pour que Tout-Paris sût qu'il s'amusait. Quelle déception pour lui si la fête du lendemain, dont il était l'un des organisateurs et des commissaires, n'avait pas lieu par suite du dégel. Héritier à vingt-deux ans, d'un père qui, dans la fabrication des matières colorantes, avait gagné une des grosses fortunes de l'industrie parisienne, Bachollet employait les revenus de cette fortune à faire parler de lui. Voir son nom imprimé dans les journaux mondains était tout ; il ne désirait et même il n'imaginait rien au delà de cette gloire. C'était pour l'acquérir qu'il avait à Compiègne un équipage de chasse qui lui coûtait deux cent mille francs par an, à Chantilly une écurie de courses qui ne lui coûtait pas moins, et à Paris une maîtresse qu'il n'aimait point, mais qui avait le mérite d'être une des célébrités de la vieille garde et de jouir, en cette qualité, d'une notoriété qui rejaillissait sur lui « l'amant d'Agnès Manec », une Agnès de cinquante ans qui jouait encore à la ville « le petit chat est mort ». Cela ne lui suffisait point, et il demandait au tir aux pigeons, à l'escrime, au cercle des patineurs, à un cirque où il s'exhibait avec des bêtes savantes, ce que les courses, la chasse et la maîtresse ne lui donnaient point. Personne n'était plus aimable, plus affable, plus généreux pour les reporters que lui. Quand les occasions d'être témoin dans un duel lui manquaient, bien qu'il eût naturellement le caractère le plus facile et le plus doux, il cherchait lui-même une affaire, pour rien, pour le plaisir, non de se battre, mais de se faire de la publicité qui ne lui venait pas spontanément. Pour être sûr de ne pas laisser échapper un journal qui l'aurait nommé, il était abonné à l'*Argus de la presse*, « qui lit, découpe et traduit tous les journaux du monde et en fournit les extraits sur n'importe quel sujet »; le sujet c'était lui, Bachollet. En était-il de plus intéressant ? Il ne le trouvait pas. Et même il était jaloux de ceux dont on parlait trop souvent, il les appelait des *réclamistes* et les méprisait.

L'entr'acte ne fut pas long, car le premier tableau d'*Il y a seize ans* se jouait dans le même décor que e *Dîner de Madelon;* à la vérité, dans le vaudeville, le théâtre représente une chambre simplement meublée, tandis que dans le drame, il représente un joli boudoir élégamment meublé; mais chez les Duchatellier on n'y regardait pas de si près : une chambre ou un boudoir, c'était un intérieur, et il n'y avait qu'une décoration pour les palais, et qu'une aussi pour les places publiques, les sites champêtres, les cachots et les forêts : le décorateur qui les avait peints avait reçu la commande de les faire assez indécis pour qu'ils pussent, avec un peu de bonne volonté, servir à toutes les situations, et n'être d'aucune époque ni d'aucun pays.

Le rideau se leva donc sur la chambre de M. Benoît, devenue le boudoir d'Amélie de Clairville :

Madame Duchatellier (Amélie) était assise devant une table de toilette, et Joséphine, sa femme de chambre (Marietta), achevait « d'arranger ses cheveux et de lui mettre quelques bijoux.»

— Mais, c'est la vieille femme de la caisse qui joue la chaste fiancée, s'écria le duc.

— Silence ! dans le coin, cria une voix.

— Taisez-vous donc, les peaux d'ours, cria un autre.

Le duc se mit à rire en regardant la salle dédaigneusement.

La porte du fond s'ouvrit, et un jeune garçon parut « en costume léger du matin, portant à la main une rose sur laquelle était attaché un papillon, il entre avec la vivacité de son âge ».

— Tiens, c'est une femme, dit Bachollet.

— Elle est charmante, répondit Gaston.

Puis s'interrompant, il se retourna, et s'adressant à la pharmacienne qui justement était placée derrière lui, poliment il lui demanda quelle était cette jeune fille.

— C'est Zyte, la fille du directeur, répondit madame Legrand, flattée de la déférence que Gaston lui avait montrée « en homme du monde qui s'adresse à une femme du monde » raconta-t-elle plus tard.

Dans la pièce originale telle qu'elle a été écrite par Ducange, Joséphine qui a l'autorité d'une vieille femme de chambre, gronde « ce jeune indiscret d'entrer comme un fou, quand mademoiselle s'habille », mais dans la pièce récrite par Duchatellier et mise à la mode du jour, le rôle avait été adapté autant que possible pour être joué par Marietta, et toutes les gronderies de la vieille fille avaient disparu. C'était en effet par coupures qu'il procédait généralement, et tout ce que sa troupe ne pouvait pas dire ou ne pouvait pas faire, il le supprimait : le public s'y reconnaissait comme il le pouvait. Dans *Il y a seize ans*, on trouve une vingtaine de rôles d'hommes et de femmes; comment avec les cinq hommes et les trois femmes qui composaient la troupe du théâtre Duchatellier, jouer ces vingt rôles ? Cela eut été une difficulté pour un directeur qui n'eût pas été en même temps auteur. Pour Duchatellier rien de plus simple : l'auteur intervenait et rendait le service à son ami le directeur de lui supprimer les rôles pour lesquels celui-ci n'avait pas de sujets : quand cette suppression était tout à fait impossible, le comédien qui mourait au deuxième acte ressuscitait au troisième dans un nouveau personnage; un perruque et un autre costume opérait cette incarnation: ainsi le père Lachapelle englouti comme Gérôme au troisième tableau avec le pont du torrent, apparaissait au quatrième comme maire du village; et personne ne se plaignait, au contraire : on discutait dans lequel des deux personnages Lachapelle était le meilleur : certainement il était bien touchant dans le vieux Gérôme; mais d'autre part comme il s'excusait convenablement « d'apporter un instant de trouble au milieu d'une fête d'hymen »; et comme il faisait comprendre cette phrase extraordinaire du père de la mariée : « Votre visite nous honore et ne peut nous inquiéter » De même pour madame Duchatellier qui remplissait deux rôles, on discutait la question de savoir lequel lui convenait le mieux : — celui d'Amélie, la fiancée de Saint-Val (en perruque blonde) ou celui de madame Thomas (en perruque grise.

En réalité, elle était aussi mauvaise dans l'un que dans l'autre, avec la même intonation pour la femme du monde que pour la villageoise, et avec le même geste de marionnette qui consistait à agiter sa main droite ouverte et les doigts réunis, en allant de son épaule à son menton, comme si elle coupait quelque chose, tout le reste de son corps ainsi que son bras gauche demeurant immobiles. C'était vainement que son mari lui avait demandé de lever cette main au moins aussi haut que la tête et d'étendre le bras dans toute sa longueur ; jamais elle n'avait osé risquer en public cette mimique désordonnée : qu'eût-elle fait de son bras si elle l'avait étendu à une telle distance, elle n'aurait jamais pu le ramener à elle. C'était bon pour M. Duchatellier d'agiter ses bras comme les ailes d'un moulin à vent ; mais il était un grand comédien, tandis qu'elle n'était qu'une pauvre femme qui jouait la comédie malgré elle.

— Quel singulier pantin, dit le duc quand il vit madame Duchatellier hacher ainsi tous ses mots.

— Oui, mais la fille est gracieuse, répondit Bachollet.

— Dites qu'elle est ravissante, continua Gaston, je n'ai jamais entendu voix plus pénétrante, et elle joue, est-ce curieux, ici.

Il est vrai que Zyte jouait et qu'elle mettait dans son rôle tout ce qu'il y avait en elle. Quand madame Duchatellier, abandonnant la caisse pour s'habiller, avait annoncé que le fils Chamontain et le duc de Paradan venaient d'entrer dans la salle, cette nouvelle avait révolutionné les coulisses.

— Quelle chance nous avons de jouer aujourd'hui *Il y a seize ans*, s'écria Duchatellier, une pièce où je me montre en habit de conseiller d'Etat, et avec l'épée : Marietta, donne-moi tous mes bijoux et toutes mes décorations.

Duchatellier n'avait pas eu une seconde d'hésitation en recevant cette bonne nouvelle : ces gens du monde venaient pour lui ; sa réputation était arrivée jusqu'à eux, et profitant de l'heureuse occasion qui l'amenait près de leur château, ils voulaient savoir à quoi s'en tenir sur ce fameux Duchatellier qui... Eh bien, ils allaient voir.

Plus jeune et par cela même moins disposée à se griser de sa gloire, Zyte ne s'était point dit que ces gens du monde venaient pour elle, mais cependant, à la pensée de jouer devant eux, elle éprouvait une émotion qu'elle n'avait pas devant son public ordinaire : un duc, le fils Chamontain. Elle n'avait jamais joué devant un duc ; aussi se donnait-elle tout entière à son rôle.

Si démodé que soit aujourd'hui ce vieux mélodrame, si gros d'invraisemblance qu'en soient la fable et le développement, si ridicule surtout qu'en soit l'enflure du style, il n'en renferme pas moins deux rôles, celui de la mère et celui du fils, qui, comme le disait Théodore, sont du théâtre. A la vérité, on pouvait très bien ne pas s'en apercevoir en voyant madame Duchatellier jouer le sien, tant la pauvre femme avait peu l'instinct de la scène. Mais avec Zyte, comédienne des pieds à la tête, il en était autrement pour le rôle de Félix. Depuis quatre ans que son père lui avait donné ce rôle, elle l'avait étudié avec Lachapelle, elle l'avait travaillé en le jouant, ce qui est encore la meilleure méthode pour un esprit perfectible, et elle y mettait maintenant, avec la vivacité juvénile qu'elle avait su garder, une tendresse de cœur, une profondeur d'émotions, un charme, une douceur que la musique de sa voix, et son sourire insondable à la fois gai et mélancolique rendaient tout à fait saisissant.

— Mais elle a du talent, s'écria Gaston, c'est une comédienne.

Zyte n'était pas seule à remarquer l'effet qu'elle produisait sur les jeunes gens; en scène madame Duchatellier, Lachapelle et Marietta le remarquaient comme elle, et dans la coulisse Joseph le remarquait aussi. Dans le théâtre Duchatellier, le trou du souffleur n'existait pas, on soufflait de la coulisse comme sur la scène anglaise, et le personnel étant peu nombreux, c'était celui des comédiens qui ne jouait point qui s'acquittait de cette tâche, comme c'était lui aussi qui manœuvrait le rideau. Chargé du rôle de Chambord, le chef des incendiaires, Joseph ne paraissait qu'au troisième tableau, et pendant les premiers il soufflait. De la coulisse de droite où il était assis, il voyait donc le groupe des jeunes gens placés au coin gauche de la salle presque en face de lui, et il n'avait pas pu ne pas être frappé de la façon dont ils s'occupaient de Zyte. En apprenant qu'ils étaient dans la salle, il ne s'était point dit comme Duchatellier et comme Théodore qu'ils venaient pour lui, mais avec sa jalousie toujours inquiète il s'était demandé s'ils ne venaient point pour Zyte. Aux regards que Gaston Chamontain avait jetés sur elle lorsqu'elle était entrée en scène, il avait senti que ses soupçons ne le trompaient pas.

— C'est pour elle!

Et presque tout de suite, à l'accent de Zyte, il s'était dit aussi :

— C'est pour eux qu'elle joue.

Son émotion avait été si vive qu'il avait oublié son rôle de souffleur, et madame Duchatellier, toujours hésitante, autant par timidité naturelle que par mauvaise mémoire, s'était perdue dans sa réplique : ce moment de désarroi avait rendu Joseph à la réalité de la situation et malgré son trouble, malgré son attention à examiner les jeunes gens aussi bien qu'à suivre Zyte, il s'était remis à sa tâche.

Le père Lachapelle qui jouait dans le premier tableau était rentré dans la coulisse, et venant à Joseph avec tous les signes du contentement le plus vif :

— La vois-tu, l'entends-tu? dit-il en parlant bas, est-elle assez charmante!

— Fichez-moi donc la paix, répondit Joseph exaspéré

Lachapelle n'insista pas et ne se fâcha pas; il avait mieux à faire: il voulait regarder, écouter Zyte qui commençait sa grande scène ! et il se dit que sans doute Joseph voulait comme lui la regarder et l'écouter sans être dérangé.

Joseph connaissait trop bien l'effet que produisait toujours cette scène entre la mère et le fils pour être surpris par les applaudissements qui la coupèrent à chaque instant, mais jamais il ne les avait entendus aussi nourris, ces applaudissements, aussi fréquents ; ils partaient à chaque mot que disait Zyte et se prolongeaient ; jamais il n'avait entendu autant de moucheries, de reniflements, de sanglots ; à certains moments la marche du drame se trouvait suspendue ; et il n'y avait pas que le public ordinaire qui applaudissait, il voyait le fils Chamontain, le duc et le jeune homme dont il ne savait pas le nom, battre des mains.

Enfin la toile tomba, puis elle se releva aux cris formidables de la salle entière, et ce fut seulement après cinq minutes de saluts et de révérences que Zyte rentra dans la coulisse, où son père la reçut dans ses bras.

— Viens, sur mon cœur, tu es bien ma fille.

Après l'embrassade orgueilleuse du père vint celle de la mère.

— Où trouves-tu tout ça? demanda madame Duchatellier.

Puis ce fut au tour de Lachapelle, de Théodore, de Stanislas, de Marietta : on la serrait, on se pressait les mains, on riait, on poussait des exclamations.

— Ces comédiens ! ces comédiens ! répétait Théodor, en renversant la tête en arrière.

— Ça me rappelle mon triomphe dans *Kean*, à Coulommiers, disait Duchatellier.

Seul Joseph était resté dans son coin et n'avait rien dit.

Elle vint à lui heureuse et souriante.

— Es-tu content? dit-elle en lui tendant les deux mains.

— Tu as été très belle ce soir.

— Comme tu dis ça?

— Oui, pourquoi as-tu joué ce soir comme tu n'avais jamais joué jusqu'à présent?

— Parce qu'il y a dans la salle un public qui mérite qu'on fasse de son mieux.

— Tu l'avoues donc ! s'écria-t-il furieusement.

— Et pourquoi ne l'avouerais-je pas? J'ai vu dans la salle des gens qui savent ce que c'est que le théâtre, qui sont des habitués des premières représentations, et non des bons bourgeois ou des paysans, comme nous en avons tous les soirs ; j'ai voulu leur plaire, j'ai joué pour eux, m'imaginant que je jouais devant un public parisien, et voilà ; n'est-ce pas tout naturel? Ne vas-tu pas en faire autant tout à l'heure?

— Moi !

— Tu es très bon dans Chambord, va jusqu'au bout, livre-toi, ils t'applaudiront comme ils m'ont applaudie.

Je me moque bien des applaudissements de ces imbéciles.

— Tu perds la tête.
— D'amour, de jalousie, de désespoir.
— Mon pauvre Joseph.
— Ohé, Joseph, cria Duchatellier.

Mais Joseph ne bougea point, il tenait toujours la main de Zyte et il serait mort plutôt que de la lâcher; la tenant par le bras, il l'avait amenée dans le coin le plus sombre du théâtre.

— Ah! si tu me plaignais du fond du cœur, dit-il.
— Quel intérêt puis-je avoir à ne pas te parler sincèrement?
— Tu me fais mourir.

On venait de frapper les trois coups, mais comme Zyte ne paraissait qu'à la fin de ce tableau, il ne s'interrompit pas, seulement il baissa la voix pour ne pas troubler la représentation, parlant les lèvres serrées, en sifflant ses mots.

— Me soutiendras-tu que ces gommeux ne sont pas venus pour toi?
— Comment seraient-ils venus pour moi, puisqu'il y a une heure ils ne me connaissaient pas.
— On leur a parlé de toi, on leur a dit que tu étais jolie, ils sont venus voir. Et toi, au lieu de te tenir à ta place, tu te jettes à leur tête, tu te mets en frais, tu fais tout pour leur plaire. Pourquoi?
— Pour leur plaire.
— Tu vois, tu vois.
— Est-ce que ce n'est pas notre métier de plaire à ceux qui nous écoutent et nous regardent.
— Alors, pourquoi ne joues-tu pas tous les jours comme tu as joué ce soir.

— Parce que j'ai ce soir un public comme nous n'en avons jamais eu ; tu admettras bien qu'il y a des publics qui vous disent, et d'autres qui ne vous disent pas. Crois-tu donc que l'ambition de ma vie soit de jouer éternellement la comédie à Noisy ou à Chelles ? Si je la joue devant des gens intelligents et que je leur plaise, ils pourront parler de moi à leurs amis, on voudra me connaître. Alors, qui sait ?

— Paris, n'est-ce pas ?

— Pourquoi non ?

— C'est ce vieux fou de Lachapelle qui te met ces idées en tête.

— Diras-tu qu'elles sont folles ?

— Je dis que tu ne devrais pas songer à quitter ton père et ta mère, à nous quitter... tous ; que deviendront-ils, que deviendrons-nous sans toi ?

— Serais-je plus utile à mes parents en traînant la misère avec eux toute la vie, qu'en me faisant une position qu'ils partageraient ?

La colère qui jusque-là avait grondé dans la voix de Joseph, fit place à l'émotion navrée :

— C'est bien cela, dit-il, et le pressentiment que j'ai eu en regardant ces trois hommes, qu'ils apportaient le malheur avec eux ne me trompait pas. Te voilà perdue pour moi. Si ce n'est aujourd'hui, ce sera demain, car ce n'est pas seulement la comédienne qui veut un autre public, c'est la femme qui veut un autre entourage, qui cherche une autre vie, qui rêve une autre famille. Dans les dispositions d'esprit et de cœur où tu es, on n'aura qu'un mot à dire pour que tu l'écoutes : Paris; et tu partiras, tu nous abandonneras. Je te jure que ce n'est pas à moi seul que je pense en ce moment, c'est aussi à toi, c'est surtout à toi. Que feras-tu, que deviendras-tu à Paris? Tu te plains de la misère ici, il y en a d'autres plus dures que la misère d'argent dans la vie que tu rêves quand on a de la fierté dans le cœur. Tu ne les vois pas en ce moment, mais quand tu les trouveras autour de toi il sera trop tard. Ne pars pas.

— Et qui parle de partir?

— Moi qui sens que tu nous échappes et qui me désespère. Que veux-tu que je devienne quand tu ne seras plus là? Tu sais bien que si je me suis engagé dans la troupe de ton père, c'est pour toi, pour te voir, pour vivre de ta vie. Tu trouveras des hommes plus brillants que moi, qui t'aimeront, cela n'est pas difficile, mais tu n'en trouveras jamais un seul qui t'aimera comme je t'aime, et qui mette tout en toi comme je l'y ai mis : espérance, présent, avenir, ambition, bonheur. Ce que tu appelles misère, moi je l'appelle paradis. Et pourtant tu ne me gâtes point. Mais je t'aime tant, que pourvu que je te voie, que je t'entende, que tu me regardes, je suis heureux, l'homme le plus heureux de la terre. Et encore n'ai-je pas besoin de tant que cela : combien de fois, la nuit, ai-je quitté notre roulotte pour venir me coller l'oreille contre la tienne, t'écouter dormir, entendre ou ne pas entendre ta respiration, mais enfin être près de toi, contre toi, tout seul à la clarté des étoiles qui me regardent.

A ce moment, le père Lachapelle s'approchan d'eux les interrompit :

— Zyte, c'est à nous. Attention à ton effet : « Allons, maman, du courage, adieu. » Viens vite, ou nous manquerons notre entrée.

Cependant elle eut le temps de prendre la main de Joseph et de la lui serrer, puis elle entra en scène en suivant Lachapelle.

Malgré l'épée, les décorations, les bijoux de Duchatellier, malgré l'élégance mondaine de Théodore, ce tableau avait été assez froid, mais dès que Zyte parut les applaudissements reprirent, entrecoupés par la sonnerie des mouchoirs, et il se termina par un nouveau rappel.

Quand le rideau fut baissé, l'enthousiasme des premiers sujets reprit de plus belle.

— Quel effet nous avons produit, dit Duchatellier, résumant d'un mot la situation.

Pendant l'entr'acte Marietta vendait ses pastilles dans la salle ; quand elle revint au moment où le rideau allait se relever, elle dansait en faisant sonner la poche de son tablier, pleine de pièces de monnaie.

— Tu as fait une bonne recette? lui demanda Joseph qui se trouva devant elle.

— Je crois bien, M. Chamontain m'a donné vingt francs.

IX

Duchatellier avait conservé un emploi qui pendant longtemps a été en honneur dans l'ancien théâtre, — celui d'orateur de la troupe; et c'était lui naturellement qui le remplissait; jamais une représentation ne se terminait sans que pendant l'entr'acte entre la grande pièce qui venait de finir et la petite qui allait commencer il ne vînt haranguer son public : « Mesdames, Messieurs ». C'était son triomphe, surtout si sa tenue « analogue au sujet », lui permettait de déployer toute la grâce et toute la noblesse de ses manières. Dans *Il y a seize ans*, sa tenue, — habit de conseiller d'Etat avec l'épée, — était justement à souhait pour échauffer son éloquence, et jamais il ne trouvait de plus belles choses que lorsqu'en parlant il pouvait appuyer la main sur la poignée de cette épée. De plus, il avait, ce soir-là, un public de choix. Tout se trouvait donc réuni pour l'inspirer.

« Mesdames, Messieurs, c'est un devoir doux pour mon cœur de vous remercier de l'empressement que vous avez mis à saluer notre arrivée dans vos murs. »

Puis après s'être acquitté de ce qu'il devait au public, il entama ce qu'il devait aux acteurs.

« A l'amateur de la ville d'abord, qui dans le rôle du caporal avait déployé un comique si fin. »

— Bravo le marchand de moutarde.

— Y ferait mieux de brûler son café.

Ces interruptions n'avaient pas coupé le fil du discours de Duchatellier. Après le *Dîner de Madelon* il en était venu à *Il y a seize ans*, et au triomphe remporté par mademoiselle Zyte, sa fille et son élève.

Sa fille ! son élève ! Que dire de plus.

— Telle est la situation que je ne puis faire l'éloge de la fille sans faire en même temps celui du père, celui de l'élève sans parler du professeur ; je ne dirai donc rien ni d'elle ni de lui, vous les avez applaudis tous les deux.

— Quel vieux Cosaque ! interrompit le duc ; comme il tire la couverture à lui.

Cependant Duchatellier voulut bien faire une part aux autres sujets de sa troupe, mais plus succinctement et il arriva à l'annonce du spectacle du lendemain qui se composerait de *M. Jovial ou l'huissier chansonnier*, comédie-vaudeville joué par M. Théodore, et de la *Grâce de Dieu*, le drame populaire admiré de tout Paris dans lequel mademoiselle Zyte « ma fille et mon élève » était incomparable.

— Si nous venions demain voir la *Grâce de Dieu*, dit Gaston.

— Quelle idée, répondit le duc.

— Alors c'est de la passion ? demanda Bachollet en riant.

— Qu'est-ce qu'on va donner maintenant ? demanda Gaston à la pharmacienne.

— Théodore va chanter la *Légende du grand Étang*. Il est très bon.

Pendant qu'ils gagnaient la sortie la toile se leva,

et au moment où ils ouvraient la porte, Théodore commençait :

> Petits enfants, n'approchez pas.
> Du grand étang qu'on voit là-bas.

La boutique du marchand de vin restée ouverte pour abreuver les spectateurs que les larmes auraient desséchés, éclairait faiblement de quelques traînées rouges, la rue sombre sous le ciel plein de nuages noirs. Cette lueur leur permit de se reconnaître et de gagner l'auberge où leur voiture les attendait.

— C'est sérieusement que vous parlez de revenir demain? demanda Bachollet.

— Demain, je serai à la Chambre, dit le duc, il y a une séance importante.

— Voilà ce que je ne peux pas comprendre, dit Bachollet en riant, c'est que pour vous il y ait une séance importante. Je n'ai pas été souvent à la Chambre, qui est un endroit peu récréatif, mais chaque fois vous m'avez rempli d'admiration par votre manière de vous tenir au milieu de ces agités. Ils sont tous si affairés, si importants, vos honorables collègues, et vous leur ressemblez si peu renversé à votre place, les yeux au plafond, les mains dans vos poches, l'air impassible, ennuyé, méprisant, n'écoutant personne, ne regardant rien, détaché de tout, désintéressé des hommes comme des choses, indifférent, glacial, hautain que je vous trouve très chic, ma parole d'honneur, très chic. Il n'y a pas de discours qui en dise aussi long que votre simple attitude.

— Et vous, Bachollet, vous ne m'abandonnerez pas, j'espère ? dit Gaston.

— Oh! moi, cela dépend; s'il gèle, je pars; mais s'il dégèle, je reste tant que notre piste ne sera pas plus avancée.

C'était, en effet, pour tracer une piste d'entraînement sur laquelle il pourrait dresser ses chevaux de chasse, qu'en cette saison d'hiver, Gaston était venu au château. Le duc l'avait accompagné pour veiller à ce que les plantations de ce parc, dont il espérait bien hériter un jour, fussent ménagées, et qu'on ne passât pas à travers des massifs d'arbres qui seraient saccagés. Quand à Bachollet, il avait quitté Paris, parce qu'un de ses amis ne pouvait pas tracer une piste sans mettre à contribution les connaissances spéciales qu'il avait en cette matière comme en toutes celles qui touchaient aux choses du sport. « M. Gaston Chamontain fait en ce moment tracer dans son parc des bords de la Marne, une p..te d'entraînement pour ses chevaux de chasse; ce travail s'exécute sous la direction de M. Bachollet, dont la compétence est bien connue ».

Il plut dans la nuit et, le lendemain, après le départ du duc pour Paris, les deux amis passèrent leur journée à surveiller les travaux de la piste : si la terre n'était pas encore assez amollie pour qu'on pût creuser les fossés, au moins pouvait-on enfoncer des piquets, planter les haies de genets, gazonner les douves et les banquettes. Chaussés de bottes de chasse, vêtus de vestons chauds, coiffés de toques de fourrures, ils arpentaient les pelouses détrempées descendant des bois de la colline aux prairies de la rivière, pour remonter de la rivière à la colline. Bachollet, qui prenait au sérieux la haute compétence qu'il s'attribuait, n'aurait pas permis qu'une haie fût posée sans qu'il en eût mesuré la hauteur ou l'inclinaison.

Pendant toute cette journée bien remplie il ne fut donc question ni de Zyte, ni du théâtre de Duchatellier, mais quand la nuit les obligea à rentrer ils se trouvèrent désœuvrés. Quoi faire? Jouer aux cartes, au billard? C'était quand il avait une galerie pour le regarder que Bachollet aimait jouer; en tête à tête avec un ami, le jeu depuis longtemps déjà ne lui inspirait plus que de l'ennui. Lire? Les journaux n'arrivaient pas au château en cette saison, et les livres qu'ils auraient pu prendre dans la bibliothèque ne leur disaient rien : ça manquait d'actualité, de nouveauté; des bouquins. Ils n'avaient donc qu'à se chauffer devant la haute cheminée du fumoir, en piochant les bûches à coups de pincettes, pour en tirer un pétillement d'étincelles, et cette récréation qui ne tardait pas à devenir monotone, ne pouvait pas les occuper jusqu'à l'heure du coucher. Bien qu'un personnel de domestiques restât au château l'hiver pour servir M. Chamontain quand celui-ci venait visiter ses moulins, elles étaient tristes et froides, ces grandes pièces inhabitées ; ce n'était pas le feu allumé depuis deux jours dans quelques cheminées qui pouvait les échauffer, pas plus que ce n'était le pas discret de trois ou quatre domestiques qui pouvait leur donner la vie.

A un certain moment Bachollet regarda la pendule :

— Encore quarante-cinq minutes avant le dîner, dit-il en s'étirant.

— Voulez-vous que je le fasse avancer ?

— A quoi bon ? les minutes sont aussi longues après le dîner qu'avant.

Et il fourgonna le feu, puis il se mit à marcher en long et en large s'arrêtant de temps en temps pour suivre les ombres que le feu dessinait capricieusement sur les panneaux de laque encastrés dans les lambris du fumoir.

Un domestique ne tarda pas à venir annoncer que le dîner était servi.

— Si nous dînions lentement, dit Bachollet.

Gaston commanda qu'on ne pressât pas le service.

— Quel malheur qu'on ne puisse pas manger toujours, dit Bachollet, c'est encore la façon la plus agréable de tuer le temps.

Mais comme il le disait si justement on ne peut pas toujours manger, et il arriva un moment où, malgré les lenteurs du service, le dîner s'acheva.

— Maintenant qu'est-ce que nous allons faire ? demanda Gaston lorsqu'ils rentrèrent dans le fumoir.

— Est-ce que nous n'allons pas au théâtre ?

— Je craignais de vous ennuyer.

— C'est toujours un moyen de passer la soirée.

— Je vais commander qu'on attèle, dit Gaston avec une vivacité significative.

Quand ils entrèrent dans la salle M. Jovial finissait. Cette fois les applaudissements furent pour Théodore. Parmi les femmes qui applaudissaient avec le plus d'enthousiasme, Gaston en remarqua une en grand deuil qui, avec la poitrine et les épaules plaquées de jais, avait tout l'air d'une bourgeoise cossue : non contente de claquer des mains, elle tapait des pieds en criant : « Bravo, Théodore ».

— Voilà une grosse mère qui n'a pas peur de se mettre en avant, dit Bachollet.

Pendant l'entr'acte ils eurent l'explication de cet enthousiasme : elle leur fut donnée par la pharmacienne devant laquelle ils étaient assis comme la veille : elle raconta à ses voisins que cette grosse mère si démonstrative était la femme d'un entrepreneur chez lequel Théodore avait travaillé autrefois de son métier de peintre ; ils avaient été assez bien ensemble, racontait-on, pour que le patron eût mis son ouvrier à la porte ; maintenant veuve depuis quelques mois et libre elle venait voir son ancien ami ; son mari en mourant lui avait laissé une belle fortune, et une maison de campagne à Nogent.

Ce n'était pas précisément pour admirer Zyte que Gaston avait voulu venir à cette représentation, tout au contraire ; quand il avait pensé à elle dans la nuit et dans la journée il s'était dit qu'il serait ridicule qu'un homme comme lui se laissât émouvoir par une saltimbanque comme cette petite ; mais quand il la vit paraître dans son costume de savoyarde, si jeune, si simple, si pleine d'innocence et de modestie, avec ses grands yeux de gazelle tendres et inquiets, il sentit au battement de son pouls que cette émotion précisément se produisait en lui. C'était un aimable garçon qu'il avait vu la veille, maintenant c'était une charmante fille qu'il avait devant les yeux. Elle était tout à son avantage dans sa toilette de villageoise ; sa jupe courte, ses bas bleus, ses gros souliers, son bonnet de toile donnaient, par le contraste, toute leur valeur à la finesse de son pied et de sa jambe, à la sveltesse de sa taille, à la pureté et à l'élégance de ses traits.

— C'est vrai qu'elle est jolie fille, dit Bachollet, très jolie.

Elle n'était pas seulement jolie dans ce rôle, elle y mettait une innocence, une ingénuité, une décence qui, à l'acte où elle se déshabille pour se coucher, enlevant les unes après les autres les différentes pièces de ses vêtements, son fichu, sa robe, sa guimpe, arracha une exclamation à Bachollet :

— Comme c'est gracieux une jeune fille qui se déshabille.

— Je n'imaginais pas qu'on pût y mettre tant de décence.

Plusieurs fois dans le cours des premiers actes Gaston avait remarqué qu'elle jetait de leur côté un rapide coup d'œil comme pour se rendre compte de l'effet qu'elle produisait sur eux, mais pendant cette scène, il remarqua, au contraire, qu'elle évitait avec une sorte d'inquiétude de tourner les yeux vers leur place ; non seulement il ne croisa pas son regard une seule fois, mais encore il semblait qu'elle jouât sans regard.

— On croirait que ça la gêne de se déshabiller, dit Gaston en se penchant vers Bachollet.

— Tout ce que vous voudrez, cher ami, mais pas ça.

La pièce continua, et jusqu'à la fin il ne fut plus question de Zyte entre eux, même quand le rideau baissa et se releva pour un rappel ni Gaston, ni Bachollet ne dirent rien de leurs impressions.

Ce fut seulement quand ils s'installèrent dans le coupé qui les attendait à la porte du théâtre que Bachollet obéissant bien manifestement à sa préoccupation, revint à la « jolie fille ».

— Alors, mon cher, vous ne me dites pas ce que vous voulez faire de cette petite.

— Et que voulez-vous que j'en fasse ?

— Allons donc !

— Très franchement, que voulez-vous que j'aie idée de faire d'une fille que je ne connaissais pas il y a deux jours, et que je vois aujourd'hui pour la seconde fois.

— Faut-il plusieurs semaines pour devenir amoureux d'une fille, quand elle est jolie comme celle-là.

— Mais je ne sais rien d'elle, si ce n'est qu'elle joue la comédie...

— Fort agréablement, ma foi.

— Et qu'elle vit avec ses parents ; elle peut être honnête.

— Dans ce monde-là...

— Justement ce monde-là suffirait pour m'arrêter au cas où je voudrais faire d'elle quelque chose, comme vous dites. Me voyez-vous l'amant de Mademoiselle Zyte, premier sujet du grand théâtre Duchatellier.

— C'est-à-dire que si elle était premier sujet de la Porte-Saint-Martin ou du Gymnase, les raisons qui vous arrêtent n'existeraient pas. Alors elles sont bien faibles, car enfin, pour nous autres, il n'y a que deux sortes de maîtresses : celles qui nous lancent (les vieilles), et celles que nous lançons (les jeunes); celle-là est assez jolie et a assez de talent pour vous faire honneur. Que faut-il pour cela ? Tout simplement qu'elle ne reste pas la pauvre petite comédienne de village qu'elle est en ce moment. Et c'est notre affaire. Le jour où elle paraîtra sur un théâtre digne d'elle, vous verrez quel chemin elle fera.

On arrivait à la grille du château, la conversation en resta là. Et comme le lendemain Bachollet partit avant le déjeuner pour Paris, elle ne reprit point.

X

Si Gaston manquait d'initiative, il le devait un peu à la nature, et beaucoup à l'éducation qu'il avait reçue ainsi qu'au milieu dans lequel il avait vécu. Emporté par la marche de ses affaires M. Chamontain n'avait jamais eu le temps de s'occuper de ses enfants, pas plus du fils que de la fille : les élever, les faire instruire, c'était la tâche de la mère : et comme cette mère justement aimait passionnément ses enfants, elle avait accepté avec joie cette charge qui devait emplir sa vie froide et vide.

Par malheur cette ardente tendresse maternelle n'allait pas sans une faiblesse extrême : comment fatiguer des enfants adorés, les contrarier, amener un pli sur leur visage épanoui, une larme dans leurs yeux souriants? Le fils n'avait pas été au collège, la fille n'avait pas été mise au couvent : à l'un on avait donné un abbé pour précepteur, à l'autre une institutrice qui avait eu des élèves dans le monde le plus choisi. Le mot qui les avait accueillis à leur entrée dans la maison, avait chaque jour, à tout instant, résonné à leur oreille jusqu'à leur départ : « Ne *la* contrariez pas. Ne *le* poussez pas trop ». Sans doute ils auraient pu se révolter et au lieu d'obéir à cette mère affolée de maternité, quitter la place puisqu'on ne leur laissait aucune liberté! ils avaient faibli : l'institutrice avait fait ses preuves dans des maisons d'une autre volée que celle des Chamontain où sa réputation s'était assez solidement établie pour braver toutes les critiques ; et l'abbé était un brave homme au caractère pusillanime qui n'avait jamais résisté à personne. Quelle responsabilité pour lui de pousser un enfant quand la mère disait : « Ménagez-le, il est un peu souffrant. » Il n'aurait jamais osé la prendre, et quoiqu'il lui en coûtât il se résignait en répondant : « Nous rattraperons demain le temps perdu. » Mais les lendemains ne se retrouvaient pas pour le travail, tandis qu'ils se succédaient et s'enchaînaient pour les distractions mondaines. Comment faire apprendre la leçon du matin à un garçon qui s'était couché à minuit; comment lui faire faire le devoir de l'après-midi s'il devait aller aux courses ou à une exposition? Gaston qui se soumettait religieusement aux observations de sa mère quand il y avait danger de fatiguer sa cervelle, ne montrait plus du tout la même docilité quand la fatigue devait porter sur ses bras ou sur ses jambes : à quinze ans il montait les chevaux les plus vifs, et à dix-huit son maître d'armes était fier de lui; il est vrai que par contre il se faisait à dix-neuf coller trois fois au baccalauréat, et qu'à vingt son examen pour le volontariat était tout juste suffisant. Quel chagrin pour le précepteur et aussi quels remords.

Au régiment, la douce influence de la mère ne s'était pas continuée, mais celle du père l'avait remplacée ; la Chambre, le Sénat, les ministères, la nonciature, l'archevêché, la présidence, la Bourse, la Banque, les théâtres, tout le monde avait été mis à contribution, et Gaston était arrivé avec une valise pleine de lettres de recommandation qui commençaient au général commandant son corps d'armée, passaient par le colonel, le médecin-major et finissaient aux sergents de sa compagnie; pour lui la sainte discipline ne devait pas exister, et elle s'était si bien adoucie qu'un jour, le député influent avait obtenu du ministre que les punitions fussent levées dans toute l'armée française, parce que le fusilier Gaston Chamontain de la 1ʳᵉ du 2 avait été frappé d'une peine qui ne pouvait pas être remise individuellement.

Rentré dans sa famille, Gaston devait commencer

son éducation d'homme sous la direction de son père, qui l'initierait peu à peu aux affaires et surtout à ses affaires; mais il fallait pour cela des loisirs et aussi une indulgence que M. Chamontain n'avait pas. Occupé, enfiévré comme il l'était, où aurait-il trouvé une heure tous les jours à donner à de patientes explications : la patience n'était pas plus son fait que l'indulgence; avec lui il fallait qu'on eût compris avant qu'il eût parlé, et il ne supportait pas plus une erreur qu'une contradiction, même chez les siens, surtout chez les siens, qu'il ne tenait qu'on très médiocre estime : « Sa femme une niaise, sa fille une sotte, son fils un incapable. » En apparence associé aux affaires de son père, Gaston leur était resté complètement étranger, plus ignorant que le premier venu de ce qu'il était censé connaître à fond, ne s'occupant de rien, et n'ayant même pas le droit d'émettre un sentiment sur quoi que ce fût sans être aussitôt rabroué par son père : « Amuse-toi, cela vaut mieux que de parler de ce qu'on ne connaît pas. » Et Gaston, se le tenant pour dit, s'amusait, menant la vie joyeuse que l'ostentation paternelle lui permettait : allait-il se fâcher pour obliger son père à le faire travailler, Quand on voudrait il serait prêt. Et il attendait, se laissant vivre, prenant le temps comme il venait, affectueux avec sa mère, timide avec son père et même un peu craintif, bon garçon avec ses camarades, de relations aimables et faciles avec tous.

Tout cela, existence de jeune homme aussi bien qu'enfance d'écolier, n'était guère de nature à surexciter l'activité de sa volonté, aussi ne pouvait-on pas le ranger parmi ceux qui se font signe eux-mêmes, et le plus souvent étaient-ce les autres qui voulaient pour lui ; quand à ce qu'on lui proposait il ne répondait pas : « Moi je veux bien », on pouvait être à peu près sûr qu'il dirait : « Cela m'est égal ».

Dans de pareilles dispositions, les paroles de Bachollet devaient donc avoir sur lui une influence qu'elles n'auraient pas eues sans doute sur un autre : c'était une sorte d'impulsion, une suggestion à laquelle il obéit après le départ de Bachollet, en déjeunant tout seul.

« Le jour où elle paraîtra sur un théâtre digne d'elle, on verra quel chemin elle fera. »

Ces mots lui revenaient, s'imposaient à sa pensée, et machinalement, inconsciemment il se les répétait parce qu'il les avait entendus.

C'était ce théâtre qui lui avait manqué, et ce théâtre seul ; à Paris elle serait une étoile ; n'avait-elle pas tout pour elle : la jeunesse, la beauté, le charme, le talent ?

Alors s'interrompant dans son évocation, il se demandait pourquoi cette impression justement était si vivace : n'était-il pas ridicule qu'il eût été touché à ce point par cette petite ?

Il avait beau la chasser, elle revenait toujours, et une curiosité s'imposait malgré lui à son esprit : qu'était-elle ? Il eût voulu que quelqu'un lui parlât d'elle, lui dît d'où elle venait, qu'elle était sa vie, ce qu'elle faisait en dehors du théâtre, ce qu'étaient ses parents.

Au château, il ne pouvait interroger personne, mais à Noisy il lui serait facile de faire causer des gens qui ne demanderaient pas mieux que de bavarder. Comme il avait constaté le matin qu'un des chiens du chenil était menacé d'une maladie de peau qu'on pouvait arrêter en la soignant tout de suite, il eût l'idée d'aller immédiatement chez le pharmacien de Noisy, faire faire une pommade dont Bachollet lui avait donné la recette : si le pharmacien ne savait rien de Zyte, l'aubergiste chez laquelle il mettrait son cheval, et qui était une commère délurée, pourrait le renseigner.

En arrivant il se fit indiquer la pharmacie où il n'avait jamais été.

— Je vais appeler mon mari, dit la pharmacienne en s'empressant.

Le fils Chamontain chez elle, quelle affaire ! Cette pommade était-elle la raison vraie de sa venue ? Et tout en lui offrant une chaise, elle l'examinait comme si elle avait une consultation à lui donner.

A ce moment le pharmacien entra, et Gaston lui expliqua ce qu'il désirait.

— Nous disons : soufre sublimé, carbonate de potasse, axonge, répondit le pharmacien, c'est ce que nous autres savants nous appelons la pommade d'Helmerich.

— Si vous voulez.

— Je vais vous la préparer ; c'est l'affaire d'un instant.

Tandis que le mari mêlait ses drogues dans un mortier, la femme reprit la conversation.

— Et notre Zyte vous a-t-elle plu?

— Quel âge a-t-elle?

— Dix-huit ans. C'est une honnête fille ; ils vivent tous en famille dans leurs voitures, unis, heureux malgré leur pauvreté. La mère remplit ses devoirs religieux et notre curé la tient en estime ; il me le répétait encore dimanche dernier en me disant qu'il l'avait remarquée à la grand'messe. Il est vrai qu'elle n'a pas été élevée sur les planches. Sa famille était noble. C'est par amour qu'elle a épousé Duchatellier.

Sans prendre part à la conversation, le pharmacien continuait son opération.

— D'ailleurs, elle n'a pas que sa mère pour la surveiller, Joseph aussi fait bonne garde autour d'elle.

— Celui qui jouait Pierrot?

— Justement ; il est amoureux d'elle, amoureux fou, et c'est même par amour qu'il reste dans cette pauvre troupe, car il vaut mieux que le théâtre de Noisy. Il voudrait l'épouser ; mais Zyte n'y consent pas.

— Elle ne l'aime pas?

— C'est là une des raisons de son refus, mais elle en a d'autres encore.

Le pharmacien avait fini d'emplir, de ficeler, de cacheter, d'étiqueter son pot de pommade, il le présenta à Gaston, mais celui-ci, tout aux paroles de la pharmacienne, ne le prit point.

— Quelles raisons? demanda-t-il.

— Elle a de l'ambition, une juste ambition, il faut le dire, et elle comprend que devenir la femme de Joseph, ce serait sacrifier l'avenir qui s'ouvre devant elle. Paris; un grand théâtre; il est certain que le jour où un directeur parisien la verra jouer, il l'engagera, et alors... mieux vaudra qu'elle ne soit pas mariée.

Gaston se levant, prit le pot.

— Et avec cela? demanda le pharmacien.

Mais c'était tout ce dont Gaston avait besoin; il paya, salua et sortit.

— Qu'est-ce que tu crois que M. Chamontain est venu faire? demanda madame Legrand aussitôt que la porte fut fermée.

— Acheter de la pommade.

— Mon Dieu, que les hommes sont naïfs!

— N'est-il pas tout naturel d'avoir besoin de pommade d'Helmerich quand on a des chiens.

— Il n'en savait seulement pas le nom de ta pommade.

— Alors qu'est-il venu faire?

— Prendre des renseignements sur Zyte, dont il est amoureux. Aux quelques mots que nous avons échangés au théâtre, il a senti que j'étais une femme du monde, et il a voulu me faire causer.

— Et ça n'a pas été difficile, dit le pharmacien avec un sourire dans lequel il y avait une timide raillerie.

— On ne me fait pas dire ce que je ne veux pas dire.

— Tu aurais donc quelque chose à dire?

— Rien que ce que j'ai dit.

— Eh bien alors ?

— Il sait que Zyte est une honnête fille, et c'est là ce qui va rendre la situation intéressante : nous allons nous amuser.

— Crois-tu qu'ils vont te prendre pour confidente ?

— Il me semble que M. Chamontain a commencé, et il faudra bien que Zyte me réponde quand je lui aurai raconté ce que je viens d'apprendre. J'y vais de ce pas.

Au lieu de retourner tout de suite à l'auberge prendre son cheval, Gaston, sans avoir trop conscience de ce qu'il faisait, par hasard, parce que ses pas le portaient sans que sa volonté les dirigeât, avait tourné du côté du théâtre et était arrivé devant l'avenue où les roulottes stationnaient.

C'était alors seulement qu'il s'était dit que ce qu'il faisait était enfantin et ridicule : un homme de son monde venir tourner autour d'une voiture de saltimbanque.

Cependant il n'était pas parti ; ralentissant sa marche, au contraire, il avait cherché à apercevoir Zyte ; mais les roulottes étaient closes, portes et fenêtres, la fumée ne sortait pas de la cheminée ; il semblait qu'elles fussent abandonnées.

Comme il revenait vers l'auberge, désappointé, il avait entendu des coups de marteau retentir dans le théâtre, un bruit de varlope, que dominait une chanson chantée à plein gosier :

> Ah ! lorsqu'on sait de la philosophie,
> Suivre en riant la sévère leçon

> A chaque pas, dans cette triste vie,
> Tout n'est-il pas un motif de chanson.

Évidemment on travaillait dans le théâtre et la famille sans doute s'y trouvait réunie : la grande porte était entrebâillée, Gaston s'en approcha pour jeter un coup d'œil à l'intérieur : deux ouvriers travaillaient, un menuisier et un peintre, mais leur ouvrage stupéfia Gaston : le menuisier clouait un cercueil et le peintre en peignait un déjà achevé, le couvrant d'une peinture noire avec des larmes d'argent; c'était lui qui chantait :

> Il faut chanter quand cette jeune fille
> Prend pour époux un vieillard amoureux.

Quelle funèbre besogne accomplissaient-ils donc là. Pour qui ces cercueils ?

Il n'eut pas le temps de réfléchir à cette question, le menuisier levant la tête l'avait aperçu :

— On n'entre pas ici, cria-t-il d'une voix rude, presque furieuse.

Gaston le reconnut alors, c'était Joseph; mais avant qu'il eût répondu à cette algarade, le peintre se retournant s'arrêta de chanter, c'était Théodore :

— Vous désirez quelque chose, monsieur, demanda-t-il poliment.

Gaston resta un moment interloqué, mais il se retrouva assez vite.

— Je cherchais l'affiche de votre prochain spectacle, dit-il en regardant autour de lui dans la salle déserte.

— *Lucrèce Borgia*, jouée avec un luxe de mise en scène jusqu'à ce jour ignoré, répondit Théodore sur le ton du boniment, avec de vrais cercueils, ceux-là même que nous sommes en train de fabriquer.

Tandis que Théodore lui parlait avec affabilité, Joseph le regardait d'un air féroce, justifiant ainsi les histoires de la pharmacienne.

— Le spectacle commencera par l'*Aumônier du régiment*.

La salle était vide, le théâtre silencieux, il n'y avait pas chance de voir Zyte, Gaston se retira.

Mais lorsqu'il repassa à cheval devant les roulottes, il aperçut Zyte assise sous la vérandah, cousant; auprès d'elle la pharmacienne parlait avec animation; un rayon de soleil pâle glissait sur le fichu de laine blanche dont sa tête était enveloppée, et éclairait en plein son visage, qui se détachait lumineux sur le fond brun de la roulotte. Le trot du cheval sur le pavé de la rue lui fit lever la tête pour regarder qui passait. Gaston crut voir qu'elle lui souriait; il salua.

XI

Des entretiens sur Zyte que Gaston avait eus avec Bachollet et la pharmacienne, il lui était resté deux mots dans l'esprit, qui par cela seul qu'ils se répétaient étaient significatifs : « Le jour où elle paraîtra sur un théâtre digne d'elle, on verra quel chemin elle fera. »

Cela paraissait certain, mais de cette certitude résultait-il que lui, Gaston, dût s'employer à faire faire cet engagement par un directeur parisien? Ou, tout au contraire, le plus sage pour lui, n'était-il pas de la laisser à Noisy ? A Paris, il chercherait évidemment à se rapprocher d'elle, l'impression qu'elle avait produite sur lui était assez forte, il le sentait, pour n'avoir pas de doute à ce sujet. A Noisy, au contraire, il ne consentirait jamais à monter les marches de la roulotte au haut desquelles elle lui était apparue si charmante dans le nimbe d'or dont le soleil entourait son pur profil.

La chose valait la peine d'être examinée et pesée. Il verrait, il réfléchirait. Ce n'était point son habitude de se jeter tête basse dans une aventure. Quand il faisait une bêtise, ce n'était jamais à l'improviste. Les situations traînées lui plaisaient d'autant plus, que bien souvent le hasard se chargeait de les trancher pour lui.

Ce fut précisément ce qui arriva : il était rentré à Paris depuis quelques jours, et il avait tranquillement repris le train train monotone de sa vie ordinaire, lorsqu'un soir une occasion de parler de Zyte se présenta qu'il n'aurait pas assurément cherchée, mais qu'il ne laissa point passer alors qu'elle naissait spontanément — en quelque sorte providentiellement.

C'était à son cercle où il s'était rencontré avec Ernest Faré, l'auteur dramatique, dont on répétait en ce moment un grand drame historique en vers: *Hella*, écrite pour le Théâtre-Français où Faré avait obtenu avec une comédie moderne, un succès retentissant, la pièce, après des aventures auxquelles les journaux avaient fait une célébrité, était passée à l'Odéon. Bien qu'il n'y eut pas entre Faré et Gaston de relations intimes, ils se connaissaient assez cependant pour échanger quelques paroles quand l'occasion s'en présentait, et les répétitions avaient justement fourni cette occasion à Gaston : les répétitions marchaient-elles bien? La distribution était-elle bonne?

A cela Faré avait répondu qu'il n'était pas plus satisfait des répétitions que de la distribution : son drame qui se passait en Grèce, au temps de la guerre de l'indépendance était mené par une jeune fille, une sorte d'illuminée, moitié paysanne, moitié artiste, une Jeanne Darc, et il n'avait pas du tout la femme de ce rôle, bizarre, fantaisiste, poétique. Celle qu'on lui avait donnée pour le remplir, conduisait la pièce à un échec — ce qui était désagréable — et au ridicule, ce qui était plus grave. Aussi cherchait-il à la remplacer, mais sans trouver, non que le rôle fût difficile, il porterait une élève, seulement il fallait une nature, et cette nature il ne la rencontrait ni dans les théâtres de Paris, ni dans ceux de la banlieue, ni même dans ceux de la province.

— Avez-vous été à Noisy? demanda Gaston presqu'inconsciemment.

— Où prenez-vous ça, Noisy?

— Et le théâtre Duchatellier, vous ne le connaissez pas davantage, je suppose?

— Qu'est-ce que c'est que le théâtre Duchatellier ?

— C'est un théâtre de comédiens ambulants, qui donne des représentations dans les villages des environs de Paris.

A ce moment, Bachelet traversait le salon, Gaston l'appela :

— Voulez-vous dire à M. Faré ce que vous pensez de la comédienne que nous avons vue à Noisy.

— Dix-huit ans, de la beauté, de la grâce, des yeux admirables, une voix chaude, qui est une musique...

— Tant que ça !

— Et plus encore, car je n'ai rien dit de la séduction qui se dégage d'elle et qui tient à des qualités que j'aurais du mal à définir, parce que ce n'est pas mon métier d'analyser et d'expliquer, mais qui est réelle et qui vous prend... qui vous prend si bien que vous voyez comme j'en parle.

— Mais c'est de l'enthousiasme.

— Au moins est-ce de l'étonnement. Sur une scène ordinaire, nous n'aurions sans doute pas été frappés comme nous l'avons été sur ces tréteaux.

— Je disais à M. Faré, continua Gaston, qu'il trouverait peut-être dans Zyte la femme qu'il lui faut pour un des rôles de sa pièce nouvelle : il veut une nature bizarre, fantaisiste, poétique, il me semble que Zyte répond jusqu'à un certain point à ces exigences.

— Mais ces exigences ne sont pas les seules, dit Faré avec un sourire un peu railleur, il ne me faut pas seulement une femme, il me faut en même temps une comédienne.

— C'est que justement cette fille est une comédienne à laquelle il n'a manqué, jusqu'à présent, qu'un vrai théâtre; le jour où un directeur intelligent la verra, il l'engagera.

— Et elle fera la fortune de ce directeur, conclut Bachollet du ton affirmatif qu'il prenait pour parler des choses où sa haute compétence était reconnue.

Faré réfléchit un moment.

— Savez-vous que vous me donnez presqu'envie de la voir?

— Alors permettez-moi de vous en offrir l'occasion, dit Gaston avec plus de vivacité qu'il n'en mettait d'ordinaire dans ses paroles; bien que Noisy ne soit qu'à quatre lieues de Paris, on n'y va pas aussi vite ni aussi facilement qu'à Rouen, et on n'y trouve pas d'hôtel; heureusement, notre château n'est qu'à une courte distance et j'espère que vous voudrez bien me faire l'amitié d'y accepter l'hospitalité : nous y dînerons avant le spectacle, et après nous y rentrerons coucher.

Faré voulut refuser, mais Bachollet se joignit à Gaston en disant qu'il serait de la partie, « si ce soir-là il ne gèlait pas », et il fallut bien qu'à la fin l'invitation fut acceptée : Gaston allait télégraphier pour savoir quand aurait lieu la prochaine représentation, et ils partiraient.

La réponse ne se fit pas attendre : le grand théâtre Duchatellier donnait en ce moment des représentations à Villiers, mais il reviendrait le jeudi pour jouer l'*Histoire d'un sou*, les *Enfants d'Édouard*, et *Passé minuit*.

Si Gaston et Bachollet avaient parlé de Zyte avec enthousiasme, ils n'avaient pas donné au théâtre Duchatellier plus d'importance qu'il n'en avait; cependant quand Faré, après avoir suivi la grande rue de Noisy, arriva devant l'entrée de la salle de bal, et devant les deux roulottes échouées dans les bas-côtés de l'avenue, entourées de vieille paille, d'ustensiles de ménage, et de linges étendus sur des ficelles, il se dit qu'il pouvait bien avoir fait un voyage inutile : qu'attendre de bon de ceux qui vivaient là dedans?

Mais où il se le dit encore avec plus de certitude ce fut lorsqu'après le dîner au château, ils entrèrent au théâtre au moment où le rideau se levait sur le premier acte des *Enfants d'Édouard*. Gaston avait fait retenir trois places, et on les leur avait réservées au premier rang : des places louées! Duchatellier en avait cassé une de ses bretelles en bombant sa poitrine; c'était la première fois que cela se produisait, mais à coup sûr ce n'était pas la dernière. Quand Faré vit madame Duchatellier (la reine Élisabeth) couper chaque hémistiche par son geste de guignol, Marietta (le duc d'York) affublée d'un costume de page mi-partie rouge, mi-partie jaune, comme les roulottes, Stanislas, en vieille femme de chambre, malgré ses vingt ans et la moustache naissante qu'il n'avait pas voulu couper, — il se demanda si Gaston et Bachollet ne s'étaient pas moqués de lui.

— C'est la mère de notre jeune fille qui joue la Reine, n'est-ce pas? demanda-t-il.

— Oui; mais rassurez-vous la fille ne ressemble pas à la mère.

— Et au père? demanda Faré avec inquiétude quand Duchatellier, qui tenait le rôle de Glocester, eut achevé sa scène avec la Reine.

A voir la pauvre madame Duchatellier, il était facile de deviner qu'elle n'avait jamais pu exercer la moindre influence sur sa fille si ce n'est pour empêcher celle-ci de l'imiter; mais en était-il de même pour Duchatellier : la mère jouait aussi peu que possible, le père, au contraire, jouait beaucoup trop, et avec cette exagération romantique et mélodramatique, ces grands bras, ces flexions de jambe, ces frémissements du mollet, ces roulements d'yeux, ces éclats de voix qui allaient du chant du coq aux sourds gémissements du trombone mis un moment à la mode par les rivaux de Bocage et de Laferrière; s'il avait formé sa fille à cette manière, qu'attendre d'elle?

Comme le roi Édouard que devait représenter Zyte ne paraît qu'au milieu du deuxième acte, Faré eut à avaler tout le premier qui est très long, en se demandant comment il avait eu la simplicité d'écouter ces deux mondains qui ne connaissaient rien au théâtre, et de se laisser amener par eux dans ce village : il fallait vraiment qu'il fut affolé par l'exaspération de voir massacrer et travestir ce rôle, qu'il avait si amoureusement caressé en l'écrivant.

Cependant il ne dit rien, et, restant impassible

sur sa chaise, il écouta avec le stoïcisme d'un juge au tribunal.

— Vous les trouvez bien mauvais, n'est-ce pas? demanda Gaston.

— Mais oui, assez.

— Vous verrez Zyte.

Enfin elle parut :

... Mon oncle, dans mes bras !...

Gaston et Bachollet, au lieu de la regarder, s'étaient tournés vers Faré pour voir l'impression qu'elle produirait sur lui.

— Le visage est intelligent, dit-il en répondant à leur muette interrogation, le geste expressif, la voix est timbrée, l'attitude pleine de grâce naturelle.

Ce n'était plus le même homme; à l'ennui et à la lassitude, avait instantanément succédé l'intérêt et l'émotion.

— Mais elle articule, murmura-t-il; elle sait prononcer, elle dit les vers.

Et quand la scène avec Glocester se déroula :

— Elle a composé son personnage, dit-il.

Quand cette scène s'acheva dans le sommeil d'Edouard, il applaudit et Gaston, ainsi que Bachollet, applaudirent avec lui.

Ce fut Lachapelle cependant, qui expliqua à Faré une question que son expérience des choses du théâtre lui faisait se poser, depuis que Zyte était entrée en scène : comment cette jeune fille avait-elle pu se former au milieu de ces comédiens vraiment dignes de leurs tréteaux? Il n'y avait pas que des dons naturels en elle, si grands qu'ils fussent, il y avait du métier, où l'avait-elle appris? Ce n'était pas sa mère, la pauvre femme, qui lui avait enseigné ce qu'elle ne savait pas elle-même. Et ce n'était pas son père, par bonheur, qui lui avait enseigné ce qu'il ne savait que trop. La grâce, la beauté, le charme, le regard, la voix, l'instinct de l'élégance, c'est la nature qui les donne; mais l'art de dire le vers avec son ampleur et son harmonie, la composition d'un personnage, la gradation des effets sans rien exagérer, la retenue pas plus que l'éclat, la sensibilité contenue, l'élan voulu, la science des attitudes, c'est par le travail qu'on les acquiert. Comment et avec qui avait-elle travaillé? Avec ce bonhomme évidemment qui jouait Tyrrel le bourreau, en mouton, effacé comme s'il n'avait plus de vie, sans geste, sans voix, timide comme un enfant, hésitant comme un vieillard paralysé, mais qui laissait comprendre cependant qu'il savait ce qu'il disait et ce qu'il faisait. Ce n'était pas la première fois qu'un comédien détestable aurait été un bon professeur.

Bien que les quelques paroles de Faré fussent significatives, Gaston aurait voulu plus encore : que décidait-il? trouvait-il Zyte capable de jouer le rôle de sa pièce nouvelle? Il n'osa pas le demander cependant malgré l'envie qu'il en avait, et il dut se contenter des signes d'approbation par lesquels de temps en temps Faré manifestait son sentiment. Un visage intelligent, un geste expressif, une voix timbrée, savoir prononcer était-ce suffisant pour la faire venir à Paris

Ce fut seulement quand le rideau baissa après le troisième acte que Faré se prononça catégoriquement.

— Maintenant il faudrait s'entendre avec le père.

— Vous la prenez donc? demanda Gaston avec un élan qui le surprit lui-même.

— Sans doute l'aventure est grosse, mais au théâtre tout est aventure et il faut savoir se risquer.

Comme *Passé minuit* était joué par Théodore et par Joseph, Duchatellier devait être libre en ce moment. Mais où le trouver? Faré crut que le mieux était d'envoyer un gamin du pays porter sa carte à Duchatellier avec un mot pour lui demander un moment d'entretien.

Quand ce messager arriva sur le théâtre en enjambant tout simplement la rampe et en écartant le rideau, il trouva Duchatellier occupé avec les autres hommes de la troupe à changer le décor.

— Monsieur Duchatellier v'là un mot qu'un monsieur m'a remis pour vous.

— M. Chamontain?

— Non; son ami.

On allait donc savoir quel était cet ami qui avait si fort intrigué toute la troupe.

Avant que Duchatellier eût pris la carte que le gamin lui tendait, Marietta avait jeté les yeux dessus:

— Ernest Faré.

— L'auteur dramatique?

— L'auteur de *Chatelard*, de *Flavie*?

— Où le recevoir? demanda Duchatellier.

— La table est restée servie dans la roulotte répondit madame Duchatellier avec effroi.

Duchatellier eut une inspiration :

— Dis à ce monsieur qu'il entre chez Marinier et que je le rejoins tout de suite.

Conduits par le gamin, Faré avec Gaston et Bachollet s'installèrent dans une petite salle du marchand de vin, où après quelques instants d'attente Duchatellier vint les rejoindre : il n'avait pas changé de costume, mais par-dessus la bosse de Glocester il avait jeté le carrick gris à petits collets de Chopart. et il s'était coiffé de son chapeau à haute forme qui pour lui était l'insigne du commandement, comme l'est la casquette blanche pour le chef de gare de service.

Il les salua d'un large salut circulaire à la Frédérik Lemaître, qui les enveloppa tous les trois, puis s'adressant à Faré :

— M. Ernest Faré, je suppose?

— Précisément, répondit Faré en lui tendant la main.

Duchatellier la serra en camarade et s'assit à califourchon sur un tabouret en face de Faré :

— Vous m'avez fait l'honneur de me demander un moment d'entretien. Débarrassé des soucis de la scène, me voici tout à vous, monsieur, heureux de faire la connaissance d'un écrivain dont les glorieux succès ont brillé jusque sur notre modeste sphère.

Si les paroles étaient nobles, le geste et l'accent qui les soulignaient l'étaient plus encore. Duchatellier tenait à laisser comprendre que si la cabale, l'adversité et les coups d'un sort injuste l'avaient fait échouer à Noisy, il n'était pas ce que les apparences donnaient à supposer.

— Que pouvons-nous vous offrir ? demanda Gaston.

— Je prendrai un grog volontiers, ce rôle de Glocester est dur.

Pendant qu'on préparait le grog, Faré commença l'entretien :

— Mon ami M. Chamontain m'a parlé de votre théâtre dans des termes tels, qu'il m'a donné l'envie de venir vous voir.

— Bien modeste théâtre, répondit Duchatellier en remerciant Gaston de la main, mais enfin je fais de mon mieux... avec de petits moyens malheureusement... et un entourage bien faible qui compromet la perfection, je l'avoue.

— Je dois vous dire, continua Faré, qu'on répète en ce moment un drame de moi à l'Odéon, dont le rôle principal n'est pas tenu, et...

Duchatellier ne le laissa pas continuer, il avait compris :

— Lorsqu'un écrivain, dit-il, fait à un comédien l'honneur de le choisir entre tous et de lui demander son concours, c'est un devoir pour celui-ci de l'accorder... sans se faire prier.

Bien que Faré eût vu plus d'un comédien toujours prêt à mettre sa personnalité en avant, il resta un moment interloqué.

— Le rôle dont je parle, dit-il, n'est pas un rôle d'homme, c'est un rôle de femme; de rôle d'homme, je n'en ai pas, par malheur, qui soit digne de votre talent.

— De femme... de femme, répéta Duchatellier, que la surprise et le désappointement empêchaient de comprendre.

— Ou plus justement de jeune fille, un rôle pour mademoiselle Zyte.

— Ma fille! mais j'en ai besoin de ma fille, elle m'est indispensable.

On n'est pas auteur dramatique sans connaître le cœur humain, comme on n'est pas homme de théâtre sans savoir combien est sensible et facile à exciter la vanité d'un comédien; bien qu'il n'eût échangé que quelques mots avec Duchatellier, Faré avait deviné à qui il avait affaire :

— Indispensable! dit-il avec un sourire, il me semble que le personnage indispensable dans votre troupe, celui autour de qui tout pivote, qui inspire tout, qui mène tout, c'est celui qui vient de jouer Glocester d'une façon si... remarquable, pour ne pas employer un autre mot.

— Évidemment, s'écria Duchatellier dans un élan de satisfaction orgueilleuse.

— Dès lors, continua Faré, ce n'est pas parce que vous consentiriez à vous séparer de votre charmante fille que votre troupe serait désorganisée; vous savez mieux que moi qu'il n'y a le plus souvent dans un théâtre qu'un premier sujet qui tire tout à lui, par le prestige qu'il exerce; qui est ce premier sujet? Est-ce vous? Est-ce votre fille?

Duchatellier se drapa dans son carrick :

— La proposition que vous voulez bien m'adresser, dit-il, est trop honorable pour que je ne vous en remercie pas... cordialement, en mon nom et au nom de ma fille. Mais vous comprenez que je demande à réfléchir avant de répondre. D'un côté je vois tous les avantages qu'il y a pour ma fille à débuter sur une scène comme celle de l'Odéon dans un grand rôle. Mais de l'autre je ne peux pas ne pas être sensible à une séparation qui ne serait pas moins douloureuse pour nos sentiments que désastreuse pour mes intérêts. Supposons que Zyte, au lieu d'être ma fille, soit un sujet de ma troupe, vous ne me la prendriez point, n'est-ce pas, sans m'offrir une compensation, sans me payer un dédit.

— De mon côté, interrompit Faré, je vous demande aussi à ne pas répondre sur ce point. Je ne suis pas le directeur de l'Odéon. J'ai vu mademoiselle Zyte, j'ai trouvé qu'elle avait les qualités qui convenaient à un rôle que j'ai écrit, et j'ai pensé à lui confier le rôle. Je vous ai fait part de mon désir. Maintenant, avant d'aller plus loin, je dois en faire part à celui qui paie. Je suis l'auteur. Il est le directeur. Il vous écrira.

— Quand vous voudrez; rien ne presse, ma fille n'a que dix-huit ans.

Il se leva sur ce mot qui n'était pas maladroit, car si rien ne pressait pour Zyte, il n'en était pas de même pour Faré, puisque celui-ci avait eu l'imprudence de dire qu'on répétait sa pièce en ce moment.

On se sépara et Duchatellier réitéra ses remercléments à Faré, qui de son côté le chargea de transmettre ses compliments à Zyte.

Gaston avait suivi cette négociation avec surprise d'abord, en voyant Duchatellier ne pas accueillir d'enthousiasme les propositions de Faré, et ensuite avec inquiétude en écoutant ses exigences. Aussitôt qu'ils furent montés en voiture pour revenir au château, il interrogea Faré :

— Est-il possible qu'il refuse? demanda-t-il.

— Je ne crois pas; seulement il défend ses intérêts, et il ne faut pas trop lui en vouloir.

— Ce dont je lui en veux, dit Bachollet, c'est d'être jaloux de sa fille; il n'est pas loin de croire qu'elle balance son succès; ces comédiens !

— Ne vous figurez pas que ce sentiment est spécial aux gens de théâtre; vous trouverez dans l'histoire plus d'un roi qui a été jaloux du dauphin.

XII

Quand Duchatellier rentra dans le théâtre, Marietta qui était la curiosité même se jeta sur lui, tandis que Zyte plus réservée, se tenait un peu en arrière, mais l'oreille attentive cependant, car un pressentiment lui disait qu'on avait dû s'occuper d'elle.

— Eh bien, qu'est-ce qu'il voulait, Ernest Faré demanda Marietta.

— Des affaires. Je vous dirai ça tout à l'heure : Laissez-moi me déshabiller.

Même avec ses filles Duchatellier était autoritaire; quand il avait dit une chose, il ne permettait pas qu'on insistât.

Ce fut seulement quand on eut éteint les lampes du théâtre, et que tout le monde fut réuni dans la roulotte, autour de la table servie, pour souper d'une tranche de veau froid, qu'il parla de cette visite.

— Quand je vous répète, commença-t-il, qu'il ne faut jamais lâcher un rôle, et qu'on doit jouer toujours comme si la salle était pleine de critiques, vous ne voulez pas m'écouter. Eh bien, voyez ce que c'est que d'avoir donné une bonne représentation d'*Il y a seize ans* et de la *Grâce de Dieu*. Le hasard a voulu que nous ayons eu ces soirs-là un public intelligent. On a parlé de nous dans les salons de Paris. Et aujourd'hui, Ernest Faré, qui est quelqu'un parmi les jeunes auteurs, le premier sans conteste, Ernest Faré, forcé par la renommée, est venu assister à notre représentation; faisant répéter en ce moment un drame en vers à l'Odéon et n'ayant point les comédiens qu'il lui faut pour les rôles qu'il a écrits, il espérait, d'après ce que le fils Chamontain lui avait dit, trouver son affaire chez nous. Mais après m'avoir vu dans Glocester, il a reconnu tout de suite que son rôle n'était point à ma taille, — c'est lui-même qui l'a dit. A cela rien d'étonnant : on ne fait plus de pièces, on ne fait plus de rôles. Alors il s'est rabattu sur Zyte, et il me propose un engagement pour elle.

Zyte n'avait rien répondu à son père, mais au trouble de sa respiration, au tremblement de ses mains, à la pâleur de ses lèvres il était facile de voir l'émotion qu'elle éprouvait.

— Ma fille à l'Odéon ! murmura madame Duchatellier avec plus de stupeur que de joie.

Comme Zyte, Joseph n'avait rien dit, mais pour lui aussi il n'y avait qu'à le regarder pour deviner son émotion.

— L'Odéon ! oh ! là, là, dit Stanislas, Odéon carton.

— Veux-tu te taire, gamin, répliqua Lachapelle, on commence à l'Odéon, on finit aux Français.

— Ou ailleurs, répondit Stanislas en indiquant du doigt le plancher de la roulotte.

— Qu'as-tu répondu ? demanda madame Duchatellier d'un ton inquiet.

— Que je réfléchirais, que je verrais, et ne me déciderais que sur des propositions fermes, qu'Ernest Faré, qui n'est pas directeur, ne pouvait pas m'adresser. Il désire avoir Zyte pour sa pièce, mais ce n'est pas lui qui engage; seulement il est bien certain que dans sa situation on doit lui accorder ce qu'il demande. Nous allons donc en rouler une de ces canailles de directeurs. Il va avoir affaire à moi.

Duchatellier avait eu si fort la haine des directeurs, qu'il ne pouvait encore se faire à l'idée qu'il en était un lui-même.

— Tu accepterais ? demanda madame Duchatellier timidement.

— Sans doute Zyte nous est utile, continua-t-il, mais ce ne sont pas les services qu'elle peut nous rendre que nous devons considérer; en tout cas ce ne sont pas des raisons de cet ordre qui peuvent me toucher, moi.

— Ce n'est pas à nous que je pense, continua madame Duchatellier, c'est à elle. Paris, seule, à son âge !

— Ne voudrais-tu pas l'accompagner? Apprenez, madame Duchatellier, que quand une mère accompagne sa fille au théâtre, c'est pour lui faire placer...

— Oh ! monsieur Duchatellier.

— Est-ce vrai, Lachapelle?

— C'est la leçon de l'expérience.

— Enfin, continua Duchatellier, nous n'en sommes pas là; attendons les propositions: ce qu'elles seront dira ce que nous avons à décider.

Joseph avait vainement cherché les yeux de Zyte, elle les tenait obstinément tournés vers son père, avec l'intention manifeste d'éviter ceux qu'elle sentait posés sur elle. Que pouvait-elle lui dire? Quand, le souper fini, Lachapelle, Théodore et Stanislas se levèrent de table pour aller se coucher dans la petite roulotte, il fallut bien qu'il les suivît, sans pouvoir échanger un seul regard avec Zyte, occupée à enlever le couvert en mettant à cette besogne de tous les soirs une attention extraordinaire.

— Qu'est-ce que nous allons jouer si Zyte nous quitte? demanda Théodore.

— Je crois que j'ai quelqu'un pour la remplacer. C'est cette chanteuse du café de la Seine qui est venue nous voir à Chelles; elle voudrait jouer, beaucoup jouer pour entrer au théâtre, et chez nous elle trouverait justement son affaire.

— C'est comme ça que tu retiens Zyte ?

— J'aurais mieux aimé la faire travailler, encore pendant un an, mais l'occasion qui se présente est trop belle pour ne pas la saisir : une création.

Ils étaient arrivés à l'escalier de leur roulotte, mais Joseph ne les suivait point : il montait l'avenue à grands pas, se dirigeant vers la campagne.

— Tu ne viens pas, Joseph ? cria Stanislas.

— Tout à l'heure.

Mais ce tout à l'heure se prolongea une bonne partie de la nuit et ce fut seulement après avoir dormi longtemps que Lachapelle, qui avait le sommeil léger des vieillards, l'entendit rentrer ; déjà dans les poulaillers les coqs chantaient et des bruits de réveil dans le village annonçaient le matin.

Le dernier couché, Joseph fut le premier levé, de sorte que quand Zyte qui, elle aussi, n'avait guère dormi cette nuit-là ouvrit sa petite persienne, elle l'aperçut se promenant dans l'avenue. Avant qu'elle eût refermé sa fenêtre, il accourut à elle :

— Je voudrais te parler.

Sans répondre elle lui fit, de la tête, un signe qui disait qu'elle allait le rejoindre dans le théâtre.

— C'est Joseph, dit Marietta à moitié endormie. J'espère que tu vas l'envoyer coucher : en voilà un qui est sciant.

— Le pauvre garçon !

— Puisque tu n'en veux pas, tu ferais bien mieux de le lui dire que de le plaindre. Ah ! si j'étais à ta place.

Elle avait lu assez de romans pour savoir comment

on se conduit avec l'homme qu'on n'aime pas; aussi trouvait-elle que sa grande sœur était vraiment bien jeune.

Moins ferme dans ses principes que sa cadette, Zyte descendit de la roulotte et entra au théâtre: vivement Joseph vint à elle.

— Pourquoi tes yeux ont-ils fui les miens hier soir? demanda-t-il d'une voix mal assurée.

— Tu me parles comme si nous étions ennemis, et pourtant je t'assure que je n'ai jamais senti comme en ce moment combien est vive mon amitié pour toi.

— C'est donc que tu es décidée à partir, que tu t'attendris sur moi?

— Tu t'imagines que nous sommes mariés, et que si je fais quelque chose sans que tu y sois associé, je commets un crime envers toi.

— Je t'aime, et tout ce qui blesse mon amour me fait perdre la raison; veux-tu que je reste calme, quand je vois que tu vas partir, que nous allons être séparés. Tu ne m'aimes pas, je le sais, mais moi je t'aime, et c'était du bonheur pour mon amour de te voir, de t'entendre, de vivre de ta vie. Si j'étais triste quand nous n'étions pas ensemble, quand je te voyais, toute tristesse était oubliée, je ne réfléchissais pas, je ne pensais pas, je te regardais. Et maintenant nous ne serons plus ensemble jamais, je ne t'entendrai plus, je ne te regarderai plus. N'admets-tu pas que tout en moi se révolte contre cette séparation?

— Je t'assure que je te plains de tout mon cœur.

— Tu me plains, mais tu pars.

— Puis-je refuser l'occasion qui se présente, et qui m'ouvre la vie, la gloire, peut-être.

— Qui se présente ! Tu crois donc qu'elle se présente spontanément ! Me diras-tu que tu le crois ?

— Assurément, je le dirai.

Il hésita un moment.

— Et M. Chamontain, dit-il tout à coup sans lever les yeux.

— Que vient faire M. Chamontain ?

— N'est-ce pas lui qui a parlé de toi à Faré ?

— Quand cela serait.

— Cela est, tu le sens bien ; et c'est pour t'avoir à Paris qu'il te fait engager à l'Odéon.

— Oh ! Joseph, comment ne m'as-tu pas épargné ces dures paroles, et ne me laisses-tu pas la joie de croire, la fierté que si l'on m'engage à l'Odéon, c'est parce qu'on juge qu'il y a une comédienne en moi. Parce que tu m'aimes, est-ce une raison pour me blesser, pour me peiner ?

— Je sais bien que je suis un maladroit, un imbécile, mais ne va pas croire au moins qu'il y a de la méchanceté dans ces paroles : regarde-moi, et vois si je n'ai pas la tête perdue : pardonne-moi.

— Je t'ai dit que je n'ai jamais senti comme en ce moment combien était vive mon amitié pour toi, tes paroles, si cruelles qu'elles soient, ne nous fâcheront pas. Parce que je serai à Paris, M. Chamontain ne m'aura pas plus, comme tu dis, qu'il ne m'aurait ici. Tu sais bien que si je vais à Paris, ce ne sera pas pour faire la fête, mais que ce sera pour travailler, pour gagner un nom, une réputation. Au théâtre il n'y a de bien défendues que celles qui se défendent elles-mêmes, et à Paris je serai aussi bien défendue par moi toute seule, que je le serais ici par vous.

— Alors c'est bien décidé, tu pars ?

— Je n'en sais pas plus que toi.

— Enfin si ton père accepte, tu consens à partir.

— Puis-je faire autrement ?

A ce moment la porte s'ouvrit et Marietta cria :

— Zyte, maman t'appelle.

Zyte rejoignit sa sœur tandis que Joseph disparaissait dans les coulisses.

— Qu'est-ce qu'on me veut ? demanda Zyte à Marietta.

— Rien ; c'est pour te débarrasser de Joseph, j'ai cru que ça ne finirait jamais. Je suis sûre qu'il te sciait pour t'empêcher d'aller à Paris ?

— Il y a un peu de ça.

— J'espère que tu l'as remis à sa place : il est trop bête.

— Tu serais contente si j'allais à Paris.

— Je crois bien ; tu me ferais entrer au Conservatoire.

De son côté madame Duchatellier n'avait guère mieux dormi que Zyte ; mais tandis que c'était l'émotion de l'espoir qui tenait la fille en éveil, c'était le chagrin et l'inquiétude qui enfiévraient la mère. Bien qu'on eût plus d'une fois agité cette perspective d'un début de Zyte à Paris, ce n'avait jamais été qu'en l'air ; maintenant le danger éclatait, ce n'était pas dans un avenir plus ou moins éloigné que la séparation s'opérerait ou ne s'opérerait pas, c'était le lendemain même qu'elle pouvait avoir lieu. Quelle angoisse pour elle. Si elle ne connaissait, par expérience, que son théâtre où l'on vivait en famille avec une régularité bourgeoise, au moins pour les mœurs, que d'histoires effrayantes sur les mœurs des coulisses n'avait-elle pas entendu raconter par les comédiens de la troupe depuis vingt ans. C'était dans cet enfer que sa fille allait entrer... et seule encore, sans personne, pour la guider ou la soutenir. Comment se dirigerait-elle au milieu de ce monde où l'on ne fait point un pas sans se heurter à la jalousie, à l'envie, où les embûches vous enveloppent, où les tentations vous guettent. Sur quelque sujet que se portât son esprit, elle ne voyait que des dangers; et c'était avec le serrement de cœur du remords qu'elle se demandait ce qu'elle avait fait pour armer sa fille contre eux.

Quand elle chassait ces idées en pensant à la vaillance de sa fille, c'était pour se laisser prendre aussitôt par d'autres qui, bien que jusqu'à un certain point secondaires, n'en apportaient pas moins avec elles un sentiment d'anxiété : Comment Zyte irait-elle à Paris? Quelle toilette mettrait-elle? Quelle trousseau pourrait-on lui composer?

C'est qu'elle était vraiment bien simple, la toilette journalière de Zyte, qui depuis son enfance avait vécu dans la roulotte où elle n'avait pas besoin de s'habiller; de même que bien mince était son trousseau. Comment mettre de l'argent à des robes ou à du linge, quand on n'en avait jamais assez pour les dépenses du jour présent et les vieilles dettes; et puis il y avait si peu loin de la roulotte au théâtre que ce n'était vraiment pas la peine de s'habiller. A la vérité, elle avait bien une robe de ville qui lui servait, toujours la même, dans les pièces modernes mais par une fatalité du sort c'était une robe d'été. Comment, au mois de février, s'en aller dans les rues de Paris habillée de foulard, coiffée d'un chapeau rose, et chaussée des souliers garnis de fourrure offerts par Permettez.

La toilette n'était pas tout, il y avait encore le linge, qui présentait des difficultés non moins grandes. Aussitôt levée, elle ouvrit ses tiroirs et passa la revue de ce qui était à peu près mettable. Mais rien n'était vraiment mettable. Il avait été si souvent lavé, ce linge; il avait si longtemps traîné pour sécher sur les haies ou les fossés des routes. Cependant elle trouva encore quelques chemises, quelques cols, quelques mouchoirs mis au rancart, parce qu'ils avaient besoin de reprises, et qu'on n'avait jamais eu le temps de les réparer. Le moment était venu de trouver ce temps; et toute la journée elles s'employèrent toutes les trois à ce travail, au grand désespoir de Joseph, qui rôdait autour de la roulotte, espérant toujours qu'un bienheureux hasard lui permettrait d'échanger quelques mots avec Zyte : il avait tant de choses à lui dire, qui ne lui étaient pas venues le matin, mais qui maintenant jailliraient sans que rien pût les arrêter.

Comme le soir tombait, Zyte vit le facteur du télégraphe paraître au bout de l'avenue, et elle courut au-devant de lui, ne doutant pas que la dépêche ne vînt de l'Odéon.

— Tu vois qu'elle a des ailes, dit Duchatellier à sa femme, qui soupira.

Déjà elle remontait l'escalier de la roulotte la dépêche à la main.

Duchatellier la prit et l'ouvrit :

« Directeur Odéon attendra demain, midi, M. Duchatellier et sa fille : urgence.

» Faré. »

— Urgence! s'écria Duchatellier, urgence! On va les rouler, ces canailles!

Et pendant dix minutes il raconta des histoires sur ce que ces canailles lui avaient fait souffrir dans sa jeunesse.

Comme il tombait une pluie froide, tout le monde était réuni dans la roulotte autour du poêle sur lequel mijotait le dîner; son mari ayant pris un moment de repos, madame Duchatellier tâcha de dire un mot de ce qui l'angoissait.

— Tout cela est superbe, mais en attendant Zyte n'a pas de robe pour aller demain à Paris.

— Eh bien ! je lui en achèterai une ; il ne faut pas qu'elle paraisse devant un directeur sans être convenable ; ce ne serait pas un moyen de le rouler; il nous exploiterait s'il voyait que nous avons besoin de lui.

Jamais Duchatellier n'était embarrassé par les questions d'argent, et sa première parole était toujours : « C'est bien, je m'en charge » ; madame Du chatellier qui tenait la caisse, savait à deux sous près ce qu'elle contenait :

— Je n'ai que cinquante-trois francs, dit-elle tout franchement et sans honte, n'ayant pas à se gêner devant ses comédiens qui connaissaient la situation presqu'aussi bien qu'elle.

— Si vingt-sept francs peuvent vous être utiles, dit Lachapelle, je les ai justement.

Et il mit la main à sa poche, mais Joseph lui arrêta le bras.

— J'ai cent francs, s'écria-t-il.

Zyte émue par ce cri, lui jeta un regard attendri. Duchatellier tendit la main à Joseph.

— Merci; j'espère que les vingt-sept francs de Lachapelle suffiront; si j'accepte son argent plutôt que le tien c'est que les débuts de Zyte vont faire la gloire de Lachapelle.

— Cela m'aurait pourtant bien fait plaisir que vous acceptiez cet argent, dit Joseph tristement.

— Tu comprends, c'est en quelque sorte un droit pour Lachapelle : et puis nous n'allons pas faire de folies; ce n'est pas chez un couturier de la rue de la Paix que je vais habiller Zyte. J'ai une ancienne camarade de Montmartre qui s'est établie marchande à la toilette rue de Provence; elle la fera belle des pieds à la tête au plus juste prix : nous ne sommes pas des gens à préjugés, Dieu merci.

Toute la soirée on ne parla que de débuts, mais pas de ceux de demain, de ceux d'autrefois, du bon temps : quand Duchatellier se taisait, Lachapelle reprenait : il est vrai que Duchatellier se taisait peu

Quant à madame Duchatellier, à Zyte et à Marietta, elles travaillaient à remettre en état une vieille robe en alpaga, ainsi que le chapeau marron dont la mère se parait le dimanche pour aller à la messe : Marietta, à qui une bonne âme avait donné un manteau trop large pour son pauvre dos de chat écorché, le prêterait à sa sœur. La soirée se prolongea tard, car il y avait terriblement à faire à la robe, et aussi à la redingote de Duchatellier qui, encore bonne au théâtre, était bien avancée à la ville : minuit avait sonné à l'horloge de « la commune » quand on s'alla coucher.

L'omnibus du chemin de fer passait devant l'avenue à huit heures; dès sept heures Zyte était prête. Quand on entendit la trompette toute la troupe accourut dans la rue.

En tendant la main à Joseph, Zyte sentit qu'il lui glissait un petit papier roulé.

Le cocher abrégea les adieux :

— Bonne chance, bonne chance.

Les souhaits de madame Duchatellier furent coupées par les larmes; c'était la première fois que sa fille la quittait.

A la gare de Nogent, pendant que son père prenait les places, Zyte put dérouler le papier que Joseph lui avait glissé : il contenait un billet de banque de cent francs avec trois lignes :

« Que ton amitié me fasse la grâce, chère Zyte, d'accepter ce billet, je veux, moi aussi, avoir ma part dans tes succès. »

XIII

Quand ils arrivèrent rue de Provence ils trouvèrent la marchande à la toilette en discussion avec une acheteuse sur le prix d'une paire de bottines, et il fallut bien un quart d'heure pour arranger le différent de cinquante centimes sur lequel portait la bataille. D'ailleurs, la marchande ne paraissait pas avoir reconnu son ancien camarade, bien qu'à chaque instant elle l'enveloppât d'un regard curieux.

Ce ne fut qu'après la vente des bottines qu'elle trouva le nom qu'elle cherchait

— Duchatellier ! Comment c'est toi, ma vieille. Suis-je bête de ne pas t'avoir reconnu tout de suite.

— Je viens pour que tu m'habilles ma fille.

— Ah ! c'est ta fille, cette jolie personne ! Eh bien tu peux te vanter d'avoir fait plus beau que toi. Qu'est-ce qu'il nous faut, ma mignonne ?

Duchatellier expliqua ce qu'il fallait : une toilette de ville, pour se présenter devant le directeur de l'Odéon qui avait demandé à entendre Zyte.

— Bon, je vois : quelque chose de simple, de discret, de bon goût, qui ne sente ni la misère, ni la cocoterie.

Tout en parlant elle fouillait dans des amoncellements de robes et de manteaux, de chaussures, de cartons, de parapluies d'ombrelles, de jupons, de corsets qui encombraient les comptoirs et les sièges ; et quand elle était parvenue à tirer un costume, elle le rejetait en tas par-dessus les autres, enfin elle trouva ce qu'elle cherchait.

— Tenez, ma belle, voilà votre affaire : une bonne robe de drap bleu, avec applications ton sur ton, c'est comme il faut, sérieux, solide, et cela ira comme un gant ; j'ai l'œil.

Zyte avait pris la robe et examinait le faux ourlet.

— Vous imaginez-vous que ça a été porté ? Essayé oui, porté non. C'est un modèle que je viens d'acheter à la fin de la saison chez un grand couturier. Ah ! si les femmes savaient, mais on s'imagine dans le monde qu'on ne trouve chez nous que des vieilleries. Voilà une robe à la mode que vous paieriez cinq cents francs chez une couturière, et que moi je vous vendrai...

Elle s'adressa à Duchatellier :

— Tu sais que je ne veux pas faire des affaires avec toi... — que je vous vendrai le prix que je l'ai payée, — trente-cinq francs.

Ce n'était pas sans une certaine oppression que Zyte était entrée dans cette boutique. Si ce n'était pas la première robe qu'on lui achetait, au moins c'était sa première toilette ; et elle eût voulu qu'elle fût neuve. Elle n'était pas comme son père, elle avait des préjugés, et même elle en avait beaucoup. En tous cas elle avait celui du dégoût de l'imagination ; qui avait porté, ou avait traîné cette toilette avec laquelle elle entrerait dans la vie ? Et puis cela lui était aussi un crève-cœur de ne pas jouir de cette joie féminine, qu'elle se figurait exquise, de sentir autour de soi une couturière empressée qui vous prend mesure, qui vous examine et combine des arrangements pour vous faire belle, — avec vos avantages personnels.

Mais à mesure que la marchande parlait, elle s'était rassurée et plus encore en examinant la robe.

Et maintenant il vous faut un manteau, continua la marchande, un chapeau, des bas, des bottines.

Mais Zyte fit un geste pour arrêter : car les vingt-sept francs de Lachapelle ajoutés aux cinquante-trois francs, ne donnaient en tout que quatre-vingts francs, il ne fallait pas aller trop vite et se lancer à l'étourdie.

— Pouvez-vous mettre soixante-dix francs à vos achats ? demanda la marchande qui avait deviné à quel sentiment obéissait la fille.

Il hésita une seconde :

— Oui.

— Eh bien ! sois tranquille, nous ne les dépasserons pas : la robe trente-cinq francs, le manteau quinze francs cinquante, le chapeau huit francs, les bas deux francs cinquante, les bottines huit francs ; cela ne fait que soixante-huit francs.

A mesure qu'elle parlait, elle tirait avec une sûreté étonnante manteau, carton à chapeau, bas, bottines, au milieu du fouillis sous lequel ils paraissaient perdus.

— Maintenant, entrez là, ma belle, dit-elle en ouvrant la porte d'une petite salle sombre plus encombrée encore que la boutique, et habillez-vous ; je suis certaine que tout ira, j'ai l'œil.

Pendant que Zyte s'habillait, elle revint à Duchatellier.

— Alors, ça boulotte, ma vieille?

— Je fais des tournées aux environs de Paris

— J'ai entendu parler de ça ; car j'ai demandé de tes nouvelles plus d'une fois en pensant au temps de notre jeunesse : te souviens-tu que tu me trouvais si jolie dans la *Bouquetière des Innocents* en roi Louis XIII ; ah ! comme on change. Je suis bien contente que ta fille entre à l'Odéon : l'Odéon, les Français, il n'y a que là qu'une belle fille comme la tienne n'est pas obligée de faire toutes sortes de choses pour gagner ses toilettes. Pense que la mienne qui est au boulevard, va jouer dans une pièce nouvelle, où il lui faut quatre grandes toilettes de ville ou de soirée qui ne coûteraient pas moins de six mille francs chez un couturier ; et elle gagne deux cent cinquante francs par mois. Qu'est-ce qu'elle deviendrait si je n'étais pas là, et si je n'avais pas une bonne occasion qui fera crever de rage ses camarades.

Zyte sortit de la salle sombre, habillée, transformée.

— Quand je vous disais, s'écria la marchande en l'examinant des pieds à la tête, est-elle jolie ; croyez-vous que j'ai l'œil pour trouver les mesures ; il faut dire aussi qu'il est facile d'habiller une femme quand elle est faite comme vous ; c'est tout plaisir ; je suis tranquille sur votre compte, pour la toilette, vous êtes une princesse.

Pendant ce petit discours, Zyte qui s'était habillée dans l'obscurité se regardait dans une glace accrochée au mur avec un encadrement de plats de faïence, et si elle ne ratifiait pas en elle-même tous les éloges que la marchande lui adressait, au moins se souriait-elle avec un sentiment de coquetterie naïve : c'était la première fois qu'elle se voyait en toilette, non de princesse, mais de dame, et qu'elle n'avait pas à se préoccuper de quelque accroc à dissimuler : elle était libre dans sa démarche et son attitude, elle avait son âge.

— Me vendez-vous vos frusques? demanda la marchande.

Mais il ne pouvait pas être question d'un pareil marché : vendre le chapeau marron de la maman, le manteau de la sœur! On en ferait un paquet qu'ils viendraient prendre avant de repartir pour Noisy.

Ils avaient encore du temps devant eux pour arriver à l'Odéon, et en sortant de chez la marchande, Duchatellier parla de déjeuner.

— Il faut que tu aies tous tes moyens, dit-il, et que moi aussi j'aie les miens pour ne pas me laisser rouler. Je vais te payer un bon déjeuner.

Mais soixante-huit francs dépensés sur quatre-vingts ne le leur laissaient que douze francs pour toutes leurs dépenses de voyage et de nourriture, il ne fallait donc pas s'aventurer; ce fut ce que Zyte, qui ne s'emballait pas comme son père, fit observer, car si elle avait les cent francs de Joseph dans sa poche, elle ne pouvait pas les dépenser, ni même avouer qu'elle les avait.

— Alors, offrons-nous le déjeuner de la modestie, dit Duchatellier, qui avait pris depuis longtemps l'habitude de ne pas se dépiter contre les coups de la mauvaise fortune.

Et ce fut dans une crémerie qu'ils s'offrirent une saucisse aux œufs avec une tasse de café au lait.

— Peut-être est-il mieux que nous n'ayons pas l'estomac chargé, dit Duchatellier, qui savait tirer de tout une consolation philosophique.

Le déjeuner de la modestie avait cet autre avantage d'être court; ils purent donc se rendre à l'Odéon sans se presser.

Duchatellier, heureux de sentir sous son pied l'asphalte des trottoirs parisiens qu'il n'avait pas foulé depuis plus de dix ans, marchait la tête haute, la poitrine en avant comme au temps de ses triomphes, quand il se promenait dans la bonne ville de Paris, une belle femme à son bras vainqueur; et il se sentait tout rajeuni; à la vérité, la femme qui s'appuyait à son bras était sa fille, mais elle n'en était pas moins une belle femme; et puis, il se disait qu'il ne devait pas avoir l'air si « papa » que cela: jeune premier, toujours, père noble, jamais.

Et Zyte aussi était toute joyeuse de traverser ce Paris, autour duquel elle avait tourné si longtemps voyant de loin son nuage de fumée, ou la réverbération rouge qui planait au-dessus de lui, mais où elle n'était pas venue depuis sa première enfance. Les regards qu'elle rencontrait et dont elle se sentait suivie chatouillaient sa vanité féminine : ce n'était point à la comédienne qu'ils s'adressaient, c'était à la femme ; et ce qu'ils lui disaient mettait dans son cœur une musique qui le gonflait. Alors c'était donc vrai ; elle plaisait, on la trouvait jolie. Et détournant un peu la tête, elle regardait par-dessus son épaule les plis de sa jupe, qui drapaient derrière elle.

Duchatellier se présenta à l'Odéon en homme devant qui toutes les portes doivent s'ouvrir, ce qui fit peut-être qu'aucune ne s'ouvrit.

— M. le directeur est occupé ; attendez.

— Voici une dépêche par laquelle il nous donne rendez-vous.

— Quand il sera libre.

Ils n'eurent qu'à attendre ; et presqu'aussitôt ils virent défiler devant eux un flot qui se suivait d'hommes au visage rasé et de femmes, — les comédiens qui arrivaient pour la répétition.

— Tes camarades de demain? dit Duchatellier à voix basse.

Elle n'avait pas besoin de cet avertissement pour les examiner avec une curiosité anxieuse : quel accueil lui ferait-on dans ce monde où, par ce qu'elle avait entendu raconter, elle savait que camaraderie n'est pas du tout synonyme d'amitié ni même de sympathie.

Comme sa fille, Duchatellier examinait ceux qui passaient devant lui, mais il ne reconnaissait aucun visage et il s'en étonnait :

— Est-ce drôle, je ne trouve pas une figure de connaissance.

Et Zyte pour qu'il ne s'appesantît pas sur cette idée répondit qu'ils étaient sans doute d'une génération plus jeune.

— Évidemment.

Mais à la fin il parut une figure de connaissance, celle de Faré : il vint à eux vivement et après avoir tendu la main à Duchatellier il passa le bras de Zyte sous le sien :

— Entrons, dit-il.

Pour lui le directeur n'était pas occupé, et les portes s'ouvrirent avec un empressement qui disait en quelle estime on le tenait dans la maison.

La présentation fut vite faite, au moins pour l'émotion de Zyte ; si vaillante quelques instants auparavant, elle se sentait maintenant presque tremblante sous le regard qui l'enveloppait, car c'était le regard qui allait rendre un premier jugement dont sa vie dépendait : quelle impression produisait-elle ? N'avait-elle pas été bien orgueilleuse de se trouver jolie ?

— Ce que mon ami M. Faré, commença le directeur, m'a dit de vous, mademoiselle, m'a donné le désir de vous entendre, mais ne pouvant pas aller vous voir jouer, je vous suis reconnaissant de vous être dérangée : voulez-vous bien avoir la complaisance de me dire quelque chose.

Cela était évidemment d'une parfaite politesse, mais comme elle eût mieux aimé cent fois un mot ou un signe qui lui apprît ce qu'on pensait d'elle.

Comme elle était restée hésitante, son père répondit à sa place.

— Voulez-vous la scène de Catarina et de Rodolfo, demanda-t-il. « Il y avait une chanson qu'il chantait »; je lui donnerais la réplique pour Rodolfo.

Mais cette proposition, même avec les répliques de Rodolfo, ne parut pas séduire le directeur :

— J'aimerais mieux quelque chose du répertoire, dit-il.

Zyte se décida; elle s'était affermie, et ne tremblait plus.

— Voulez-vous la scène du IV° acte d'*Iphygénie*? demanda-t-elle.

— Allez, je vous écoute.

Mais avant qu'elle allât, Faré voulut qu'elle se débarrassât de son manteau et de son chapeau :

— Mettez-vous à votre aise, mademoiselle, dit-il, en l'encourageant du regard autant que de la parole.

Elle apparut alors svelte et élégante dans sa robe qui dessinait sa taille souple, et elle crut voir passer dans les yeux de son juge un signe d'approbation.

Elle avait assez travaillé cette scène avec Lachapelle pour se sentir au cœur la confiance qu'inspire la conscience du travail accompli, elle commença.

On la laissa aller jusqu'au bout sans lui dire un seul mot, et si elle n'avait suivi dans les yeux satisfaits de Faré l'effet qu'elle produisait, elle eût pu croire à un désastre.

Ce fut seulement quand elle eut dit les deux derniers vers de la scène.

> Pardonnez aux efforts que je viens de tenter
> Pour prévenir les pleurs que je leur vais coûter.

que son juge rendit son arrêt.

— Bien, très bien, très bien.

Ce fut tout. Elle eut voulu qu'en deux mots il dît ce qui était bien et ce qui était très bien, comme aussi ce qui ne l'était pas, mais il ne prit pas cette peine.

Ce fut Faré qui vint à elle.

— Allons faire un tour, dit-il, pendant que ces messieurs traiteront la question d'affaire; nous reviendrons tout à l'heure.

Faré fut plus expansif que ne l'avait été le directeur, et les raisons que celui-ci n'avait point données pour motiver son appréciation, il les donna en les précisant pour motiver la sienne, non seulement sur cette scène de Racine, mais aussi sur la représentation des *Enfants d'Édouard*; pour la première fois Zyte goûta la joie de s'entendre dire en face ce qu'elle-même n'avait jamais osé se dire formellement tout bas : et celui qui lui parlait ainsi, c'était un homme dont le jugement était compétent et la parole autorisée, un des jeunes maîtres du théâtre.

— C'est vrai ? C'est vrai ? demandait-elle, n'osant en croire ses oreilles.

— Si vrai que votre engagement est signé en ce moment même, et que vous commencerez à répéter demain.

— Demain.

Elle expliqua qu'elle n'était pas venue à Paris avec l'idée d'y rester, qu'elle n'avait rien apporté. Mais il n'écouta pas ces explications : il y avait urgence à ce qu'elle prît possession du rôle dès le lendemain, et il était impossible de lui donner un délai d'un seul jour, elle s'installerait à l'hôtel où on lui enverrait ce dont elle avait besoin : une avance lui serait faite pour ses premières dépenses, comme d'autre part une indemnité serait accordée à son père en réparation du trouble que ce brusque enlèvement allait apporter dans les représentations du théâtre Duchatellier; tout était prévu à l'avance : il n'y avait que des signatures à échanger — c'est-à-dire une simple formalité.

Mais pour elle qui connaissait les exigences de son père, ces formalités ne se présentaient pas avec la même simplicité que pour Faré : lequel des deux directeurs allait rouler l'autre?

Cependant quand ils rentrèrent les signatures s'échangeaient. Elle n'avait plus à se demander et à demander si c'était vrai. L'Odéon n'était plus, l'Odéon, c'était un théâtre de féerie, où Faré jouait pour de vrai le rôle d'un magicien.

Mais où la féerie s'affirma de plus en plus, ce fut quand elle vit son père mettre un billet de cinq cents francs dans sa poche et qu'on lui présenta à elle-même trois billets de cent francs avec un reçu à signer « à valoir sur ses appointements »; trois cents francs à valoir, elle qui n'avait jamais eu dix francs lui appartenant.

— Maintenant, dit Faré, choisissez votre hôtel, et quand vous serez installée, envoyez au théâtre votre adresse ; je vous ferai porter votre rôle, et demain matin j'irai causer de la pièce avec vous ; je vous amènerai moi-même à la répétition.

— Y crois-tu ? s'écria-t-elle quand elle fut seule avec son père sous les galeries.

— Ce Faré me paraît un brave garçon ; il mérite que tu te souviennes de lui.

— Et M. Chamontain donc ! Car enfin c'est lui qui nous a amené M. Faré.

— Mets aussi le fils Chamontain dans ton souvenir, je n'y vois pas d'inconvénient.

La joie de Duchatellier ne fut pas comme celle de Zyte, sans mélange, et aux justes motifs qu'il avait de s'enorgueillir s'en mêlaient d'autres de se dépiter : toujours la même chose, il avait été trop bon, trop facile, trop franc. Il aurait dû obtenir plus de six cents francs par mois. Mais au moins il avait sauvegardé l'avenir en ne consentant qu'un engagement d'un an. Dans un an, le succès venu, on obtiendrait mieux.

Au reste ils n'avaient pas le temps de rester sur cette question, maintenant celle du logement s'imposait et il fallait qu'avant de retourner à Noisy, elle fût résolue. Lorsqu'il était le beau Duchatellier de Montmartre et de Batignolles il ne s'en serait peut-être pas bien fortement préoccupé s'il avait eu à ce moment une fille dans la situation de Zyte : à dix-huit ans on est d'âge à se défendre. Mais le contact journalier de sa femme à l'esprit sage et timide, et plus encore peut-être l'étroite vie de famille dans la roulotte, où les enfants avaient grandi sous la main du père et de la mère lui avaient inspiré d'autres sentiments et d'autres idées. Maintenant ce n'était pas sans inquiétude qu'il envisageait cette séparation, cet abandon de sa fille, de sa très belle fille au milieu de ce Paris, où elle allait être si seule. Il savait bien en se décidant à écouter les propositions de Faré que cet abandon devrait avoir lieu, mais alors il n'était pas immédiat, tandis qu'à cette heure, c'était avant le soir qu'il devait être accompli.

Au temps où il dirigeait des tournées, non dans les villages des environs de Paris, mais dans les petites villes, il engageait souvent en représentation une comédienne du boulevard, Eudoxie, qui en quittant le théâtre avec quelques rentes, avait pris un hôtel meublé rue de Vaugirard. Si elle tenait encore cet hôtel, Zyte ne pourrait pas être mieux que chez elle : c'était une brave femme, une bonne femme. Mais depuis douze ou quinze ans qu'il l'avait perdue de vue, était-il vraisemblable qu'elle fût encore dans cet hôtel. Enfin il fallait voir.

Quittant les galeries de l'Odéon ils suivirent la rue de Vaugirard, en parlant d'Eudoxie dont Zyte n'avait pas gardé souvenir. C'était en face le jardin du Luxembourg ou à peu près que devait se trouver l'hôtel, car Duchatellier n'y étant venu qu'une fois se le rappelait assez mal et même il avait tout à fait oublié son nom. Ils marchaient donc le nez en l'air sur le trottoir du palais examinant les maisons opposées. Un peu avant d'arriver à la rue Férou ils aperçurent une façade nouvellement peinte sur laquelle on lisait : « *Hôtel des Médicis* ». Était-ce là ? L'aspect était engageant, propret, discret, tranquille. Ils entrèrent. Aux questions de Duchatellier un domestique qui astiquait des cuivres répondit qu'il n'y avait pas de mademoiselle Eudoxie dans la maison. Ils allaient se retirer lorsqu'un homme de grande taille, à cheveux plats, le visage bien rasé, vêtu d'un habit noir, ayant tout l'air d'un agent de funérailles sortit d'un petit bureau où il lisait un vieux bouquin, et poliment demanda de quoi il était question.

— Mademoiselle Eudoxie ? dit-il avec un sourire affable qui épanouit sa large figure, je suppose que c'est à madame Crozat, ma femme, que vous avez affaire ?

— Mademoiselle Eudoxie, ex-premier sujet à la Porte-Saint-Martin.

— Présentement madame Crozat. Veuillez entrer, je vais la faire prévenir.

Introduits dans le bureau, ils n'eurent pas longtemps à attendre, presque aussitôt ils virent arriver madame Crozat, plus noble et plus imposante encore qu'au temps où elle jouait une de ces Médicis, Catherine ou Marie, qui lui avait fait baptiser son hôtel.

La reconnaissance n'eut pas lieu au premier mot, mais quand elle se fut enfin faite, madame Crozat se montra la bonne femme, la brave femme dont Duchatellier venait de parler et se mit tout à la disposition de cette « belle personne ». On causa, en bons camarades : Duchatellier parla de ses succès à Coulommiers, à Lagny; madame Crozat raconta son mariage avec un écrivain du plus grand talent, un savant, un philosophe qui, malgré la gravité de son esprit, et le sérieux de ses études était un charmant auteur dramatique à ses heures. Puis on arriva enfin à l'affaire de Zyte : elle fut vite réglée : il y avait au quatrième, avec balcon en façade sur le Luxembourg, une chambre qui semblait réservée pour elle, de l'air, de la lumière, de la gaieté, l'hiver des oiseaux, l'été des feuilles et des fleurs; soixante francs par mois, ce qui était donné; plus tard on pourrait, si le besoin se présentait, lui adjoindre un petit salon; pour les repas, mêmes facilités, elle mangerait chez elle ou à la table du restaurant à son choix; ce n'était pas dans un hôtel banal qu'on l'abandonnait, c'était dans une bonne pension qu'on la plaçait, où elle trouverait des soins affectueux.

Duchatellier n'avait plus qu'à retourner à Noisy, où il arriverait d'autant plus facilement pour la représentation du soir que, maintenant, on n'en n'était plus réduit, comme le matin, à aller à pied ou en omnibus; on pouvait se payer une voiture.

Zyte voulut le reconduire, et après avoir été rue de Provence reprendre « les frusques », elle le quitta à la gare de Vincennes, en le chargeant d'embrassements pour sa mère, pour Marietta, pour Stanislas, et de bonnes poignées de main pour Lachapelle et pour Joseph.

En revenant par la rue Racine, son cocher la fit passer devant l'Odéon et elle admira sa colonnade, se disant que c'était vraiment un beau théâtre. De même quand elle fut montée dans sa chambre et que toute seule elle promena ses regards autour d'elle, elle se dit que c'était une belle chambre. Comme le plafond était haut, comme les murs étaient éloignés, comme les fenêtres étaient larges : comme tout cela ressemblait peu à la roulotte où elle avait vécu, à son plafond qui vous pesait sur la tête, à ses parois boisées qui vous écrasaient, à ses vasistas qui laissaient entrer si peu de jour. Le lit en acajou lui parut immense, à se perdre dedans. Au lieu du banc dur sur lequel elle s'était toujours assise, elle avait deux fauteuils et un canapé. Sur la cheminée un cartel battait l'heure entre deux flambeaux de bronze. Aux fenêtres, il y avait des rideaux qui se manœuvraient avec des cordons de tirage. Elle les fit marcher doucement d'abord, prudemment, puis ensuite plus vite quand elle fut certaine de ne rien casser.

Alors elle ouvrit la fenêtre et se mit à son balcon ; le soir commençait à tomber et le branchage noir des grands arbres du jardin se découpait sur un fond d'or ; au loin, dans les taillis, des troupes d'oiseaux se querellaient, caquetaient avant de se percher pour la nuit, emplissant ce coin de jardin du bruit des champs, tandis qu'immédiatement au dessous d'elle, sur le pavé de la rue, dans un va-et-vient continuel, roulait le mouvement de la ville dont la respiration mystérieuse vous enveloppait d'une rumeur vague.

Tout cela qu'elle voyait pour la première fois l'intéressait, l'étonnait, et cependant c'était encore plus en elle que tournait sa pensée qu'autour d'elle.

Bien souvent elle avait vécu en rêve cette heure où elle se trouvait, celle où elle arrivait à Paris pour débuter, et toujours ç'avait été avec des fièvres d'enthousiasme, des ivresses de joie, des audaces qui ne prenaient inquiétude de rien; mais voilà que dans la réalité l'enthousiasme, l'ivresse, et les audaces faiblissaient. Justement parce que ce plafond était haut, parce que ces murs étaient éloignés, elle se sentait bien seule, bien petite et bien faible. Le soir aussi qui s'épaississait, pesait lourdement sur elle.

Comme elle restait ainsi partagée entre le passé qui l'enveloppait de ses chauds souvenirs et l'avenir dans lequel elle n'osait plonger tant il lui apparaissait maintenant effrayant, elle crut entendre frapper à sa porte; quittant le balcon elle revint dans sa chambre.

Un domestique entra et lui remit un paquet qu'on venait d'apporter pour elle avec une lettre.

Vivement elle ouvrit cette lettre qui était de Faré :

« Voici le manuscrit d'*Hella* et votre rôle, lisez les deux si vous en avez le temps. »

Si elle en avait le temps! Elle ferma la fenêtre et ayant allumé une bougie tout de suite, elle commença la lecture du manuscrit. Elle ne s'arrêta qu'au mot *fin*. L'enthousiasme, l'ivresse et l'audace lui étaient revenus. Elle ne doutait plus ni d'elle ni de la fortune, ni de rien. L'avenir n'était plus effrayant, il était radieux. Quelle pièce admirable, quel beau rôle! Et c'était à elle qu'on le donnait! c'était elle qui allait le créer. Si Faré avait mis sa confiance en elle, c'est qu'il l'en savait digne. Un homme comme lui ne pouvait pas se tromper.

Alors seulement, elle pensa à dîner; ce qui fut vite fait, malgré madame Crozat qui voulait la retenir et la faire causer.

Aussitôt rentrée dans sa chambre, elle commença à apprendre son rôle sans autre souci que de se mettre les vers dans la mémoire.

Quand sa première bougie fut éteinte, elle alluma la seconde, et ce fut seulement quand celle-ci la laissa dans l'obscurité qu'elle se coucha à la faible clarté du gaz de la rue. Le lendemain, au jour levant, elle se remettait au travail dans son lit, et ne se levait qu'à neuf heures pour attendre la visite de Faré.

Il arriva vers onze heures et la trouva habillée dans sa chambre faite : sur le guéridon le manuscrit et le rôle étaient étalés en belle place.

— Si vous n'avez pas eu le temps de lire, dit-il, voulez-vous que je vous explique la pièce?

— Mais j'ai lu, dit-elle.

— Êtes-vous contente de votre rôle !

— Je n'ai pas de paroles pour vous dire combien je suis fière que vous m'ayez jugée capable de le remplir.

Au moins y avait-il dans son accent une émotion qui valait les remerciements les mieux tournés.

— Pour aujourd'hui, dit-il, vous lirez votre rôle.

— Mais je le sais, mon rôle.
— Où l'avez-vous appris ?
— Cette nuit, et ce matin.
Il lui prit les deux mains.
— Ah ! la brave fille, la brave fille ! s'écria-t-il.

FIN DE LA PREMIÈRE PARTIE

DEUXIÈME PARTIE

I

— Pas un clou, mon cher.

Ce n'était pas de ce que dans l'argot du théâtre on appelle depuis quelques années « un clou » qu'il s'agissait, c'est-à-dire de la situation capitale autour de laquelle pivote la pièce, — c'était simplement d'un clou en fer, d'un vrai clou fabriqué par un cloutier, car on se fait des fétiches de tout au théâtre, et la tradition s'est établie que si le jour de la répétition générale ou avant la première représentation on trouve sur la scène beaucoup de clous perdus par les machinistes ou les tapissiers on peut compter sur un succès.

Bella s'annonçait donc aussi mal que possible.

Et personne au théâtre ne s'en étonnait; au contraire tout le monde dès le premier jour l'avait pressenti : on marchait à un four noir.

La pièce d'abord. Quelle ordure, mes enfants ! Comme ils avaient été malins aux Français de n'en pas vouloir. Et comme à l'Odéon on n'y est pas moins malin qu'aux Français, plusieurs de ceux qui jouaient dans cette ordure, savaient à peine leur rôle ; à quoi bon se fourrer dans la mémoire les vers ridicules d'une pièce qui n'irait pas jusqu'à la fin.

Et la débutante, cette Duchatellier. Quelle débâcle ! Elle n'aurait que ce qu'elle méritait celle-là. On n'avait pas idée d'une pareille effronterie : sortir de la foire et s'imaginer qu'on peut paraître sur la scène de l'Odéon, — l'Odéon ! Se faire payer six cents francs par mois, quand un premier prix du Conservatoire touche dix-huit cents francs par an ! Qu'avait-elle donc d'extraordinaire pour justifier une faveur aussi scandaleuse ? Une beauté éclatante ? un talent qui s'impose ? quelque chose de particulier, d'unique ? Le talent, où l'aurait-elle acquis ? Quant à la beauté, rien en elle ne résistait à un examen sérieux ; et avec ça bête, oh ! bête comme une oie. Et pourtant, si oie qu'elle fût, elle avait trouvé moyen d'enjôler Faré, car il n'y avait pas de doute là-dessus ; il l'avait imposée au théâtre parce qu'elle était sa maîtresse. Comment l'était-elle devenue ? Il n'y avait, pour ceux qui savaient la vie, qu'une réponse à cette question : la débauche, la débauche basse et populacière, car seule elle faisait comprendre qu'un homme qui pouvait avoir des maîtresses dans n'importe quel théâtre de Paris, allât en ramasser une dans une baraque de forains. Avant d'épouser une femme qui lui avait apporté deux cent mille francs de rentes et de gagner lui-même cent mille francs par an, Faré avait traîné la misère, et c'était de ce temps-là, bien sûr, que lui étaient restés des goûts... bizarres, qui se révélaient par ce choix.

Zyte n'avait pas été assez naïve pour s'imaginer qu'elle n'avait qu'à paraître, et que toutes les mains viendraient serrer les siennes. Ce n'était point une place vide qu'elle prenait : il y avait dépossession en sa faveur, d'une sorte de droit acquis, et les amis de celle qu'elle remplaçait ne l'accueilleraient pas en camarade : cela était trop naturel pour qu'elle s'en étonnât; mais ce qu'elle n'avait pas prévu et ce qu'elle ne comprenait pas, c'était l'hostilité implacable, le mépris, la haine qui l'avaient enveloppée et poursuivie. Pourquoi? Quel crime pouvait-on lui reprocher justement? Ce n'était point par l'intrigue qu'elle s'était fait donner ce rôle, on le lui avait offert; on était venu la chercher.

Personne ne lui parlait au théâtre, et quand dans les coulisses ou les corridors on la regardait, si ce n'était pas pour la faire rentrer sous terre, c'était avec le plus parfait dédain : — Cette espèce ! — ou : — cette grotesque ! En quoi espèce? Si elle était fille de comédiens, cette naissance valait bien celle des filles de concierges ou de petits boutiquiers qui le prenaient de si haut avec elle. Si elle ne sortait pas du Conservatoire elle avait travaillé autant, et même peut-être plus que celles qui la dédaignaient. et sous un maître qui savait donner de bonnes leçons : à dix-huit ans elle avait plus de métier que ces dédaigneuses n'en avaient à vingt-cinq et à trente. — Grotesque? Si elle avait été grotesque, est-ce que Gaston Chamontain, est-ce que le duc de Paradan qui étaient des gens de goût l'auraient remarquée? Est-ce que Faré l'aurait fait engager en l'associant dans la grosse partie qu'il allait jouer?

Si douloureuse que lui fût cette hostilité qui créait le vide autour d'elle en la mettant en interdit, il lui semblait qu'il ne fallait pas trop s'en inquiéter; née sans raison elle s'en irait sans raison comme elle était venue; mais ce qui était plus grave, c'était la mauvaise chance qu'elle avait eue de se faire deux ennemis personnels dans deux de ses camarades qui tenaient avec elle les principaux rôles d'*Hella*.

L'un, Manuel, jouait les amoureux avec assez de talent, il avait une jolie tête, un sourire charmant, des dents admirables, de l'éclat et du feu ; par malheur il était de petite taille, de très petite taille, ce qui le désespérait. Quand il avait vu Zyte, qui le dépassait de la tête presque toute entière, il avait été anéanti. Comment jouer deux scènes d'amour décisives avec une femme qui le dominerait et le ferait paraître encore plus petit qu'il ne l'était réellement; les hauts talons n'y pourraient rien, il serait ridicule; on avait été chercher cette géante exprès pour le déshonorer; c'était un tour de la direction, une vengeance infecte. Et il avait voué à celle qui était l'instrument de cette vengeance une haine féroce. Pour le calmer il avait fallu que Faré lui promît que Zyte ne porterait que des haillons tandis que lui pourrait être aussi élégant, aussi coquet, aussi brillant qu'il le voudrait, de façon à ce qu'on ne vît que lui, et qu'il fût le seul en scène.

L'autre, Dandelot, était comédien parce qu'il était beau garçon, et sa tête régulière aux cheveux frisés, ses yeux noirs profonds, sa haute taille, ses larges épaules, sa prestance de mousquetaire lui avaient fait une réputation — un vainqueur... Comme les autres il avait accueilli Zyte avec un parfait mépris; mais à la troisième répétition, comme elle sortait de scène avec lui pour rentrer dans la coulisse, elle avait été surprise qu'il ne s'éloignât pas d'elle; au contraire il l'avait regardée avec une persistance gênante.

— Pas aimables, n'est-ce pas, les bons camarades? dit-il de sa voix la plus engageante.

Elle leva les yeux sur lui, et resta stupéfaite en lui trouvant un visage souriant.

Comme elle ne répondait pas, autant parce qu'elle ne savait que dire, que parce que ce sourire extraordinaire l'inquiétait, il continua :

— Ils vous la font à l'indignation parce que vous avez soufflé le rôle à cette gaupe de Valérie qu'ils exécraient; tant que vous n'aurez personne pour vous soutenir d'une main solide, — il montra la sienne ou plutôt son poing fermé emmanché d'un bras vigoureux, — ça continuera.

L'offre était claire, et le sourire jusqu'à un certain point incompréhensible se précisait.

Cependant il appuya :

— Quand vous voudrez, vous n'aurez qu'un signe à faire, et vous verrez que ça changera.

— Je vous remercie, répondit-elle comme si elle n'avait pas compris.

Et elle s'éloigna, sans se sauver, mais cependant un peu vite.

Le lendemain, à la fin de la même scène, qui les remettait en tête à tête, il reprit la conversation au point où, la veille, la fuite de Zyte l'avait interrompue.

— Vous voyez que ça ne change pas, dit-il, et que ça continuera ainsi tant que vous serez seule; avez-vous réfléchi à ce que je vous ai dit hier?

— Mais je vous ai répondu hier.

— Ah! c'est ça, fit-il en revenant au ton faubourien qui, volontiers, était le sien en dehors de la scène, eh bien, comme tu voudras, ma petite.

Elle avait cru qu'elle en était débarrassée, mais elle ne le connaissait pas. C'était un sultan qui n'était point habitué à se voir traiter de cette façon par celles qu'il daignait honorer de son mouchoir. Elle lui avait fait une offense, elle la lui paierait. Alors toutes les fois qu'elle n'était pas en scène et qu'il n'y était pas lui-même, au foyer, dans la coulisse, partout où elle se trouvait, il était venu se placer près d'elle, et à mi-voix il s'était mis à réciter tout le répertoire d'ordures qu'il avait dans la mémoire : il ne s'adressait pas à elle directement, il ne lui parlait pas, mais il s'exprimait cependant de façon à ce qu'elle ne perdît pas un mot de ce qu'il disait, et qu'elle fût forcée de l'écouter en sentant sur elle les regards moqueurs des camarades que cette scène amusait. Et elle était richement meublée en ordures, la mémoire de Dandelot, car si le comédien avait une certaine distinction sur le théâtre, l'homme restait le voyou parisien qu'il était né.

Les persécutions de Dandelot auraient peut-être ramené quelques bonnes âmes à Zyte, car ceux-là mêmes qui avaient été les premiers à rire de cette persécution n'avaient pas tardé à trouver et à dire qu'elle était vraiment trop grossière. Malheureusement les journaux avaient arrêté ce mouvement. Zyte engagée à l'Odéon, Bachollet n'avait pas pu taire aux reporters de sa connaissance la part qu'il avait prise à cet engagement, et à tous il avait longuement raconté comment « dans un déplacement sportif » lui, Chamontain et le duc de Paradan avaient découvert cette étoile et comment ils l'avaient signalée à Faré qu'ils avaient amené de force à Noisy. Le thème offrait de la copie trop facile pour n'être pas adopté avec empressement : aux échos, aux nouvelles des théâtres, même à la chronique on avait démanché sur les roulottes et avant d'avoir été vue par personne cette étoile était connue, comme ces astres dont les astronomes signalent la venue dans l'espace et qu'on attend : on parlait de Duchatellier parce qu'il était son père, de Lachapelle parce qu'il était son professeur; il n'était question que d'elle; elle accaparait les journaux; il n'y en avait que pour elle, c'était révoltant; et l'envie imposait silence à la pitié en même temps qu'à la justice. A la vérité ces détails connus de tous, auraient dû faire comprendre que la légende de « la débauche populacière » n'était guère vraisemblable, mais on n'était sensible qu'à une chose — à la place qu'elle prenait et les regards qui se seraient sans doute adoucis se faisaient plus durs encore, comme les dents se faisaient plus cruelles : malfaisante, l'espèce; dangereuse, la grotesque.

Jamais, cependant, elle n'avait eu ni révolte ni défaillance, et quand les larmes lui étaient montées aux yeux, elle les avaient toujours refoulées.

D'ailleurs Faré ne l'avait pas abandonnée, et sans prendre sa défense ouvertement, ce qui eût été le meilleur moyen d'exaspérer les hostilités, il avait toujours su intervenir à propos pour la réconforter.

Ne se contentant pas du théâtre, il venait tous les jours chez elle, soit le matin, soit le soir, et comme il était un excellent metteur en scène, aussi bon régisseur que bon professeur, capable de jouer lui-même tous les rôles de ses pièces assez bien pour qu'on fût assuré du succès en jouant comme lui, il lui avait fait faire dans la chambre de l'*Hôtel des Médicis* autant de travail utile que pendant les répétitions.

C'était alors que, dans les moments de repos, il trouvait quelque bonne parole pour lui remettre du courage au cœur :

— Ne vous inquiétez pas des mines qu'on vous fait, prenez patience ; le succès les adoucira comme le soleil dissipe les nuages; le soir de la première, si le résultat est ce que j'espère, ce que je crois, nous n'aurons plus que des amis. Tâchez de ne pas remarquer les mauvais regards qu'on vous lance et de ne pas entendre les méchants propos qu'on échange sur votre passage. Me voyez-vous m'inquiéter des doutes que je rencontre partout et chez tout le monde; auprès de vos camarades comme auprès de la direction qui, après avoir changé dix fois de sentiment sur ma pièce, l'avoir trouvée admirable il y a un mois, détestable il y a quinze jours, ne sait plus que croire. Je vais mon chemin, droit devant moi. Allez le vôtre bravement jusqu'à la fin de la bataille.

Enfin il était arrivé, le soir de cette bataille.

— Pas un clou, mon cher.

Ce mot n'était point resté entre les comédiens, il s'était répandu dans le monde des théâtres et, généralement, on s'attendait à un désastre.

— Ce pauvre Faré !

C'était par cette exclamation que s'abordaient ceux qui connaissaient « ce pauvre Faré! »

— Décidément, c'est bien mauvais?

— Personne n'a été admis à la répétition générale : amis, journalistes, il a refusé tout le monde.

Mais ce qui paraissait encore plus significatif à ceux qui étaient dans l'intimité de Faré, c'est que madame Faré qui ordinairement assistait à toutes les premières de son mari bravement, ne devait pas venir au théâtre ce soir-là.

Il y avait bien des vieux routiers qui faisaient observer que les plus grands succès, comme ceux de la *Grâce de Dieu*, du *Courrier de Lyon*, de la *Dame aux Camélias*, devaient être des chutes mémorables, on haussait les épaules : tout indiquait qu'on allait avoir une soirée égayée.

C'était sous cette impression que la salle s'emplissait, et les noms de ceux qui venaient occuper leurs places disaient que cette première serait une des plus brillantes de la saison : il y avait là sinon le tout Paris mondain, en tous cas le tout Paris artistique. Dans une avant-scène, on reconnaissait le duc de Paradan, ayant à côté de lui son beau-frère Gaston Chamontain; et derrière on apercevait de temps en temps Bachollet qui semblait vouloir rester dans le fond de la loge, et ne pas s'exhiber comme c'était son habitude. Ils étaient venus pour voir le début de leur « trouvaille »; mais comme Bachollet connaissait les bruits qui couraient sur le four certain, il ne tenait pas à se mettre en avant « parce que, vous comprenez, si elle ne réussit pas ce n'est pas la peine de se donner en spectacle. » Après avoir joui des échos et des chroniques qui le nommaient en parlant de Zyte, il commençait à se demander s'il n'avait pas été imprudent en racontant la part qu'il avait eue dans la découverte de la « trouvaille»; sa responsabilité se trouvait engagée... et sa compétence.

Si c'était une belle salle, ce n'était point une bonne salle, et pour qui connaissait un peu le théâtre, il était facile de saisir et de suivre le courant d'hostilité qui régnait partout, de l'orchestre aux cintres.

Duchatellier, Lachapelle et madame Crozat qui occupaient avec Joseph une deuxième loge de côté, juste en face l'avant-scène de Gaston, ne s'y étaient pas trompés.

- La cabale! Mais pourquoi une cabale? Ils n'en

savaient rien. Contre qui? l'auteur? la direction ? Ils ne le savaient pas davantage. Ils étaient arrivés de Noisy une heure seulement avant la représentation, et Zyte s'était bien gardé de leur rien dire de ses tourments, pas plus d'ailleurs qu'elle ne les avait racontés à madame Crozat. A quoi bon : il n'était pas dans son caractère de se plaindre ; madame Crozat, malgré sa complaisance affectueuse, ne pouvait rien pour elle au théâtre; et il était plus qu'inutile d'inquiéter son père et ses amis qui ne pouvaient pas davantage. Ils en étaient donc réduits à chercher au hasard les causes de cette cabale, et chacun disait son mot, Joseph excepté : entré joyeux au théâtre, heureux d'avoir revu Zyte qui l'avait reçu avec tendresse, plein de foi dans le triomphe qu'elle allait remporter et s'en réjouissant, il avait été foudroyé par la tête de Gaston : comment il était là, et dans cette avant-scène, elle ne pourrait pas ne pas l'apercevoir tout de suite; les premiers applaudissements qu'elle recevrait, ceux qui la toucheraient en quelque sorte matériellement comme une pression de main ce seraient les siens; tandis que pour venir jusqu'à eux dans cette loge haute, il faudrait qu'elle les cherchât, et encore peut-être ne les trouverait-elle pas, ou ne les verrait-elle que confusément; — et depuis ce moment il avait perdu le sentiment de ce qui se disait et se passait autour de lui.

Le lever du rideau était annoncé pour huit heures. A huit heures un quart on frappa les trois coups, et après quelques minutes le silence s'établit. Comme toujours les premières scènes se jouèrent au milieu du brouhaha des retardataires, du bruit des petits bancs, du claquement des portes.

— J'aime mieux notre public, dit Duchatellier.

Mais Faré qui connaissait bien ce public avait eu la précaution de faire deux expositions : d'abord celle du lieu et du milieu où devait se passer son action, écrite à l'usage des lettrés, et ensuite celle du drame même qui arrivant à une heure plus convenable devait suffire à faire comprendre la pièce.

C'était seulement à la fin de cette seconde exposition que Zyte faisait une entrée préparée et annoncée : « Je l'aperçois, c'est elle » ; et elle arrivait lentement dans les haillons que Faré avait promis à Manuel.

Au mot « je l'aperçois », un mouvement d'ensemble de mains gantées qui élevaient les lorgnettes jusqu'aux yeux s'était fait à l'orchestre et dans les loges : on allait donc voir enfin celle qui sans avoir rien fait et sans avoir paru nulle part était déjà connue de tout Paris : à petits pas elle descendit la scène jusqu'à la rampe, les cheveux tressés pendant sur les épaules, offrant dans ses pauvres vêtements une ligne d'un dessin pur qu'un sculpteur eut copiée : une flamme de douleur vengeresse passait dans ses grands yeux veloutés : avant qu'elle eût parlé l'enthousiasme jaillissait de ses lèvres entr'ouvertes.

Évidemment celle qui avait trouvé cette attitude et composé cette physionomie n'était pas la première venue : l'impression produite lui fut favorable, et malgré les dispositions d'une bonne partie de la salle, un murmure s'éleva qui lui eût donné du courage, si elle avait entendu ce qu'on disait :

— Elle est vraiment jolie.

Heureusement pour son émotion elle avait tout d'abord quatre vers insignifiants à dire, qui lui permirent de retrouver un peu de salive, de prendre le diapason et de poser sa voix, puis commença une scène importante débutant par un couplet d'une trentaine de vers pour elle.

L'épreuve était décisive : aux premiers vers il y eut un mouvement de surprise parmi ceux qui connaissaient le théâtre, et ils étaient nombreux; le mot qui s'échangea fut à peu près celui de Faré lorsqu'il l'avait entendue dans les *Enfants d'Édouard*. « Elle a de la diction; elle ne bafouille pas ». Mais elle avait plus que de la diction, comme elle avait autre chose que les qualités plastiques qui tout d'abord avaient bien disposé la salle, plus que la science de l'attitude et du geste, le tempérament.

De petits murmures d'approbation avaient souligné trois ou quatre passages de son couplet; quand elle arriva à la fin les applaudissements éclatèrent, hésitants, isolés d'abord, puis convaincus et bien nourris.

Quelle surprise!

Seul dans la salle peut-être, Duchatellier ne partageait pas cette surprise: sa fille, son élève, quoi de plus naturel! il en avait vu bien d'autres à Noisy, à Chelles, à Lagny; elle tenait de son père, cette petite. Ce fut ce qu'il dit à Lachapelle :

— C'est agréable d'avoir des enfants dignes de soi qui vous continuent.

Mais Lachapelle n'apprécia pas la profondeur de ce mot; dans son émotion il avait pris la main de Joseph, et il la lui serrait en pleurant silencieusement.

La fin de l'acte, très dramatique et d'une facture brillante, brisa les dernières résistances de ceux qui étant venus pour un four voulaient leur four; le rideau baissa au milieu des bravos de toute la salle, à l'orchestre, au parterre, aux loges : dans l'avant-scène, Gaston et le duc de Paradan toujours si réservés applaudissaient et entr'eux on apercevait deux mains gantées de clair, qui claquaient furieusement : c'était Bachollet à qui le succès donnait le courage de se mettre en avant : maintenant on pouvait la reconnaître publiquement, la trouvaille.

Ce fut ce qu'il fit d'ailleurs dans l'entr'acte; à tous les journalistes de sa connaissance qu'il rencontra dans les corridors et le foyer il adressa le même mot :

— Vous voyez qu'ils sont bons à quelque chose, les gens du monde, et que quand ils se mêlent de découvrir des étoiles, ils savent les choisir.

Et personne ne protestait contre le mot étoile, qui une heure auparavant aurait fait hausser les épaules : une scène qui avait duré quinze minutes, quarante vers et une nouvelle étoile s'était levée dans le ciel dramatique. On ne disait plus « ce pauvre Faré » sur le ton de la pitié; mais plus d'un de ses confrères faisait remarquer que c'était vraiment un garçon qui avait autant de chance que d'adresse : pour une pièce, qui par elle-même aurait probablement sombré il avait su découvrir juste la femme qu'il fallait pour la sauver ; c'était malin, ou plutôt ça n'était pas bien malin.

Sur le théâtre le même revirement s'était produit : quand, au lieu des sifflets qu'on attendait, on avait entendu des applaudissements ; quand au lieu de marcher à la mort comme on en était sûr, on avait vu qu'on allait au triomphe, il y avait eu un moment de stupéfaction : — Comment, ils trouvent ça bon ! — Comment, cette ficelle ne s'est pas fait reconduire ? — mais on ne s'était pas obstiné : le vent du succès soufflait, c'était parfait, admirable ; tout le monde en aurait sa part, et les visages s'étaient égayés. C'était à peine si l'on regardait Faré quand la toile s'était levée ; pour un peu on lui eût amicalement conseillé d'aller se promener, de se mettre à l'abri ; quand les applaudissements avaient empli tout le théâtre, les regards qui le fuyaient l'avaient cherché ; autour de lui, il n'avait plus vu que des visages souriants, heureux et réellement, sincèrement heureux.

Bien qu'il eût appris, par ses propres meurtrissures, combien les chutes sont dures, et combien est cruelle la déchirure faite par un coup de sifflet, il assistait à toutes ses premières, sans aller jamais se mettre à l'abri : du commencement à la fin sur la scène tantôt à droite, tantôt à gauche, il suivait la représentation comme le plus zélé des régisseurs, et quand le comédien rentrait dans la coulisse, il le trouvait là, avec un compliment si les choses marchaient bien, avec une bonne parole, s'il y avait des accrocs.

Ce fut ainsi qu'après le premier acte Zyte le trouva les deux mains tendues pour la recevoir, non en maître qui est content de son élève comme aux répétitions, mais en poète qui s'incline devant une artiste ; la nuance fut si nettement marquée que Zyte malgré son trouble de joie ne put pas ne pas en être frappée

— Alors, c'est bien ? demanda-t-elle, dans son besoin de s'entendre dire qu'elle ne rêvait point.

— Je savais que ce serait bien, mais je n'étais pas sûr que vous seriez devant le public ce que vous aviez été aux répétitions.

— En voyant devant moi cette grande salle si différente des granges où j'avais joué jusqu'à ce jour, j'ai cru que je ne pourrais pas ouvrir la bouche tant j'avais la gorge serrée.

— Maintenant, la bataille est gagnée... pour vous ; quel que soit le sort de la pièce, le public, la critique, Paris est à vous, n'ayez donc plus peur ; vous ne devez penser qu'à vous ménager pour finir avec tous vos moyens ; allez vous reposer dans votre loge et ne recevez personne, ni parents, ni amis ; on vous avertira.

Zyte s'était habituée à obéir à Faré avec un respect religieux ; elle le quitta pour monter à sa loge ; mais presqu'aussitôt elle trouva Dandelot devant elle, croyant qu'elle allait avoir à subir quelqu'insolence ou quelque grossièreté, elle fermait déjà les oreilles lorsqu'elle le vit lui livrer passage en inclinant à demi la tête. Avec Dandelot étaient trois ou quatre camarades qui précisément lui avaient toujours témoigné le plus d'hostilité, ils lui tendirent la main :

Sur son passage elle ne vit que des sourires, comme elle n'entendit que ce mot que tous, petits et et grands, répétaient :

— Bravo! bravo!

La bataille gagnée pour Zyte après le premier acte, le fut pour la pièce après le second : c'était un succès, un grand succès.

Alors Bachollet qui avait applaudi de plus en plus ostensiblement, eut une idée dont il fit part au duc et à Gaston :

— Puisque nous sommes les parrains de Zyte, il faut que nous la baptisions, réellement avec des fleurs : je vais faire une rafle chez les marchands du boulevard des Capucines.

Ce fut seulement au milieu du quatrième acte qu'il revint, mais il n'avait pas perdu son temps : deux domestiques qui l'accompagnaient emplirent la loge d'immenses bouquets, et de tout cet amas de roses, de bouvardias, de gardenias, il se dégagea un parfum pénétrant qui se répandit dans la salle.

— Eh bien! comment cela marche-t-il? demanda Bachollet.

— Elle a été rappelée après le troisième acte.

— Alors mes fleurs arrivent à propos.

— Pour nous asphyxier, oui, répliqua le duc.

— Soyez tranquille, elles ne vont pas rester longtemps dans notre loge.

En effet, à la fin de l'acte, Bachollet lança sur la scène deux de ses plus gros bouquets, et cette fois ce ne fut pas en se dissimulant comme pour ses premiers applaudissements : il avait pris place sur le devant de la loge, et il se tenait debout, penché en avant, de manière à ce que toute la salle vît bien que c'était lui Bachollet, qui jetait ces fleurs : peut-être ces démonstrations étaient-elles un peu bizarres à l'Odéon, mais le bizarre ne lui déplaisait point.

Pendant l'entr'acte, le duc étant sorti pour ne pas être asphyxié, Bachollet s'assit à côté de Gaston, et lui communiqua une nouvelle idée.

— Vous savez que j'ai pensé à vous pendant ma course en voiture : j'ai votre affaire.

— Mon affaire?

— Oui, un petit hôtel rue Chazelles, une vraie occasion, remise, écurie pour trois chevaux, cent soixante mille francs, c'est donné.

— Et que voulez-vous que je fasse d'un hôtel ? demanda Gaston interloqué.

— Mais pour Zyte.

— Pour Zyte ! s'écria Gaston en riant.

— Elle est assez lancée maintenant pour qu'on l'avoue, il me semble. Demain elle sera célèbre, et fera honneur à l'homme qui sera son amant. Célèbre à dix-huit ans, en voilà une chance !

Cela fut dit d'un ton significatif pour ceux qui connaissaient Agnès Manec, la vieille maîtresse de Bachollet.

— Ne dites pas que cette petite vous est indifférente, continua Bachollet ; le jour où vous l'avez vue, vous vous êtes toqué d'elle, et depuis, cette toquade n'a été qu'en grandissant. Il y a deux heures, son début vous rendait tremblant, maintenant son triomphe vous exalte.

— Oh !

— Positivement ; vous ne vous voyez pas ; je suis sûr que vous avez passé par les mêmes émotions qu'elle. Et si j'étais médecin votre pouls m'en dirait long sur votre état. Aussi je ne comprends pas que vous vous en défendiez : rien n'est plus légitime, et personne ne pourrait trouver ridicules les folies que vous feriez pour elle ; elle les mérite toutes. Ce qui ne veut pas dire que ce serait une folie de lui offrir le petit hôtel dont je vous parle : la maîtresse d'un homme dans votre position ne peut pas être logée comme la première venue.

Le duc en rentrant interrompit Bachollet ; le dernier acte allait commencer, car Faré qui savait combien il est important de ne pas finir trop tard, avait pris ses précautions pour que les entr'actes fussent courts et pour que le rideau baissât avant minuit.

Au point où en était le succès il ne pouvait plus être compromis : au cinquième acte, le rideau tomba sur le triomphe de l'auteur et de la comédienne.

— Lui portons-nous nos compliments dans sa loge ? demanda Bachollet.

— Il me semble que ce serait aller chercher un remerciement, répondit Gaston.

— Evidemment, dit le duc, qui trouvait qu'à cette heure le mieux était d'aller se coucher

II

Le lendemain quand Duchatellier, Lachapelle et Joseph furent repartis pour Noisy où ils jouaient le soir, Zyte se trouva en face d'un gros tas de journaux, que Crozat lui avait montés après avoir marqué au crayon rouge les passages où l'on parlait d'elle.

Elle prit au hasard le premier sur lequel tomba sa main et commença à lire, puis, après celui-là elle en prit un second, un troisième, un quatrième.

Eh quoi! c'était d'elle qu'on disait toutes ces belles choses!

Mais à son ravissement se mêlait un sentiment de surprise et aussi d'indécision sur elle-même : comment étaient-ils si peu d'accord entre eux : l'un l'avait vue grande et robuste, l'autre mignonne et délicate; sa force était dans son tempérament; il était à craindre qu'elle n'eût pas de tempérament; son succès dans ce drame la destinait manifestement à la tragédie; son succès dans ce drame ne devait pas la tromper, elle était née pour la comédie.

Comment se reconnaître, se retrouver? Naïvement elle se regardait dans sa glace pour voir si elle était robuste, ou si elle était délicate.

Mais ce qui la renversait, c'étaient les histoires qu'on racontait sur sa jeunesse : où avait-on été chercher ces inventions extraordinaires. Qu'est-ce que cela pouvait faire au public qu'elle aimât les oiseaux et les fleurs?

De fleurs elle n'en avait jamais eu, et les premières qu'on lui eût données étaient celles de Bachollet, qui obstruaient ses deux fenêtres entassées dans tous les vases que madame Crozat avait pu trouver dans l'hôtel.

Comme elle continuait sa lecture, on frappa à sa porte et Faré entra.

— Je viens voir comment vous avez passé la nuit.

— Je l'ai passée en ballon et sur la mer; bien que je n'aie jamais été ni en ballon ni en bateau; tantôt dans le ciel, tantôt au fond des eaux; un vertige sans repos.

— Et la lecture de ces journaux le calme-t-il?

— Au contraire, car je ne sais plus que penser de moi, et puis elle me cause un tourment sur lequel je voudrais vous consulter: Que dois-je faire? On remercie, n'est-ce pas? Comment?

— Ecrivez, n'allez chez personne; si vous allez chez un seul il n'y a pas de raisons pour que vous n'alliez pas chez tous; on recule souvent devant une lettre par paresse d'esprit et l'on se décide à une visite qui peut devenir dangereuse pour une femme: dans une lettre on ne dit que ce qu'on veut; dans une visite on dit quelquefois et on fait plus qu'on ne veut.

Faré était un oracle pour Zyte, elle écrirait donc, et n'irait chez personne. Mais cette résolution prise, son embarras n'en restait pas moins grand: sans doute le mot « on dit ce qu'on veut dans une lettre » était vrai pour Faré, mais pour elle il n'en était pas ainsi : ce n'était pas seulement dire ce qu'elle voulait qui lui semblait terriblement difficile, c'était aussi savoir ce qu'elle voulait dire.

Comme elle réfléchissait à cette difficulté, Crozat lui monta les journaux du soir qu'il venait d'acheter pour elle.

— Encore ! s'écria-t-elle effrayée.

Crozat se mit à rire.

— Voilà qui est original, alors trop de fleurs.

— C'est qu'elles ne sont pas sans épines, ces fleurs.

Elle expliqua comment ces épines la piquaient.

— Rassurez-vous, dit Crozat, la chose peut s'arranger. En vous disant d'écrire, M. Faré vous a donné un sage conseil, et je suis sûr qu'il a pensé à un vers de Victor Hugo, que les artistes devraient avoir toujours présent.

« Ami, cache ta vie et répands ton esprit ».

— Je comprends, mais pour écrire il faut savoir !...

Crozat l'interrompit :

— Il suffit souvent d'avoir un secrétaire : Rachel a écrit des lettres qui lui ont fait une réputation, et dans lesquelles cependant elle n'a mis que son écriture. Voulez-vous que je sois pour vous ce secrétaire ? Je ne dis pas que mes lettres vaudront celles de Crémieux : mais enfin ça été mon métier pendant plusieurs années de ma jeunesse d'écrire des lettres pour des personnages qui... avaient autre chose à faire.

Zyte voulut refuser, mais la bonhomie affectueuse de Crozat savait s'imposer sans qu'il fût possible de lui résister.

— Je vais employer ma soirée à ce petit travail, dit-il, et demain vous n'aurez qu'à mettre au net mes brouillons: je dis mes brouillons car nous n'allons pas écrire la même lettre à tous, — ce qui est dangereux, — il nous en faut autant que d'articles et qui soient une réponse propre à chaque article.

Il se frotta les mains en homme qui se promettait un vif plaisir de ce travail.

Cependant elle ne paraissait pas encore rassurée:

— Qu'est-ce qui ne va pas? demanda-t-il amicalement.

— Deux choses m'inquiètent: l'écriture et... l'orthographe.

Il fit le signe de lui mettre la main sur la bouche:

— Voulez-vous bien vous taire, il ne faut jamais avouer qu'on ne sait pas l'orthographe; bien que personne à l'exception de quelques professeurs et de quelques correcteurs ne la sache à fond et sans hésitation, il en est d'elle comme de la loi que nul n'est censé ignorer. Vous la savez donc. D'ailleurs mes brouillons seront assez nets pour que vous n'ayez qu'à les copier. Maintenant voyons l'écriture.

Elle traça deux lignes sur une feuille de papier à lettres.

— Écriture un peu grosse; en la couchant et en la rendant anguleuse, nous en ferons une bonne écriture anglaise.

— C'est que je n'ai eu ni le temps, ni l'occasion d'apprendre.

— Encore une chose dont il ne faut pas parler, mon enfant; vous avez eu le temps et l'occasion de tout apprendre; comme M. Faré a eu raison de vous défendre des visites : vous avez la langue trop longue.

Il examinait le papier sur lequel elle avait écrit :

— Ce papier n'est pas convenable, n'est-ce pas?

— Madame Crozat ira ce soir vous choisir chez Stern un papier de bon goût, simple et discret; quand j'étais secrétaire de personnages considérables, j'ai vu l'un de ces personnages être plus sensible à la marque du papetier imprimé sur les lettres qu'il recevait, qu'au contenu même de ces lettres. Vous êtes partie pour la gloire, il faut que rien n'accroche en chemin. Soyez donc tranquille pour vos lettres, et donnez-vous toute à votre rôle pour ce soir.

Ce n'était pas seulement de la tranquillité qu'elle éprouvait en se rendant au théâtre, c'était aussi une émotion attendrie : si depuis son arrivée à Paris elle n'avait pas été perdue dans un isolement noir, rendu plus sombre encore par l'hostilité qui l'enveloppait, c'était grâce à ces braves gens, au mari aussi bien qu'à la femme, qui l'avaient traitée comme leur fille : ils n'avaient pas attendu le succès pour se prononcer ceux-là et se montrer ses amis; plus d'une fois elle avait fait en courant le chemin de l'Odéon à la rue Férou pour trouver sur leurs bonnes figures le sourire affectueux avec lequel ils l'accueillaient.

En arrivant au théâtre, le concierge, qui jusqu'à ce jour n'avait jamais paru la voir lorsqu'elle passait, avait quitté son fauteuil pour se précipiter au-devant d'elle.

— Mademoiselle Duchatellier, il y a des lettres pour vous.

Elle les avait prises, et elle était montée à sa loge pour les lire en s'habillant ; des lettres ? qui pouvait lui écrire, elle ne connaissait personne, et les siens venaient de la quitter.

Ayant haussé le gaz qui brûlait au bleu, elle ouvrit une des ces lettres.

« Mademoiselle,

» A votre âge, et quand on a reçu du ciel le talent
» merveilleux dont vous êtes douée, on a nécessai-
» rement l'âme généreuse ; c'est cette pensée qui
» m'inspire, dans ma détresse, le courage de m'adres-
» ser à vous, après avoir vainement frappé à toutes
» les portes, et en être réduite à mourir de faim, —
» vous entendez bien, de faim, — si demain vous
» ne m'avez pas prise en pitié. »

Elle se tourna vers son habilleuse, qui tâchait de lire par-dessus son épaule :

— Madame Aglaé, savez-vous où est la rue Rousselet ?

— Dans mon quartier, je demeure rue Mayet.

— Eh bien, voilà dix francs ; vous les porterez demain matin, en vous levant, à une pauvre femme qui meurt de faim.

Elle prit une autre lettre :

« Je n'ai jamais éprouvé émotion si forte qu'en
« vous voyant hier, mademoiselle, et c'est le cœur
« encore tout palpitant, la tête en feu...

Elle s'interrompit, et jetant la lettre sur la toilette :

— Ah bien ! j'aime mieux ça, dit-elle, au moins c'est plus drôle.

Sans aller plus loin, elle commença à s'habiller ; elle avait autre chose à faire qu'à lire ses lettres, car si elle n'éprouvait plus l'angoisse de la veille, elle n'était pourtant pas sans émotion : allait-elle retrouver les effets que la folie de la fièvre lui avait inspirés ; serait-elle égale aujourd'hui à ce qu'elle avait été hier.

La veille elle n'était descendue qu'au moment d'entrer en scène, mais certaine à l'avance, maintenant, de n'avoir pas à affronter les moqueries de ses camarades et les ordures de Dandelot, elle descendit aussitôt qu'elle fut prête : le rideau n'était pas encore levé, alors elle s'en approcha pour jeter un coup d'œil dans la salle.

Comme elle promenait son regard çà et là curieusement, elle aperçut à l'orchestre Gaston qui arrivait.

— Eh quoi ! il revenait !

Alors un remords la prit ; n'aurait-elle pas dû le remercier ; si elle était sur ce théâtre, si son rêve de Paris, qu'elle avait si longtemps poursuivi en se disant que c'était une chimère venait de se réaliser, n'était-ce pas à lui qu'elle le devait ; sans lui elle jouerait toujours la *Grâce de Dieu* ou *Il y a seize ans* à Noisy et à Villiers.

Cette seconde représentation fut la confirmation de la première, et comme il n'y avait plus ni préventions ni résistance à vaincre, le succès commença à l'exposition pour aller en grandissant jusqu'au dénouement. L'avant-scène, occupée la veille par Gaston et ses amis, l'était ce soir-là par une jeune femme à la beauté douce et pénétrante, qui applaudit Zyte plus que personne, — c'était madame Faré.

Aussitôt que Zyte eut donné signe de vie le lendemain matin, Crozat monta près d'elle, chargé d'un portefeuille en cuir bourré de papiers et de journaux qu'il déballa sur la table.

— Voilà le papier choisi par madame Crozat, dit-il, et voilà mes brouillons ; il y en a de deux lignes, il y en a de deux pages ; autant que possible, j'ai proportionné la lettre à l'importance du personnage ; j'en ai fait une de quatre pages, parce qu'elle sera probablement publiée par un de vos critiques qui a la manie de reproduire tout ce qu'on lui écrit.

Mais avant de se mettre à copier ces lettres, elle le consulta sur ce qu'elle devait faire pour Gaston Chamontain.

— Évidemment, vous devez le remercier.
— J'y ai pensé ; mais que dire ?
Crozat réfléchit un moment.
— C'est plus difficile que pour les critiques.

— Ne faut-il pas commencer par dire que je manquerais à un devoir en ne le remerciant pas ?

— Parfaitement ; c'est cela même.

— Alors, si nous disions : « Je serais mécontente
» de moi, monsieur, si au lendemain du jour qui
» vient de bouleverser ma vie et de l'emplir d'espé-
» rances... »

— Arrêtez, s'écria-t-il.

Et à mesure que sa main courait sur le papier, il poussait des exclamations : « Je serais mécontente de moi » le sentiment et la nuance, rien de forcé, le mot propre, c'est parfait ; « bouleverser ma vie, et l'emplir d'espérances » ! positivement je n'aurais pas trouvé cela. Et maintenant ?

... Si je ne vous disais pas que je garderai au fond
» du cœur un éternel souvenir et une reconnais-
» sance que rien n'affaiblira à celui qui a fait de
» moi ce que je suis maintenant. »

— Très bien, très bien, très bien.

« Je n'oublierai pas plus la première soirée où je
» vous ai vu que celle d'hier, car c'est ce rappro-
» chement qui me fait le mieux sentir tout ce que je
» dois à votre généreuse bienveillance. »

— Et vous m'avez fait tartiner ces brouillons, s'écria Crozat, quand vous auriez pu dix fois, cent fois mieux que moi trouver ce qu'il fallait répondre à ces articles, en donnant à vos lettres un tour original et piquant. Car vous avez le tour ; vous pouvez m'en croire, vous avez le tour. Et l'on s'imagine qu'il faut avoir appris pour écrire.

— Mais c'est mon cœur qui parle.

Crozat se mit à rire aux éclats.

— Tandis que pour la critique c'est une ritournelle. Très drôle !

III

Bien que Zyte encore bercée par les cahots de la roulotte paternelle, n'éprouvât nullement le besoin d'avoir un salon, madame Crozat avait tenu à lui en disposer un :

— Vous comprenez, ma chère, qu'après votre succès il vous faut une pièce pour recevoir les directeurs.

Et elle avait donné des ordres au personnel de l'hôtel pour qu'on prît les cartes de toutes les personnes qui viendraient faire visite à mademoiselle Duchatellier; un peu de curiosité n'est pas défendue, par ce moyen elle serait avertie aussitôt qu'un directeur se présenterait.

Mais le premier nom qu'on lui donna ne fut pas celui du directeur du Vaudeville ou de la Porte-Saint-Martin, ce fut celui de M. Gaston Chamontain.

— Comment, il vient la voir ? Tiens, tiens

Zyte était dans sa chambre occupée à copier les lettres de Crozat, quand le domestique lui remit la carte de Gaston.

Elle eut un moment de surprise, n'ayant pas du tout prévu en lui écrivant qu'il viendrait chez elle; mais puisqu'il était là, elle répondit qu'il pouvait monter, et quittant son travail elle passa dans son salon. C'était la première fois qu'elle recevait une visite; il allait donc falloir pour de bon jouer à la dame; que dire? Elle n'eut pas le temps de se préparer comme elle aurait voulu : dans le corridor résonnaient les pas de Gaston.

Aussitôt qu'il parut, elle ne se sentit plus embarrassée et elle alla à lui la main tendue.

— Combien je suis heureuse de pouvoir vous renouveler mes remerciements, dit-elle.

Alors ils restèrent en face l'un de l'autre sans parler; c'était à Gaston de répondre, et comme il ne disait rien Zyte se sentait reprise par l'embarras qu'elle avait secoué dans un mouvement d'élan.

Elle lui montra un fauteuil et s'assit elle-même; un guéridon couvert de journaux, ceux qui célébraient sa gloire était entre eux.

— J'ai espéré, dit-il enfin, que vous ne me trouveriez pas indiscret, si je vous apportais mes compliments.

— Le premier vous avez pressenti que je pouvais avoir quelque talent; soyez assuré que je m'en souviendrai toute ma vie.

Elle posa sur lui ses grands yeux avec un regard ému qui affirmait la sincérité de ses paroles.

— N'aviez-vous donc pas le désir et l'espoir de venir à Paris un jour? demanda-t-il.

— C'était mon rêve, celui de mes nuits comme de mes jours et auquel je ramenais tout. C'était cette espérance, cette ambition qui depuis plusieurs années me faisait travailler avec un vieux comédien de notre théâtre que vous avez vu, Lachapelle.

— Le Jérôme d'*Il y a seize ans*, le Tyrrel des *Enfants d'Édouard*.

— Justement. Lachapelle qui est un excellent maître, connaissant bien le théâtre, désirait une année encore d'études pour moi; et puis il fallait attendre une occasion, obtenir qu'un directeur voulût bien m'entendre, tout un monde de difficultés et pour nous, d'impossibilités qui me faisaient douter que ce rêve pût se réaliser jamais : cela vous dit quelle est ma reconnaissance pour le magicien qui a accompli ce miracle.

— C'est Faré, ce magicien.

— Si je dois beaucoup à M. Faré, ne dois-je rien à celui qui a amené M. Faré à Noisy?

— Rien serait peut-être beaucoup dire, cependant il ne faut pas exagérer cette reconnaissance.

Il hésita un moment, puis vivement il continua en homme qui ne veut pas se laisser arrêter :

— En disant à Faré que j'avais découvert sur un petit théâtre de village une comédienne jeune... jolie... pleine d'intelligence et de talent, dont la place était à Paris sur un grand théâtre, la vérité est que je n'ai pas seulement pensé à vous, j'ai pensé aussi à moi, au plaisir de vous voir... de vous avoir à Paris.

Il s'établit un silence; bien que Zyte eût baissé les yeux elle sentait ceux de Gaston posés sur elle, et son trouble n'en était que plus vif; cependant elle comprit qu'elle ne devait pas quitter le terrain sur lequel elle s'était placée :

— Quoi qu'il en soit, répondit-elle, je ne peux pas ne pas voir en vous celui qui de la villageoise a fait une Parisienne.

Ce n'était pas le suivre, tout au contraire c'était rompre le courant pour revenir au point de départ, cependant il ne s'en montra pas contrarié :

— Et vous n'êtes pas retournée à Noisy depuis que vous l'avez quitté ? demanda-t-il.

— Les répétitions m'en ont empêchée, et depuis la première représentation je n'ai guère eu plus de liberté, mais j'espère aller y passer deux heures demain ou après-demain.

— Voulez-vous que nous y allions ensemble ?

Elle le regarda surprise.

— En ce moment je traverse Noisy une fois ou deux par semaine pour aller surveiller des travaux en exécution dans notre parc ; justement demain est un de mes jours ; je vous offre une place dans mon phaéton qui, plus rapide que le chemin de fer et l'omnibus, vous donnera plus de temps à passer auprès des vôtres ; je me mets à votre disposition pour partir et revenir à l'heure que vous voudrez.

Comme elle ne trouvait rien à répondre dans la confusion où la jetait cette proposition, il continua ;

— Evidemment, je n'adresserais pas cette proposion à une jeune fille de notre monde bourgeois, élevée dans un couvent à la mode, cependant je vous donne ma parole que je n'hésiterais pas à l'adresser à une Anglaise ou à une Américaine, qui elle, de son côté, n'hésiterait pas à l'accepter au cas où elle lui serait agréable. Vous n'êtes ni une Anglaise ni une Américaine, cela est vrai, et vous n'êtes pas non plus une élève d'un couvent sévère; mais par votre position vous jouissez de certaines libertés et pouvez vous placer au-dessus des préjugés vulgaires; une élève des couvents ne demeurerait pas toute seule dans Paris. Si vous êtes affranchie d'un de ces préjugés, ne pouvez-vous pas l'être pour d'autres?

Elle eut peur d'être ridicule en refusant et de montrer une bégueulerie déplacée chez une femme de théâtre.

— J'accepte, dit-elle, pardonnez cette hésitation à une villageoise.

— A dix heures et demie, je serai à votre porte.

Le lendemain, un peu avant que la demie de dix heures sonnât, Zyte qui avait laissé une de ses fenêtres ouvertes, entendit une voiture légère arriver grand train et s'arrêter brusquement devant l'hôtel: elle courut au balcon, et se penchant, elle reconnut les chevaux à la robe alezan clair qu'elle avait vus si souvent passer à Noisy.

Vivement elle descendit.

— Quelle exactitude, c'est admirable !

— N'en soyez pas surpris, il n'y a pas de gens plus exacts que les comédiens.

Il l'aida à monter et quand il eut pris place à côté d'elle, le valet de pied les enveloppa dans une belle couverture de fourrure.

— Vous êtes bien ? demanda-t-il.

Du bout de la mêche de son fouet il toucha ses chevaux qui partirent.

Par le boulevard Saint-Germain ils gagnèrent l'avenue Daumesnil, et ne tardèrent pas à entrer dans le bois de Vincennes où le léger brouillard qui les avait jusque-là enveloppés dans les rues de Paris et sur la Seine se dissipa en laissant voir le ciel d'un bleu pâle.

— N'êtes-vous pas heureuse de revoir des bois? demanda-t-il en la regardant.

— Oui, très heureuse.

— Vous avez déjà repris vos couleurs, celles que je vous ai vues quand je vous ai saluée un jour que vous étiez assise sous la vérandah de votre voiture, et que vous pensiez à Paris.

En effet son visage fouetté par l'air vif s'était coloré et il avait une animation, une fraîcheur que ne donne pas la tiédeur des pièces closes.

— C'est que j'ai toujours vécu en plein air, dit-elle.

— Aussi ne devriez-vous pas rester enfermée.

— Où voulez-vous que j'aille? Je regarde les arbres du Luxembourg et j'écoute les oiseaux.

— Regarder, écouter, ce n'est pas assez.

— Je ne connais personne à Paris avec qui je puisse sortir.

— Vous me connaissez.

— Mais je ne peux pas sortir avec vous.

— Pourquoi ne ferions-nous pas une promenade en voiture de temps en temps ; les bois ne sont pas loin du quartier du Luxembourg, vous pourriez marcher, respirer.

Elle détourna la conversation ne voulant pas plus refuser qu'accepter :

— Plus d'une fois, dit-elle, j'ai admiré l'allure de vos chevaux, quand vous passiez. Je ne me doutais guère qu'un jour ils m'emporteraient de ce train

En effet, dans les allées désertes du bois ils détalaient d'un grand trot allongé.

— Vous aimeriez avoir des chevaux, demanda-t-il en se tournant vers elle.

— Je me faisais fête d'aller vite un jour, et jamais cela ne m'était arrivé, car de nos trois chevaux l'un est boiteux, l'autre a plus de vingt ans et Bélisaire est aveugle; tout cela est très bon pour trainer des roulottes, mais pas pour aller vite.

— Il n'est plus question de roulottes pour vous, maintenant.

— Sans doute, mais il ne peut pas être question non plus de chevaux pour moi.

La tentative qu'il avait faite sous l'influence de Bachollet était reçue de telle sorte qu'il n'osa pas insister : évidemment elle avait compris, et c'était parce qu'elle avait compris qu'elle avait répondu de cette façon.

Ils arrivaient à Nogent d'ailleurs, et la traversée du village dans la rue étroite et raboteuse rendait la conversation difficile.

Elle ne reprit que lorsqu'ils furent sur la route de Bry, mais il ne fut plus question que de choses indifférentes, de théâtre, de répétitions.

Les chevaux ne ralentirent pas leur allure pour monter la côte de Noisy, et aux premières maisons on se mit comme toujours sur les portes pour voir passer « le fils Chamontain » dont on avait reconnu le train.

— Mais Zyte est avec le fils Chamontain.

— C'est-y Dieu possible !

C'était si bien possible qu'à l'avenue, le phaéton s'arrêta, et Gaston sauta à bas pour aider Zyte à descendre, tandis que le valet de pied se tenait à la tête des chevaux.

— A quelle heure voulez-vous repartir?

— Je n'ai besoin d'être à Paris qu'à six heures.

— Alors nous partirons à quatre heures et demie de peur d'accroc en route.

Marietta qui était chez son ami le petit bossu plongée dans un journal avait levé la tête au passage de la voiture, et en reconnaissant sa sœur elle était accourue pour la recevoir.

— M. Chamontain, dit-elle en embrassant Zyte, à la bonne heure, j'aime mieux celui-là que Joseph.

— Tu vois des amoureux partout, toi.

— Pas autour de moi toujours; mais je n'ai pas des robes comme toi; es-tu assez belle; papa nous l'avait bien dit.

Elles étaient arrivées à l'escalier de la roulotte.

— Tu ne montes pas? dit Zyte à sa sœur qui s'éloignait.

— J'étais sortie pour aller chercher une assiette assortie chez le charcutier; en passant je suis entrée chez le petit bossu et j'ai oublié l'assiette, je cours la chercher.

Au bruit des voix, madame Duchatellier avait paru sur la vérandah.

— Comment, c'est toi! s'écria-t-elle en voyant Zyte.

A ce moment, Duchatellier, Lachapelle, Joseph, Théodore et Stanislas sortaient du théâtre.

— Mais comment donc arrives-tu? demanda Duchatellier, après avoir embrassé sa fille.

— Ce n'est pas l'heure de l'omnibus, dit Joseph.

— Je suis venue avec M. Gaston Chamontain, répondit Zyte pressée par ces questions.

— M. Chamontain fils! dit Duchatellier.

— Il venait à son château, il m'a offert une place dans son phaéton.

— Phaéton, Odéon, plus que ça de ton, nom de nom, qu'en dira-t-on! fit Stanislas en riant.

On n'en dit rien, mais Joseph qui avait pâli se détourna pour cacher son trouble.

Zyte voulut faire une diversion.

— Et déjeuner, dit-elle, j'ai une faim de loup.

Otant son chapeau, son manteau, ses gants, elle manœuvra la corde au moyen de laquelle on abaissait la table, et prit les assiettes, les couteaux, les fourchettes dans le coffre, pendant que sur le poêle madame Duchatellier dégraissait un haricot de mouton.

— J'ai de la chance, dit Zyte, en respirant l'odeur des navets, d'être tombée sur le jour du haricot de mouton.

— Tu n'en manges point à ton hôtel!

— Je mange du navarin, ce qui est beaucoup plus distingué, mais aussi beaucoup moins bon.

Marietta étant arrivée avec son assiette assortie on se mit à table, chacun occupant sa place ordinaire, c'est-à-dire que Zyte, à côté de sa mère, faisait face à Joseph.

Elle n'était pas seule à avoir faim, tout le monde s'était jeté sur la charcuterie, Joseph excepté qui, ayant pris un tout petit morceau de jambon, le tournait et le retournait dans sa bouche sans parvenir à l'avaler.

Zyte qui le regardait de temps en temps sans jamais rencontrer ses yeux qu'il tenait collés sur son assiette eût voulu lui dire quelque chose, mais elle ne trouvait rien, distraite qu'elle était par les questions qu'on lui adressait de tous les cotés.

La charcuterie dévorée, on passa au haricot de mouton que madame Duchatellier servit

— Veux-tu encore une pomme de terre? demanda-t-elle en servant Zyte.

— Encore une pomme de terre, encore un navet, encore de la viande.

— A la bonne heure, dit Lachapelle qui pour l'admirer en oubliait de manger, tu as gardé tes goûts d'autrefois.

Elle lança un regard à Joseph si vif, si droit qu'elle lui releva de force les paupières abaissées.

— Oh! ça c'est bien vrai, dit-elle, ce que j'aimais autrefois je l'aime toujours, et plus encore qu'autrefois. Ce n'est pas seulement pour le haricot de mouton que je dis ça, c'est pour tout, les choses, et... les personnes.

Le visage convulsé de Joseph se détendit.

— Vous ne m'avez pas cru capable de vous oublier, j'espère, continua-t-elle.

— Bien sûr que non, ma fille, répondit Lachapelle.

— Ici je rêvais de Paris, à Paris c'est des roulottes que je rêve, et c'est ici que je rev'... .rs par la pensée... et par les souvenirs.

Ce fut de ces souvenirs qu'on s'entretint jusqu'à la fin du déjeuner. Cependant Zyte crut remarquer que dans la conversation manquaient la liberté et la franchise d'autrefois : il semblait qu'il y avait certains sujets que chacun cherchait à éviter.

Lorsqu'elle resta seule avec son père et sa mère, elle eut l'explication de cette bizarrerie d'attitude.

— Tu sais que Joseph doit nous quitter, dit Duchatellier.

— Joseph !

— Il est question d'un engagement aux *Folies* pour doubler Gazéol, et comme Théodore va aussi abandonner le théâtre pour épouser sa veuve, nous voilà bien embarrassés, et d'autant plus que ta remplaçante ne te remplace pas du tout, elle est toujours à Paris ou ailleurs. Tu devrais bien dire un mot à Joseph.

— Que veux-tu que je lui dise ?

— Demande-lui de ne pas nous laisser dans l'embarras. Qu'est-ce que nous allons devenir ? Sans toi, sans Théodore, sans Joseph, c'est trop à la fois.

C'était là une mission difficile pour Zyta et encore plus délicate. De quel droit demander à Joseph de sacrifier Paris?

Cependant elle ne voulut pas refuser son père, et dans la journée elle s'arrangea pour être seule un moment avec Joseph qui, au lieu de la rechercher comme toujours, paraissait l'éviter de parti pris. Comme il prenait l'avenue pour s'en aller dans la campagne, elle l'appela et le rejoignit:

— Il faut que je coure après toi, dit-elle. Tu n'as donc rien à me dire?

— Que veux-tu que je te dise.

— Si je t'ai fait de la peine, pourquoi ne t'en plains-tu pas franchement.

— De quel droit me plaindrais-je, et pourquoi parlerais-je de choses qui ne peuvent être que désagréables pour toi et cruelles pour moi?

— Tu étais plus franc autrefois.

— Autrefois... autrefois.

Ils étaient arrivés dans la plaine qui s'étalait devant eux.

— Autrefois, dit-il avec un accent concentré, j'avais des droits sur toi, ou je croyais en avoir, ceux que donne l'égalité, nous étions deux camarades, je t'aimais et je croyais... j'espérais que tu serais ma femme un jour, quand je t'aurais gagnée par mon amour De là la franchise de mes plaintes, lorsque je croyais avoir à me plaindre de toi, et je t'ai fait assez de scènes, je t'ai imposé assez de tourments de jalousie... imbécile, pour montrer combien je croyais à la justice de mon droit. Mais c'était autrefois. Aujourd'hui nous ne sommes plus camarades...

— Peux-tu dire cela ! s'écria-t-elle en lui saisissant la main vivement.

— Nous ne sommes plus au moins les camarades que nous étions, deux pauvres comédiens de la même troupe. Les espérances dont je vivais ont été tuées par ton succès, et je n'ai plus le droit de me plaindre quand tu me peines. Le malheur est que tu m'aies aimé d'une bonne amitié, quand moi je t'aimais d'un amour de fou. Cet amour n'est pas mort, et il ne mourra jamais, mais le fou a recouvré la raison et il comprend aujourd'hui ce qu'il ne comprenait pas autrefois, c'est-à-dire qu'un pauvre diable comme moi ne peut pas être le mari d'une femme comme toi. Je n'ai donc pas à me plaindre, et tu vois que je ne me plains pas. Ce serait le plus sûr moyen de me faire prendre en haine, et je veux que tu me gardes ton affection.

— Et je te jure que je te la garderai toujours. Ce que tu as été depuis que je te connais, mon meilleur ami, toujours tu le seras.

— Je n'ai pas douté de ton cœur, et c'est ce qui m'a fait accepter des propositions qui me sont venues d'un ami pour aller à Paris doubler Gazéol, qui fait un peu trop de frasques à son directeur. Je ne peux plus vivre ici où je serais mort de chagrin; à Paris je te verrai de temps en temps.

— On m'a parlé de cela.

— Et ton père est fâché, n'est-ce pas? Mais que veux-tu, c'était pour toi que je m'étais engagé dans sa troupe; tu pars, je te suis. Il a bien compris que ton avenir n'était pas à Noisy, ni à Lagny, ni à Coulommiers, il doit le comprendre pour moi aussi.

Ils étaient arrivés dans la plaine à un endroit où il n'y avait plus ni maisons, ni enclos, et où la campagne s'étalait plate devant eux, balayée par le vent frais qui en tout temps souffle sur ces plateaux. Elle lui passa la main sous le bras et doucement s'appuya sur lui.

— Je te jure, mon bon Joseph, que j'éprouve un chagrin bien vif de te voir si désespéré sous cette apparence résignée, mais que veux-tu? tu m'aimes sans que j'aie rien fait pour mériter ton amour, et moi je ne t'aime point, au moins dans le sens qu'on donne à ce mot, quand tu as tout fait pour gagner le mien. De cœur meilleur que le tien, plus tendre, plus généreux, de nature plus droite que la tienne je n'en connais point; la femme que tu épouseras sera la plus heureuse des femmes, aimée, choyée, respectée et pourtant malgré tout ce que ma raison me dit, je ne peux pas me décider à être cette femme, simplement parce que ce n'est pas d'amour que je t'aime, et que si je me marie jamais... ce qui n'est guère probable, ce ne sera qu'avec un homme que j'aimerai passionnément beau ou laid, riche ou pauvre, bon ou méchant. Tu vois que chacun a sa folie. Mais que je me marie ou ne me marie pas, mes sentiments seront toujours pour toi ce qu'ils sont à cette heure, ceux d'une ardente affection.

— Ah! Zyte, s'écria-t-il, tu ne dis pas une parole

qui ne me soit une douleur et un bonheur à la fois, qui ne m'étouffe et ne m'exalte.

L'émotion lui coupa la parole et ils marchèrent assez longtemps côte à côte sans rien dire; comme elle ralentissait le pas pour s'arrêter et revenir en arrière il comprit son intention :

— Encore un peu, dit-il, donne-moi de cette journée, la meilleure de ma vie en réalité, tout ce que tu peux m'en donner.

— Puisque tu viens à Paris nous ne serons pas séparés, nous nous verrons souvent.

— Le monde où tu vas vivre sera si peu le mien.

Bien qu'elle eût voulu faire ce qu'il demandait, il fallut quand ils approchèrent de la Haute-Maison, revenir au village, Joseph ralentissant toujours le pas pour la garder plus longtemps.

— Eh bien ? demanda Duchatellier à Zyte en la prenant à part.

— Il ne peut pas rester, ce serait manquer son engagement.

Depuis que Duchatellier parcourait les environs de Paris, avec ses roulottes, madame Duchatellier ne les avait jamais quittées; la messe le dimanche était sa seule sortie, elle allait, de sa roulotte au théâtre, du théâtre à sa roulotte et ne s'aventurait jamais dans les villages où ils jouaient et ne les connaissait que pour les traverser à leur arrivée ou au départ. Zyte cependant s'était promis de la décider à venir la voir dans *Hella* avec Marietta qui avait pleuré pendant trois jours de rester à Noisy le soir de la première représentation.

Aux premiers mots madame Duchatellier poussa des cris d'émoi :

— A Paris, moi, y penses-tu, ma pauvre enfant !

— Tu n'as donc pas envie de me voir dans mon rôle ?

— A Paris sans les roulottes.

Cependant pressée par Zyte et par Marietta, elle céda à la fin, et promit d'aller à Paris... quand les jours seraient plus longs.

A l'heure dite Gaston s'arrêta devant l'avenue et Duchatellier s'empressa noblement d'aller le remercier du service qu'il avait rendu à sa fille, et dont il lui était personnellement reconnaissant.

Quand Zyte, après avoir embrassé sa mère et sa sœur chercha Joseph pour lui dire adieu elle ne le trouva point ; il s'était sauvé et caché dans le théâtre.

Zyte n'était pas sans inquiétude pour le retour ; le soir tombait et elle craignait que l'obscurité ne fut une occasion pour Gaston de revenir à une offre du genre de celle qu'il lui avait adressée mais cette crainte ne se réalisa point ; il lui demanda à quel âge et comment elle avait débuté, et elle fit son récit si longuement, heureuse de s'étendre sur un sujet rassurant, qu'ils arrivèrent devant l'*hôtel des Médicis* avant qu'elle l'eût achevé ; elle n'eût que le temps de lui adresser quelques mots de remerciement pour l'agréable promenade qu'il lui avait fait faire.

— J'espère bien que nous ne nous en tiendrons pas à celle-là, dit-il.

Lorsqu'elle entra en scène, elle vit inoccupée la place d'où Gaston assistait chaque soir aux représentations d'*Hella*, et cela était si naturel qu'il ne lui vint pas à la pensée de s'en étonner. Après avoir passé la journée ensemble, ce serait un fanatisme vraiment caractéristique de venir encore le soir au théâtre.

Cependant au troisième acte elle le trouva installé à cette place.

IV

Si Bachollet aimait à raconter ses affaires à ses amis, c'était à charge de réciprocité : il fallait que, bon gré, malgré, ses amis lui racontassent les leurs ; aussi, depuis la première représentation d'*Hella*, n'abordait-il pas Gaston sans lui adresser la même question :

— Et Zyte ?

Quand Gaston, interrogé et pressé de questions, lui raconta cette promenade, le mécontentement revint :

— Si elle les avait acceptés, vos chevaux, où les aurait-elle mis ? Ça mange, ça loge quelque part, les chevaux. Vouliez-vous qu'elle les lâchât dans le jardin du Luxembourg ?

— Si elle avait laissé paraître qu'elle était disposée à accepter, le reste serait venu.

— Cela peut durer longtemps ainsi.

— J'en serais heureux.

— Je ne dis pas non ; je comprends très bien qu'il soit amusant de filer l'amour sentimental avec une jolie fille comme Zyte, mais vous laissera-t-on filer cet amour aussi longtemps et aussi tranquillement que vous voulez. Zyte n'est plus la petite comédienne de Noisy que personne ne connaissait, son succès l'a mise en vue; tout Paris a les yeux sur elle, et dans ce tout Paris, ne se trouvera-t-il pas quelqu'un pour vous la souffler ? Qui sait si vous n'avez pas déjà dix concurrents ? Devez-vous laisser perdre l'avance que vous avez sur eux. Notez que, si cela arrivait, vous n'auriez pas à vous plaindre, puisque vous ne vous seriez pas mis en avant. Attendrez-vous qu'elle vienne vous chercher? Je crois que vous attendriez longtemps.

— Conclusion ?

— Il y a une chose qu'une femme ne refuse jamais, c'est un bijou, qui, en outre de cet avantage d'être toujours accepté, a encore cet autre d'exprimer d'une façon précise ce qu'on veut lui faire dire : vous envoyez une bague de cinquante louis, vous êtes un homme de goût qui manifeste son admiration pour l'artiste d'une façon délicate. Vous envoyez un bracelet de vingt à trente mille francs, vous êtes un Monsieur qui fait à la femme une déclaration pleine de promesses. Nous disons donc ?

— Rien.

— Comme vous voudrez.

Et Bachollet dépité n'insista pas.

Mais si Gaston n'avait voulu rien dire, il n'en avait

pas moins agi : le lendemain dans l'après-midi, un jeune homme, à la tenue assez élégante, s'était présenté à l'*Hôtel des Médicis* et avait demandé mademoiselle Duchatellier, qui justement était absente à ce moment; il avait alors insisté pour savoir à quelle heure elle rentrerait, et madame Crozat était intervenue avec l'empressement qu'elle mettait toujours à s'occuper des affaires de Zyte.

— Mademoiselle Duchatellier est sortie depuis une heure pour faire une promenade dans le Luxembourg avec M. Crozat, elle va rentrer; mais s'il y a urgence, on peut l'envoyer chercher. De la part de qui ?

— De la part de MM. Marche et Chabert.

Marche et Chabert ! les grands joailliers de la rue de la Paix. C'était un bijou qu'un commis apportait à Zyte.

Elle avait fait asseoir le commis dans son bureau, et elle se demandait comment l'interroger pour savoir qui envoyait le bijou lorsque Zyte rentra avec Crozat.

— Ah ! voici mademoiselle Duchatellier.

Le commis s'était levé et venant à Zyte il lui avait tendu un paquet :

— Voici ce que je suis chargé de vous remettre de la part de MM. Marche et Chabert.

Ignorante de la vie parisienne, Zyte n'avait jamais entendu parler de MM. Marche et Chabert, et elle regardait le commis ainsi que le paquet sans rien comprendre.

Il le lui mit dans la main, et avant qu'elle fût revenue de sa surprise, il salua et sortit :

— Qu'est-ce que c'est que ça ? demanda-t-elle à madame Crozat.

— Un envoi de MM. Marche et Chabert les grands joailliers de la rue de la Paix.

— Mais je n'ai rien demandé à des joailliers.

— Quelqu'un l'aura demandé pour vous. Vous devez bien comprendre qu'il s'agit d'un bijou qui vous est offert. Pourquoi ne serait-ce pas votre directeur ? Moi, après mon grand succès dans *Agathe*, j'ai reçu de cette façon, par un bijoutier, un collier que mon directeur m'offrait. Ouvrez donc.

Zyte tenait toujours dans ses mains le paquet que le commis lui avait remis ; elle défit un cordon, et du papier qu'elle développa, sortit un écrin en maroquin blanc écrasé marqué Z. D.

— Un bracelet ! s'écria madame Crozat qui ne pouvait pas se méprendre à la forme de l'écrin.

C'était en effet un bracelet : un simple fil d'or avec un gros rubis entouré de diamants.

— C'est un rubis, un beau rubis foncé, un rubis d'Orient, s'écria madame Crozat, évidemment cela ne vient pas de votre directeur. Mais regarde donc, monsieur Crozat, c'est un cadeau princier.

— Excusez-moi, dit Crozat, je n'ai point de connaissances lapidaires, et j'ignore si complètement la science des gemmes que je prendrais un bouchon de cara" pour un diamant.

Mais madame Crozat n'ignorait point, comme son mari, la science des gemmes, et en inclinant la main de Zyte qui tenait l'écrin, elle faisait jeter des feux aux diamants et au rubis qui éclairaient de leurs rayons les profondeurs sombres du bureau.

— Il doit y avoir une carte dans l'écrin.

On chercha ; il n'y avait pas de carte ; seule l'adresse des bijoutiers se détachait en lettres d'or sur le velours blanc de la doublure.

— Je suis sûre que c'est de M. Chamontain.

— J'en serais désolée.

— Parce que ?

— Parce que je dois d'être ce que je suis à M. Chamontain et qu'il m'en coûterait beaucoup de lui renvoyer son cadeau. M. Chamontain n'a pas le droit de me faire un cadeau de cette valeur, et il faut toute la reconnaissance qu'il m'a mise au cœur pour que je ne pleure pas son offense.

— Mon enfant, mon enfant, les hommes s'attachent par les cadeaux qu'ils font, et les femmes qui veulent se faire épouser ont deux moyens à leur disposition : se donner ou se refuser ; on ne sait pas encore lequel des deux est le meilleur, et on ne le saura jamais puisque le résultat dépend du caractère de l'amoureux.

— A quoi pensez-vous ! moi me faire épouser par M. Chamontain, comment pouvez-vous imaginer que je fasse un pareil calcul, s'écria Zyte suffoquée.

— On en a vu bien d'autres ; des princes numérotés dans le Gotha ont épousé des écuyères ; M. Chamontain n'est pas prince et vous...

— Quoi qu'il en soit je n'ai qu'une chose à faire, c'est d'aller chez ces bijoutiers et de leur faire dire de qui vient ce cadeau. Voulez-vous m'accompagner?

Madame Crozat accepta, et par l'omnibus de Clichy elles s'en allèrent rue de la Paix, Zyte tenant bien serré dans la main l'écrin qu'elle avait enveloppé.

Quand elles entrèrent dans le magasin, le commis qui avait apporté l'écrin vint au-devant d'elles.

— Pourrais-je parler à MM. Marche et Chabert? dit Zyte.

Presqu'aussitôt arriva en saluant un personnage au sourire engageant et important à la fois, élégamment habillé d'un pantalon gris et d'une redingote boutonnée, posant sur une cravate à poisson menton rasé de près.

— Mademoiselle Duchatellier du théâtre de l'Odéon? dit-il en saluant.

Zyte fit un signe affirmatif.

— Est-ce qu'il y a quelque chose qui ne va pas : on rencontre rarement un rubis aussi pur, bien que nous en ayons encore deux d'une eau aussi belle et qu'on pourrait monter en boutons d'oreille.

Il avait ouvert l'écrin et pris le bracelet qu'il faisait scintiller.

— Pouvez-vous me dire, monsieur, à qui vous avez vendu ce bijou? demanda Zyte.

— Je ne crois pas qu'il y ait indiscrétion à vous répondre, on ne m'a pas demandé le secret : c'est à M. Gaston Chamontain.

Zyte resta un moment troublée, mais elle voulut en savoir davantage.

— Et pouvez-vous me dire quelle est sa valeur? demanda-t-elle.

— Je suis prêt à le reprendre pour vingt-cinq mille francs.

Le visage de madame Crozat s'éclaira d'un sourire que le bijoutier surprit et qui lui fit croire que les boutons d'oreilles seraient vendus le lendemain, car pour lui cette reine de théâtre était incontestablement madame Duchatellier mère.

— Voulez-vous bien m'envelopper l'écrin, dit Zyte.

— Je vous l'enverrai ce soir.

— Je vous remercie, je désire l'emporter.

— Vous voyez que je ne me trompais pas, dit madame Crozat en riant lorsqu'elles furent dans la rue, le rubis est admirable.

Zyte ne répondit pas, et ce fut seulement en rentrant à l'hôtel qu'elle s'expliqua.

— J'ai un service à vous demander, dit-elle à Crozat, qui dans le bureau lisait un bouquin d'apparence vénérable.

— Vous savez que je suis tout à vous, et que je suis toujours heureux de pouvoir vous obliger.

— C'est d'aller au parc Monceaux reporter cet écrin à M. Chamontain.

— Vous voulez le rendre? s'écria madame Crozat.

— C'est un objet de trop grande valeur pour que je puisse le confier à un commissionnaire, et d'autre part pour toutes sortes de raisons il importe qu'il soit remis à M. Gaston Chamontain lui-même.

— Il est certain qu'il serait mauvais que le papa ouvrît l'écrin, dit Crozat en riant.

— Mais avez-vous réfléchi, mon enfant, dit madame Crozat, que lui renvoyer ainsi son cadeau c'est très probablement vous fâcher avec lui.

— J'en serais désespérée, répondit Zyte avec un accent vibrant qui frappa madame Crozat, mais si cela arrive au moins ne me méprisera-t-il pas.

— Décidément je crois que vous avez raison d'agir ainsi, dit madame Crozat après un moment de réflexion ; sans doute le moyen est aventureux, mais après tout il peut réussir.

Réussir à quoi? Ce fut la question qui vint aux lèvres de Zyte, mais elle ne la formula point, car elle en avait une autre plus sérieuse qui l'angoissait. Pouvait-elle renvoyer cet écrin tout simplement, brutalement sans l'accompagner d'un mot? Si elle écrivait, que pouvait-elle dire?

— Où demeure M. Chamontain? demanda Crozat.

— Tout ce que je sais c'est que son hôtel nouvellement construit est un des plus beaux du parc Monceaux, sur lequel donne son jardin, il me semble qu'avec cela vous pourrez trouver.

Il allait partir ; elle le retint.

— Je voudrais mettre un mot dans l'écrin, dit-elle.

Elle s'assit au bureau de Crozat, et ayant pris une feuille de papier à lettre, dont elle déchira un petit carré, elle écrivit :

« Soyez assuré que mes sentiments de profonde gratitude sont aujourd'hui ce qu'ils étaient hier. »

« ZYTE. »

Quand l'heure sonna pour Zyte d'aller au théâtre, Crozat n'était point revenu.

Ce soir-là au lieu de descendre la scène lentement à petits pas en faisant son entrée, elle la descendit plus vite qu'à l'ordinaire, anxieuse et impatiente de voir si elle trouverait Gaston à son fauteuil, mais elle ne l'aperçut point; pour la première fois depuis qu'elle jouait *Hella*, le fauteuil était vide.

Alors, il fallut bien que l'espérance vague qu'elle avait gardée malgré tout, s'évanouît, il ne viendrait pas; le trouble qu'elle en éprouva fut si vif que sans le souffleur, elle aurait manqué de mémoire.

— Vous êtes souffrante ce soir? lui demanda Manuel en rentrant dans la coulisse.

Ce mot la rappela à la réalité, et elle acheva la pièce avec sa sûreté de tous les soirs.

Quand elle rentra à l'hôtel, Crozat et madame Crozat l'attendaient dans le bureau.

— J'ai rencontré M. Chamontain, dit Crozat avant qu'elle l'eût interrogé, et je lui ai remis l'écrin. En le voyant il l'a sans doute reconnu, car il a paru mécontent, ou plutôt, pour me servir du mot propre qui traduise exactement mon impression, peiné. Alors il m'a demandé si je n'avais rien à lui dire. A quoi j'ai répondu que vous aviez mis un mot dans l'écrin. Je croyais qu'il allait l'ouvrir; il n'en a rien fait; et après m'avoir remercié il m'a reconduit jusqu'au vestibule qui est bien la pièce la plus monumentale dans ce genre que j'aie vue. Figurez-vous un *hall* comme disent les Anglais, vitré de vitraux anciens...

Mais Zyte n'écouta pas la description de Crozat, elle le remercia et monta à son appartement : chose étrange il lui sembla que plusieurs marches s'enfonçaient sous ses pieds.

Machinalement, sans penser à se déshabiller, elle se mit à tourner dans sa chambre, puis tout à coup se laissa tomber sur une chaise, et une défaillance lui noya le cœur.

— Elle l'aimait! Elle l'aimait!

Ce qu'elle n'avait pas voulu reconnaître jusque-là il fallait qu'elle se l'avouât maintenant : elle l'aimait de cet amour passionné dont elle avait parlé à Joseph.

Elle était à lui, et elle ne le verrait plus.

V

Crozat ne s'était pas contenté des fonctions de secrétaire auprès de Zyte, il avait voulu aussi se charger de celles de professeur.

— Les dons naturels ne tiennent pas lieu de tout ; vous avez le tour, cela est incontestable, mais il faut y ajouter un savoir acquis qui vous donnera la sécurité : il n'est pas agréable de s'arrêter à chaque mot quand on écrit, et il ne l'est pas non plus, n'est-ce pas quand on parle, d'hésiter devant tous les participes et de se demander si on doit les mettre au masculin ou au féminin. Quelques leçons vous débarrasseront de ces ennuis. Et pendant que nous serons au travail, nous pourrons à grands traits suivre la marche des arts dans l'histoire de l'humanité. Enfin, nous toucherons à tout ce qu'une femme dans votre position doit savoir.

Bien qu'elle sentît combien ses leçons lui seraient utiles, elle avait voulu, par discrétion, les refuser, mais Crozat avait persisté :

— Vous ne savez donc pas, ma chère enfant, que pour un vieux pion comme moi, il n'y a pas de musique plus agréable que d'entendre la conjugaison d'un verbe, comme il n'y a pas de plaisir comparable à celui de donner une leçon. Ajoutez à cela que je n'ai jamais eu d'élève qui m'ait inspiré la sympathie que j'éprouve pour vous.

Tous les jours ils travaillaient donc une heure ou deux, et Crozat trouvait en elle l'élève la plus docile, la plus appliquée qu'il eût jamais eue.

Cependant le lendemain du jour où il avait porté l'écrin chez Gaston, elle n'avait point montré dans le travail son application et son intelligence ordinaires, ne parvenant pas à reconnaître par l'analyse les mots en *ant* qui doivent être considérés comme participes présents et ceux qui doivent l'être comme adjectifs verbaux.

— C'est cependant bien facile, répétait Crozat en s'essuyant le front : « J'ai vu de toutes parts, vaincus et renversés, Romains et Pharnace, *Fuyant* vers leurs vaisseaux... » qui fuyaient c'est une action, donc un participe ; au contraire...

On frappa à la porte, le domestique présenta une carte à Zyte qui pâlit en la lisant.

— Voulez-vous que nous interrompions la leçon, dit-elle, c'est M. Chamontain.

— Mais certainement.

Zyta s'était levée, Gaston vint à elle vivement, la main tendue.

— Je vous ai fâchée, dit-il.

Elle était si troublée, si émue de le revoir, quand quelques minutes auparavant elle se disait qu'ils étaient pour toujours séparés, qu'elle ne trouvait rien à répondre et n'osait même pas le regarder de peur de se trahir.

Cependant, comme il fallait qu'elle dît quelque chose, les paroles qui lui vinrent aux lèvres, furent celles-là même qui traduisaient le plus sincèrement son état :

— Pourquoi m'avoir envoyé ce bracelet?

— En quoi cet envoi a-t-il pu vous fâcher? C'est un bravo comme un autre; chacun manifeste sa satisfaction selon sa situation, le public des galeries en claquant des mains, celui de l'orchestre ajoute à ses applaudissements un témoignage particulier de sa satisfaction.

— Est-ce sincère de me répondre ainsi?

— Admettez-vous ma sincérité si je vous dis que moi, dans les conditions où nous sommes vis-à-vis l'un de l'autre, j'aie voulu vous envoyer un objet qui vous rappellerait d'une façon durable votre premier succès et m'associerait à ce souvenir.

— C'est le prix de cet objet qui lui a enlevé cette

signification : très franchement j'avoue que j'aurais été heureuse d'accepter de vous un bijou sans valeur matérielle qui m'eût toujours rappelé et à chaque instant ce souvenir, mais que pouvait me rappeler celui que vous m'avez envoyé?

Comme il ne répondait pas, elle continua :

— J'ai été peinée en ouvrant l'écrin, je n'ai point été fâchée comme vous le disiez tout à l'heure. Pourquoi l'aurais-je été? Vous ne me connaissez point. J'ai compris que vous me jugiez par les autres bien que je sache peu ce qu'est le monde des théâtres parisiens. Sans doute, je ne suis pas ce que ces autres sont, puisqu'au lieu d'être heureuse de votre cadeau, j'en ai été... humiliée; et je vous assure qu'il a fallu que ce sentiment de honte fût bien fort pour me faire braver la crainte de vous blesser.

— Vous m'avez appris à vous connaître et la leçon me profitera. Cependant, avant de quitter ce sujet... désagréable, laissez-moi vous dire que tout autre, à ma place, eût agi ainsi.

— Peut-être; mais justement, pour moi, vous n'êtes pas ce tout autre.

Il lui tendit la main :

— Alors, la paix est faite?

— C'est à moi de vous la demander.

— Eh bien, voulez-vous que nous la scellions en faisant une promenade dans le jardin du Luxembourg, puisqu'il est trop tard aujourd'hui pour aller à la campagne?

— Avec plaisir.

Elle entra dans sa chambre d'où elle ressortit

presqu'aussitôt, avec son manteau et son chapeau le sourire sur les lèvres et la joie dans les yeux.

Quand elle passa devant le bureau appuyée sur le bras de Gaston, la légèreté de sa démarche et l'épanouissement de son sourire frappèrent madame Crozat, qui ne se trouvait pas là simplement par hasard.

— As-tu remarqué l'air triomphant de Zyte? demanda-t-elle à son mari.

— Ma foi non, dit-il.

— En refusant ce bracelet de vingt-cinq mille francs, elle pourrait bien avoir gagné un bon nombre de millions.

— Je n'y suis pas du tout.

— En se faisant épouser par M. Chamontain.

Crozat se mit à rire :

— Ah! comme c'est féminin, dit-il, de voir partout des mariages.

— Apprenez, mon cher, que quand une femme intelligente veut se faire épouser, elle y arrive toujours, et Zyte qui est intelligente me paraît avoir pris le bon moyen.

— Que Zyte soit intelligente, je le dis avec toi, mais qu'elle soit capable de calcul, je ne le crois pas.

— Nous verrons bien.

VI

Gaston était sincère en disant que la leçon qu'il venait de recevoir lui profiterait, mais, par là, il n'entendait point renoncer à se faire aimer de Zyte; ce qu'il promettait, c'était simplement de ne plus recourir aux bracelets, à l'hôtel, aux chevaux, à tous les moyens conseillés par Bachollet.

Justement, parce que ces moyens lui avaient jusqu'à ce jour donné ses maîtresses, il lui plaisait de ne pas rencontrer dans Zyte une femme qui ne voyait en lui que le fils de son père. Si, à vingt ans, il avait été flatté de trouver dans la clé d'or qu'on lui mettait aux mains un talisman devant lequel toutes les portes s'ouvraient; si les sourires qui accouraient au-devant de lui l'avaient alors enorgueilli, si les avances, les admirations, les provocations qui partout l'accueillaient l'avaient tout d'abord grisé, peu à peu la répétition des mêmes procédés l'avait ennuyé; la lassitude, l'écœurement étaient venus; maintenant les sourires l'inquiétaient, et quand une femme lui présentait la main, il cherchait tout d'abord si elle avait les doigts crochus. Zyte ne les avait point. Au lieu de tendre la main, elle la fermait. Il aimait mieux ça. C'était une qualité nouvelle, un charme de plus qu'il découvrait en elle et qui la lui faisait aimer davantage.

Car il n'en était plus à se dire qu'on aime qui on veut, et que ce serait folie à lui de se prendre d'un caprice, si faible qu'il fût, pour cette pauvre comédienne. Ce n'était pas un caprice qui l'attachait, c'était un amour véritable, profond, qui l'avait envahi, et dont il avait dû reconnaître la toute-puissance, alors qu'elle n'était encore que la pauvre saltimbanque de Noisy.

Il l'aimait, et il n'avait plus à craindre qu'on se moquât de lui ; comme le disait Bachollet, elle était assez belle et elle avait assez de talent pour lui faire honneur.

Où aurait-il trouvé une maîtresse plus jolie, plus séduisante; elle avait tout : la jeunesse, la beauté et le succès, qui lui faisait une auréole. Sans être comme Bachollet, à genoux devant le tapage et la réclame, il n'avait pas pu ne pas subir la fascination de la mise en lumière par le théâtre de celle qu'il aimait : tout Paris parlait d'elle, tout Paris la voulait voir, tout Paris l'applaudissait, l'admirait ; pour un homme qui recevait si docilement l'impulsion des autres, quel prestige !

Et voilà qu'à ce prestige elle en ajoutait un autre qui le prenait au cœur, — celui du désintéressement et de l'honnêteté. Car il n'avait pas eu un moment d'hésitation, ni de doute, ce refus du bracelet n'était point un calcul pour se faire donner plus et mieux : elle avait été blessée, outragée qu'il pensât qu'elle était à vendre.

Eh bien, il ne lui ferait plus cette injure, mais en l'aimant, il l'amènerait à se donner ; et quoique la fatuité ne fût pas son fait, il lui semblait que cela n'était pas impossible. Si elle parlait de sa reconnaissance, il y avait cependant en elle un sentiment autre que celui-là, sur lequel elle pouvait se tromper, mais que lui devait reconnaître pour ce qu'il était, c'est-à-dire pour de la sympathie, une très vive sympathie; et dans les conditions où ils se trouvaient vis-à-vis l'un de l'autre, il n'était assurément pas absurde d'imaginer que cette sympathie pouvait conduire à l'amour; de lui seul dépendait que ce résultat se produisît, il n'avait qu'à se faire aimer.

C'était une vie nouvelle qui commençait pour lui et secouait son indifférence nonchalante, changeait ses habitudes, lui donnait à vingt-quatre ans la jeunesse qu'il n'avait pas eue à vingt, en lui mettant au cœur des sentiments et dans la tête des idées qui faisaient de lui un autre homme.

Mais on n'est pas jeune à vingt-quatre ans comme on l'est à dix-huit, et l'expérience ne s'efface pas plus que le coup de pouce de l'âge. A dix-huit ans, il n'eût très probablement pensé qu'à entretenir Zyte de son amour. A vingt-quatre, il avait compris combien serait dangereux cet enthousiasme juvénile. Elle ne voyait pas en lui un camarade, un jeune homme de son monde avec qui elle pouvait se lier librement en obéissant à la sympathie qui la poussait. Son succès trop récent ne lui avait pas encore fait oublier la pauvre petite comédienne qu'elle était quelques semaines auparavant, et par un enchaînement naturel elle n'avait pas oublié davantage qu'il était « le fils Chamontain ». Il ne fallait donc rien brusquer, et c'était par une prudente accoutumance qu'il devait procéder. Elle avait trouvé tout naturel qu'il s'intéressât à elle par sympathie pour l'artiste; il n'était pas moins naturel que l'amitié succédât à la sympathie; comme plus tard il serait tout aussi naturel que l'amitié devînt de l'amour.

C'était dans la soirée et dans la nuit qui avaient suivi leur promenade au Luxembourg que s'était combiné cet arrangement, et il avait voulu le mettre dès le lendemain même à exécution.

En sortant de déjeuner avec sa mère, il s'était rendu chez les bijoutiers Marche et Chabert qui en le voyant entrer dans leur magasin, avaient tout de suite deviné ce qui l'amenait : les boutons d'oreille allaient prendre le même chemin que le bracelet; mais à leur grande surprise Gaston avait demandé une bague et non des boutons d'oreille.

— Un rubis assorti à celui du bracelet? dit le bijoutier suivant son idée.

— Non, une bague très simple, sans valeur, un souvenir.

— Une perle, une turquoise, une opale.

On avait montré des bagues à Gaston qui avait fixé son choix sur une grosse turquoise.

Si simple qu'elle fût elle faisait cependant l'admiration de Zyte en même temps que sa confusion.

— C'est beaucoup trop beau, beaucoup trop beau pour moi; véritablement vous me mettez dans la gêne; je ne peux pas la refuser maintenant, et je suis honteuse de l'accepter.

— Admettez donc que la position de celui qui donne lui impose certaines obligations; je ne pouvais pourtant pas vous offrir un petit cercle en or avec le mot « souvenir » écrit en émail.

Elle avait passé la bague à son doigt et elle l'admirait; le bleu mat de la turquoise faisait paraître la peau de la main plus fine et plus blanche.

— Vous voyez donc que mon choix était bon.

— C'est ma première bague, car je ne peux pas compter celle en argent que ma mère m'a donnée quand j'avais dix ans, au pèlerinage de Notre-Dame-des-Anges.

— Puisque malgré tout elle vous plaît, dit-il, ne trouvez-vous pas que nous devrions lui créer une histoire, la marquer d'une date certaine qui serait la journée de la bague.

— Et comment? demanda-t-elle avec une certaine inquiétude.

— Par une promenade, non en voiture puisque tout est aujourd'hui à la modestie, mais à pied et en chemin de fer, simplement. Le temps est beau, pourquoi n'irions-nous pas dans les bois de Meudon?

— Mais mon théâtre.

— Meudon est tout près, nous serons rentrés de bonne heure, je vous le promets.

Ils arrivèrent à la gare Montparnasse à temps pour le train, et à Meudon ils montèrent dans l'omnibus qui va de la station au village.

— Où est le bois? demanda-t-elle, quand on les descendit au milieu d'une rue tortueuse.

— Prenez mon bras, nous allons y arriver bientôt.

En effet, ils ne tardèrent pas à entrer en forêt et à se trouver dans la solitude et le silence : il faisait une belle journée de mars toute claire, toute ensoleillée.

— Décidément c'est la fête du bleu, dit-elle, le ciel et la turquoise sont de la même couleur.

— Alors la bague aura son souvenir?

— Je vous assure qu'elle n'avait pas besoin de cette promenade, comme la promenade n'avait pas besoin de la bague.

En entrant dans la forêt elle lui avait abandonné le bras, mais ils marchaient côte à côte d'un même pas, lentement, et de temps en temps quand les accidents du chemin, une pierre ou une ornière les rapprochait, leurs coudes se frôlaient, ou bien quand il y avait une flaque d'eau, il lui tendait la main et la gardait dans la sienne quelques instants encore après que la flaque était passée : mais cela se faisait naturellement, sans aucune affectation de sa part ; et si troublante que fût cette pression il savait résister au désir de la prolonger plus qu'il ne convenait.

Il lui avait semblé qu'à leur entrée dans la forêt, elle était sous l'influence d'un sentiment d'embarras qui voilait son regard et gênait ses paroles, mais à mesure qu'ils avançaient dans leur promenade, cet embarras se dissipait, le regard se relevait plus hardiment sous le sien, les paroles devenaient plus rapides et plus franches; elle se retrouvait, et rassurée, elle se laissait prendre au plaisir même de leur promenade, sans autre souci que de s'amu-

'ser et de jouir librement de cette belle journée.

Si les feuilles n'étaient point encore écloses, partout cependant, excepté dans les grands arbres, le printemps annonçait son arrivée prochaine ; déjà sous bois le regard se perdait dans les profondeurs d'un gris vaporeux au milieu desquelles se détachait la tendre verdure d'un troène ou d'un saule : et au bord du chemin, au pied des buissons, dans les mousses veloutées, les pâquerettes et les primevères commençaient à montrer leurs fleurs jaunes ou blanches ; au loin, des oiseaux sifflaient une chanson encore timide, à des intervalles éloignés ! et quand une faible brise passait dans les cépées nues, elle apportait un parfum de sève nouvelle mêlée à la fermentation des vieilles feuilles tombées.

Gaston ne la quittait guère des yeux, et en la regardant il pensait qu'il y avait entre elle et cette nature printanière un accord vraiment surprenant : même simplicité, même fraîcheur, même indécision charmante ; mais malgré l'envie qu'il en avait, il n'osa pas le lui dire de peur qu'elle s'en effarouchât ; ce qu'il fallait c'était qu'au lieu de se tenir sur ses gardes elle s'habituât au contraire à prendre confiance et à s'abandonner.

Après avoir monté un chemin cailloux et longé un étang aux eaux plombées ils arrivèrent à l'hermitage de Villebon, où il voulut entrer.

— Nous nous reposerons un moment, dit-il, et vous vous rafraîchirez.

— Mais je n'ai pas trop chaud.

— Eh bien vous vous réchaufferez.

Elle se mit à rire ;

— Si je vous disais que je ne sais pas avec quoi l'on se rafraîchit ou l'on se réchauffe, et que c'est la première fois que j'entre dans une maison de ce genre, vous vous moqueriez de moi.

— Au contraire, je trouve cette ignorance charmante. Mais à nous deux nous chercherons.

Ils s'étaient assis à une table en plein air et il allait appeler le garçon quand elle l'arrêta :

— Si j'osais... dit-elle.

— Osez donc ; qui peut vous retenir?

— La peur d'être ridicule, non pour vous, mais devant le garçon.

— Dites.

— Eh bien je n'ai envie ni de me rafraîchir, ni de me réchauffer, mais je mangerais bien du fromage ...s'il est permis d'en demander.

— Comment s'il est permis !

Il appela le garçon qui accourut la serviette à la main.

— Quel fromage avez-vous ? demanda Gaston.

Avant de répondre, le garçon toisa d'un air dédaigneux ces intrus qui se croyaient sans doute chez un marchand de vin.

— Brie, Camembert, Roquefort, dit-il enfin avec nonchalance.

D'un coup d'œil Gaston interrogea Zyte :

— Brie, répondit-elle.

— Alors apportez-nous du Brie, du pain, de l'eau

de Saint-Galmier et une bouteille de Champagne, du Clicquot si vous en avez.

Au mot champagne le garçon avait changé d'attitude, au nom de Clicquot il donna un vigoureux coup de serviette sur la table. Cela fut si expressif que Zyte se mit à rire :

— C'est donc quelque chose de bien considérable que du Clicquot? demanda-t-elle.

— C'est un vin qui inspire aux garçons de restaurant du respect pour ceux qui le commandent.

— Je crains bien qu'il n'en soit pas de même du fromage; vous voyez donc que j'avais le pressentiment qu'il était ridicule d'en demander.

On leur apporta un morceau de Brie assez gros pour apaiser la faim de quatre ou cinq maçons.

— Ce serait mal, n'est-ce pas, si je ne faisais pas la dînette avec vous? demanda-t-il.

— Oh! je crois bien.

— Il faut que la fête soit complète.

Comme elle s'était fait une tartine dans laquelle elle mordait à belles dents, il la pria de lui en faire une pareille dans laquelle il mordit aussi, car à la voir manger l'appétit lui était venu.

Mais où elle l'émerveilla tout à fait ce fut quand elle but son premier verre de champagne mouillé d'eau de Saint-Galmier : bravement avec la naïveté de l'ignorance, elle avait porté le verre à ses lèvres, mais le gaz du vin lui avait piqué les paupières, et tout en buvant à petite gorgée, elle restait la tête renversée, le cou tendu, les yeux mi-clos laissant voir dans son sourire ses gencives roses que ses lèvres découvraient.

Elle lui paraissait si ravissante ainsi qu'il eût toujours voulu la voir boire ; mais après son deuxième verre elle lui arrêta la main quand il voulut le remplir une troisième fois

— Je ne sais pas de quoi je suis capable, dit-elle, laissez-moi en faire l'expérience sagement : il faut que je joue ce soir.

Ils reprirent leur promenade, et doucement, à travers bois, pendant que le soir tombait sur la forêt, ils se dirigèrent sur Clamart.

— Je me laisse conduire, disait-elle, mais je vous prie, veillez à ce que nous ne nous égarions point.

Il fallut qu'il lui jurât qu'il connaissait bien son chemin pour qu'elle se rassurât ; alors elle recouvra sa tranquillité et s'abandonna au plaisir de cette douce promenade, parlant peu, mais manifestant son émotion cependant par l'attendrissement de son regard et la vibration de sa voix ; et ce qui n'était pas moins significatif pour l'attention en éveil de Gaston, d'elle-même elle ralentissait son pas comme si elle craignait inconsciemment que cette journée finît trop tôt.

Si lente que fût leur marche, ils avançaient toujours cependant, et à un moment, au bout du chemin recouvert de grands arbres, qu'ils suivaient, ils aperçurent devant eux une clarté cuivrée ; c'étaient les dômes dorés de Paris qui leur renvoyaient les rayons du soleil couchant.

— Déjà ! dit-elle.

Et revenant à son idée de la fin trop prompte de cette journée :

— Combien nous faut-il de temps pour rentrer ?
— Quelques minutes.
— Alors nous pouvons, avant de descendre, regarder un peu Paris ; c'est la première fois que je me rends compte de son immensité ; voulez-vous me guider, je suis perdue.

De la main il lui montra, en les lui nommant les monuments qui peuvent servir de points de repère dans Paris : pour qu'elle ne se trompât pas, il l'avait attirée contre lui et penché sur elle, du doigt il conduisait ses yeux.

— Pensez-vous, dit-il, qu'aux quatre coins de cette grande ville, il y a en ce moment quinze cents personnes qui hâtent leurs affaires et arrangent des combinaisons pour venir voir ce soir mademoiselle Duchatellier, et qui en rentrant à minuit, sous ces toits, rêveront d'elle enthousiasmés, l'esprit charmé, le cœur ému.

Elle ne répondit rien, mais elle eut un frémissement qui disait combien profondément il l'avait touchée.

Il fallut descendre ; comme ils se dirigeaient vers la station, un tramway passa devant eux.

— Voulez-vous que nous montions là dedans? dit Gaston, ce serait encore plus à la modestie.

Ce ne fut pas là dedans qu'ils montèrent, ce fut là dessus, sur l'impériale, en petites gens qui cherchent l'économie.

— Croiriez-vous, dit-elle, que c'est la première fois que je vais en tramway.

— Et moi aussi.

Le soir tombait, et les maisons de l'approche de Paris apparaissaient dans l'ombre confuse, déjà éclairées, tandis que derrière eux les coteaux et la forêt, d'où ils venaient de descendre, se détachaient sur le fond d'or du couchant.

— Il semble, dit-elle, que nous quittons le soleil pour entrer dans la nuit.

Ils ne tardèrent pas à arriver à Paris, et il fallut descendre ; elle avait une heure à elle avant de se rendre au théâtre, alors il lui demanda d'entrer dans un restaurant pour dîner, mais elle refusa.

— D'abord je n'ai pas faim, dit-elle, et puis il faut que vous sachiez que je ne dîne guère avant de jouer. Autrefois je pouvais quitter la table pour entrer en scène, mais quand je me trouve devant cette grande salle pleine, j'ai la gorge serrée, la langue si sèche, que j'étoufferais si j'avais mangé ; c'est à ce moment que le Clicquot serait agréable et salutaire.

— Eh bien, alors nous déjeunerons demain ensemble.

— Oh ! demain ! laissez-moi respirer ; laissez-moi ruminer ma joie d'aujourd'hui.

— Après-demain, je viendrai vous prendre à dix heures, si ce n'est pas trop tôt ; et nous irons déjeuner dans un endroit qui vaudra bien Villebon.

Elle voulait refuser, mais comment ? elle était aussi faible contre elle-même que contre lui.

Il la reconduisit à pied jusqu'à la porte de l'hôtel.
— A ce soir, dit-il en la quittant.

En effet, quand elle entra en scène, elle l'aperçut à sa place habituelle.

Le surlendemain, à dix heures, il arrivait pour la prendre : elle était prête et descendit aussitôt.

En passant devant le bureau, ils trouvèrent sur la porte Crozat qui les salua avec son bon sourire :

— Belle promenade, dit-il.

Et vobis placeant ante omnia sylvæ.

— Que nous dit donc M. Crozat? demanda Zyte, lorsqu'ils furent dans la rue.

— Je vous avoue que je ne suis pas très fort en latin, mais je crois qu'il fait des souhaits pour que nous nous plaisions surtout dans les forêts.

VII

Ces promenades se continuèrent, sinon tous les jours, comme Gaston l'eût voulu, au moins une fois par semaine régulièrement.

On avait donné à Zyte les rôles de Chimène et de Zaïre pour la continuation de ses débuts dans le classique; plusieurs fois elle avait eu à dire des vers dans des soirées où l'engouement du succès l'avait fait inviter dans des maisons qui cherchaient la nouveauté, et c'étaient là des excuses suffisantes pour que Gaston ne s'en fâchât point : il fallait qu'elle travaillât.

Mais d'autre part, comme les voyages qu'elle faisait les lundis (jour où elle ne jouait point), pour aller voir ses parents à Noisy, avaient cessé, quand le grand théâtre Duchatellier, quittant les environs de Paris, s'était enfoncé en pleine Brie, dans des villages où les chemins de fer ne conduisent point, elle n'avait pas pu refuser ce jour à Gaston, qui le lui avait demandé pour leurs promenades : puisqu'elle pouvait bien aller à Noisy, elle pouvait bien aussi aller ailleurs.

Sans doute les raisons ne lui auraient pas manqué pour justifier un refus, mais comment aurait-elle eu la force de les lui donner en face, quand elle ne l'avait pas de se les donner à elle-même ?

Évidemment, ces courses en tête à tête dans les bois sortaient des usages ordinaires; mais enfin, malgré les apparences, elles n'étaient pas du tout ce qu'on pouvait supposer et soupçonner. N'était-il pas le plus discret et le plus réservé des hommes ? Il l'aimait ! Elle le savait bien ; mais puisqu'il ne disait pas un mot de son amour, ce n'était pas à elle de commencer à en parler, et ce serait commencer que de refuser : « Nous ne pouvons pas sortir ensemble... parce que vous m'aimez. » La leçon du bracelet avait porté : la preuve qu'elle était une honnête fille était faite, et depuis ce jour il l'avait traitée, il la traitait en honnête fille. Par pusillanimité, par bégueulerie devait-elle s'exposer à le fâcher, et en même temps renoncer à ces promenades qui la rendaient si heureuse qu'elle ne désirait pas, qu'elle n'imaginait pas de bonheur plus grand. L'angoisse qui l'avait anéantie le soir où, après le renvoi du bracelet il n'était pas venu au théâtre suffisait; elle n'allait pas courir le risque d'une nouvelle aventure tout aussi cruelle. Puisque les choses marchaient bien ainsi, pourquoi ne continueraient-elles pas? Ne peut-on pas taire son amour, quand on sait que son aveu mènera sûrement à une rupture? Si elle en jugeait par elle-même, il y avait assez de joies dans ces promenades pour tout leur sacrifier. Et puisqu'il s'était tû à Meudon, alors qu'il lui était si facile de parler, et qu'elle semblait elle-même l'y pousser tant étaient grands l'enivrement et l'engourdissement de son bonheur, il continuerait à se taire. Pourquoi, demain plutôt qu'hier? Elle devait se rassurer, prendre confiance et, en tout cas, jouir de l'heure présente.

Bien que la journée du dimanche fût lourde, car elle jouait en matinée et le soir un rôle très dur, le lundi matin dès huit heures elle était levée, et avec des soins de coquetterie qu'elle n'avait jamais eus, elle se faisait belle, aussi belle que le lui permettait sa garde-robe, mieux garnie maintenant, grâce aux cachets que les soirées dans les salons lui avaient valus. Elle savait que de son premier regard il l'envelopperait de la tête aux pieds, et elle voulait voir dans ses yeux qu'il était content d'elle. Quand ils devaient partir par une des gares de la rive gauche elle attendait qu'il vînt la prendre à l'hôtel. Au contraire quand c'était par une des gares de la rive droite, elle se rendait directement à cette gare, où elle l'attendait en se promenant dans la salle des Pas-Perdus, s'il n'était pas arrivé avant elle. Quelquefois on la reconnaissait, et elle voyait son nom courir sur toutes les lèvres avec des regards qui la dévisageaient. Alors pour échapper à la curiosité, elle se collait le nez sur les affiches placardées contre les murs, mais si attentive qu'elle parût à sa lecture, elle avait un œil cependant pour surveiller ce qui se passait dans la salle. Il arrivait. Aussi loin qu'il fût elle le reconnaissait à sa barbe d'or, et se hâtait vers lui.

— Comment je suis en retard?

— Non, c'est moi qui suis en avance.

Il allait prendre les places au guichet, et ils montaient en wagon.

— Où allons-nous

Il expliquait l'itinéraire de la journée qu'il avait étudié à l'avance; où ils déjeuneraient, par où ils passeraient. Jamais il n'était question du dîner, « parce qu'on devait rentrer à Paris »; mais toujours Gaston s'arrangeait pour que la promenade se prolongeât, et alors il fallait bien dîner quelque part; seulement ce quelque part, où l'on paraissait tomber à l'improviste et involontairement, était bien choisi.

— Je crois que nous arriverons trop tard pour le train, disait Gaston.

— En nous pressant un peu.

— Même en nous pressant.

Et ils arrivaient tranquillement pour dîner; il y avait là, une sorte d'arrangement tacite.

Les endroits que Gaston donnait ordinairement pour but à leur promenade étaient les coteaux les plus élevés des environs de Paris, ceux d'où l'on trouve la vue la plus étendue et la plus belle : pour Cormeilles ils descendaient à Sannois, pour l'Hautie à Triel, pour Vaujours à Livry, pour Domont à Montmorency; et après déjeuner, à pied à travers les champs ou les bois, ils gagnaient le plateau que Gaston avait choisi. Mais depuis que les nouveaux forts ont été construits, les points les plus élevés des environs de Paris sont généralement occupés par ces forts, et quand après avoir bien marché ils arrivaient enfin au haut de la colline, au point dominant d'où les yeux, semblait-il, devaient courir sur le pays environnant librement et à perte de vue, un soldat, le fusil au bras, leur faisait signe de ne pas approcher, comme si en s'asseyant sur les glacis ils allaient surprendre des secrets terribles, commettre de ruineuses dégradations, ou donner à ceux qui étaient enfermés derrière ces murs de dangereuses distractions. Alors ils tournaient à distance respectueuse autour de ces remparts si bien gardés.

Mais après tout que leur importait? ce n'était pas tant la promenade elle-même, avec ses horizons plus ou moins étendus qui les charmait, que le plaisir d'être ensemble : les bois étaient assez verts, les plaines étaient assez fleuries pour faire un cadre aimable à leurs souvenirs et les marquer d'une note riante. Et puis s'ils avaient voulu être francs avec eux-mêmes ils auraient pu se dire que bien souvent c'était la musique de leur voix qu'ils écoutaient plutôt que la chanson des oiseaux; comme bien souvent aussi alors qu'ils paraissaient se perdre dans les profondeurs lointaines ouvertes devant eux, c'était en réalité dans le cercle tracé par l'ombrelle de Zyta qu'ils s'absorbaient.

Cela était vrai surtout pour Gaston qui, tout en préparant leur itinéraire avec amour comme s'il devait en tirer le plus vif plaisir, n'était sensible, leur promenade commencée, qu'à ce qui venait de Zyta, et était elle.

— Regardez donc, lui disait-elle souvent.

Mais c'était elle qu'il regardait.

— Écoutez donc.

Mais c'était elle qu'il écoutait.

Elle ne pouvait point n'être pas heureuse au fond du cœur de cette affirmation d'un amour qui chaque jour allait grandissant, mais, d'autre part, elle ne pouvait point non plus ne pas s'en inquiéter.

Ses lèvres resteraient-elles toujours closes, comme elle les voulait, comme il fallait qu'elles le fussent?

Combien de fois, dans des moments de repos, alors qu'ils étaient assis à la lisière d'un bois pour suivre les caprices du paysage qui se déroulait devant eux, seuls dans la campagne, sans que personne pût les voir ou les surprendre au fond du nid de verdure qui les cachait, avait-elle cru que ses lèvres allaient s'ouvrir : les regards dont il l'enveloppait la brûlaient, elle voyait ses mains trembler et, dans les quelques paroles qu'il prononçait pour couper le silence lourd, il y avait une vibration et des sons rauques qui disaient son émotion et son trouble.

Combien de fois, le soir, lorsque après dîner, ils suivaient les chemins rendus plus sombres par l'épaisseur des haies déjà feuillues, et qu'elle marchait à son bras, l'avait-elle senti se pencher vers elle et lui effleurer les cheveux de sa barbe frisée si près de son visage qu'elle avait cru qu'il allait l'embrasser.

Il résistait, les lèvres ne s'ouvraient pas plus pour ces paroles que pour le baiser; mais résisterait-il toujours?

Et alors, quand cette crainte lui serrait le cœur, elle se demandait si elle ne devait pas chercher un moyen pour interrompre ces promenades et ne les reprendre jamais.

Mais quel moyen? Elle n'en trouvait pas, car les seuls qui eussent pu avoir chance de réussir devaient procéder de la franchise, et la franchise précisément lui était interdite : « Nous ne pouvons plus nous voir parce que vous m'aimez et parce que moi aussi je vous aime »; quoi qu'elle dît, ce serait cela même qu'il y aurait sous ses paroles.

Si, le soir de ces promenades, elle rentrait fière de l'effort qu'il s'était imposé, et qui pour elle prouvait mieux que tout combien profondément il l'aimait; par contre, elle ne partait jamais sans un sentiment d'appréhension et d'angoisse. Ce jour-là serait-il ce qu'avait été le précédent? Il lui eût été si doux de s'abandonner, et de jouir de la minute présente, sans se demander ce qu'allait être la suivante.

En attendant que les circonstances ou un bienheureux hasard lui eussent apporté le moyen qu'elle ne trouvait pas en elle, leurs promenades continuaient régulièrement.

Un jour d'avril, après avoir déjeuné à Villeneuve-Saint-Georges, ils étaient partis pour aller par les bois de La Grange et de Grosbois à Boissy-Saint-Léger, où ils prendraient le chemin de fer qui les ramènerait de bonne heure à Paris, car Zyte jouait ce soir-là. En arrivant sur le coteau ils avaient trouvé un fort le dominant, et sur les bastions de ce fort une sentinelle qui, de la main, leur avait fait signe de s'éloigner. Ils avaient donc continué leur chemin dans une campagne unie, coupée de carrières, se dirigeant vers des bois qu'ils apercevaient au loin. Le temps était chaud, plus chaud qu'il ne l'est ordinairement en cette saison, et dans le ciel vaporeux brillait un soleil d'été. Sous la lumière violente la plaine paraissait d'un vert intense, et la lisière du bois montrait nettement trois étages de couleurs : sous le taillis, les arbustes au feuillage déjà éclos, les troènes, les épines, les sureaux d'une verdure pâle et tendre ; au-dessus les chênes aux bourgeons lilas, et au-dessus encore, s'enlevant dans le bleu du ciel, le feu d'artifice des sycomores, aux fleurs jaunes, et des merisiers blancs.

— Que cela est joli ! dit-elle.

— Oui, très joli, répondit-il d'un air indifférent.

Et, comme elle s'était arrêtée pour se rendre compte de cet arrangement de couleurs si doux aux yeux :

— Traversons vite cette plaine, dit-il, où le soleil nous dévore, et cherchons un abri.

Elle fut surprise de son accent et aussi de la hâte qu'il montrait : la course n'était pas longue, ils avaient bien plus de temps qu'il ne leur en fallait pour gagner Boissy-Saint-Léger; qu'avait-il donc?

Quand ils furent entrés sous le bois ils inclinèrent à droite, à travers le taillis, et se trouvèrent bientôt sur le bord d'un coteau, dont les pentes descendaient à des prairies, au milieu desquelles serpentait une petite rivière bordée de saules argentés : l'endroit était désert, éloigné du chemin, tout à fait charmant.

— Asseyons-nous donc, dit Gaston, si pressé quelques instants auparavant, ne voulez-vous pas?

Le soleil, en frappant l'herbe le matin, l'avait séchée, et bien qu'il eût tourné, la terre gardait encore sa chaleur.

Gaston lui avait donné la main pour qu'elle s'assît, mais au lieu de prendre place près d'elle, il allait de çà, de là, avec agitation.

De nouveau elle se demanda ce qu'il avait; elle était bien certaine de n'avoir rien dit qui pût le contrarier, et cette agitation était d'autant plus étrange que l'impression qui se dégageait de cet endroit si joli et de la douce vallée étalée à leurs pieds était fraîche et calme : il semblait qu'en cet abri on ne pouvait être qu'heureux dans une sereine tranquillité.

Elle eût voulu l'interroger, mais elle n'osait pas, et ils restaient ainsi sans rien dire : de temps en temps, il s'arrêtait devant elle et la regardait ; alors, sans baisser les yeux, elle les détournait et paraissait les promener sur la vallée : peu à peu le trouble qui était en lui la gagnait.

Tout à coup il vint s'asseoir à côté d'elle, en face d'elle, et dans ses yeux elle lut que l'heure redoutée avait sonné.

— Si nous nous remettions en route, dit-elle.

— Non, pas encore.

— Le temps tourne à l'orage.

Il lui prit la main :

— N'essayez pas de m'échapper, dit-il, j'ai à vous parler.

— Non, je vous en prie, s'écria-t-elle, ne parlez pas.

— Vous savez donc ce que je veux dire?

— Oui, et je ne veux pas, je ne dois pas l'entendre, vous ne devez pas le dire.

— Mon amour vous déplaît donc?

— Il m'épouvante, et le plus grand malheur qui puisse nous arriver c'est que vous en parliez. Ah! j'aurais tant voulu que vous le taisiez toujours. Pourquoi dire aujourd'hui ce que vous n'avez pas dit hier?

— Parce que je ne peux plus vivre sans vous; parce que depuis que je vous connais mon amour a été chaque jour grandissant; parce que je ne peux plus me contenter de vous voir de loin le soir comme tout le monde; parce que les joies de ces promenades ne me suffisent plus et qu'il m'en faut d'autres.

Elle jeta ses mains en avant, mais il les saisit et les garda toutes les deux dans les siennes :

— Si vous avez deviné mon amour, comment n'avez-vous pas compris que ce n'est point un caprice qui né d'hier peut mourir demain. Du jour où je vous ai vue je vous ai aimée, mais ce sentiment de la séduction qui se dégage de vous tout naturellement et charme ceux qui vous voient, même de loin, ne ressemble en rien à celui qui m'emporte aujourd'hui. Ce qui m'a séduit c'est votre beauté gracieuse, c'est la poésie de votre regard mystérieux, la musique de votre voix, l'attraction de votre sourire, la finesse, l'élégance, de toute votre personne. Mais je vous ai approchée, j'ai vu ce qu'il y avait dans votre esprit, dans votre cœur, dans votre âme et je vous aime, je vous aime, je vous aime.

Revenant toujours à la même idée, elle eût voulu lui fermer les lèvres, et lui dire, lui répéter : « Ne parlez pas, ne parlez pas » ; mais, ces paroles si douces qui lui entraient dans le cœur, ces regards qui étaient des caresses, lui ôtaient toute raison, toute volonté, et elle écoutait éperdue, elle restait défaillante.

Entraînée par sa propre émotion et par le trouble qu'il voyait en elle, il lui jeta les deux bras autour des épaules et l'attira contre lui.

Surprise elle se laissa aller, mais au moment même où elle sentit ses lèvres l'effleurer, elle se dégagea, et se relevant elle fit quelques pas en arrière.

Vivement il se redressa, et venant à elle, de nouveau il la saisit dans une étreinte passionnée.

— Vous ne m'aimez donc pas, murmura-t-il, en lui soufflant ces paroles sur les lèvres.

— Je vous en prie, s'écria-t-elle, écoutez-moi, écoutez-moi.

Avec une force qui le surprenait, elle le repoussa et le maintint à distance :

— Vous demandez si je vous aime? Oui, je vous aime, mais je ne serai jamais votre maîtresse, et voilà pourquoi je vous suppliais de ne pas parler, car c'est notre séparation que vous venez de prononcer. Vous m'avez dit un jour que je n'étais pas une jeune fille élevée dans un couvent, cela est vrai et voilà pourquoi je sais de la vie des choses qu'une jeune fille ne sait pas. Vous avez connu des femmes de théâtre qui avaient des amants, et vous avez cru que j'étais de celles-là. Je n'en suis pas. Je n'aurai jamais d'amant. Ce n'est pas d'aujourd'hui que je me suis dit cela, et que j'ai fait ce serment dans ma conscience. L'esprit se forme vite à jouer les amoureuses et les héroïnes de théâtre. Toute jeune j'ai rêvé ma vie et l'ai arrangée ; je serai une artiste, non une fille. Et il faut que ce serment soit bien fort puisque, vous aimant comme je vous aime, je résiste et vous repousse.

— Vous ne m'aimez pas, s'écria-t-il.

Sans répondre elle le regarda avec des yeux qui eussent dû le convaincre s'il avait été en état de voir et de raisonner.

— Si vous m'aimiez me résisteriez-vous? Quand je me suis senti pris par vous, j'ai voulu ne pas m'abandonner à ce sentiment et me suis dit que je ne vous aimerais pas ; voyez comme j'ai réussi ; me voilà à vos pieds, emporté, dompté par la passion, sans volonté, sans raison, parce que je vous aime et que vous êtes tout pour moi.

— Si je vous ai avoué mon amour, faut-il que je vous montre combien je vous aime? A quoi bon augmenter votre douleur et la mienne? Une autre à ma place ne vous eût point fait cet aveu, sans doute ; je n'ai eu ni cette coquetterie ni cette prudence : je vous aime, je vous l'ai dit. Mais avec la même franchise je vous dis que quel que soit cet amour, je ne lui céderai point. Et quand vous pourrez réfléchir vous comprendrez que de cette résistance, il ne résulte point que je ne vous aime pas, comme vous m'en accusez.

Il secoua la tête, elle poursuivit :

— Vous ne me croyez pas parce que la passion vous entraîne, parce que la colère vous aveugle, parce que vous vous dites qu'on ne résiste pas quand on aime ! Et pourtant, supposez : vous m'aimez, vous me faites l'aveu de votre amour ; je vous réponds que je serai votre femme. Allez-vous céder à votre amour et rejeter tous les empêchements qui font qu'un homme dans votre position ne peut pas être le mari d'une pauvre fille dans la mienne ? Non, n'est-ce pas? Eh bien ! alors si vous admettez que vous ne pouvez pas être mon mari malgré votre amour, n'admettez-vous pas que je ne peux pas être votre maîtresse... malgré le mien. On peut avoir l'âme à la fois tendre et fière, et c'est un malheur pour nous, qu'il en soit ainsi de la mienne. Ah! pourquoi avez-vous parlé?

— Parce que mon amour a été plus fort que ma volonté, parce que près de vous, je ne vois que vous et que l'amour a jailli de mes lèvres, comme tant de fois il a jailli de mes yeux.

— Ah! les yeux, c'était mon bonheur que leur expression si tendre et si passionnée quand vous les plongiez dans les miens; mais les lèvres! Je me disais: Il me sait une honnête fille, il ne parlera point puisqu'une parole précise ne peut avoir d'autre résultat que de nous séparer. Je sentais bien le danger de ces promenades, et voilà pourquoi je les voulais moins fréquentes, pourquoi tout en les désirant tout aussi ardemment que vous pouviez les désirer vous-même, je vous les refusais, ne les accordant qu'en me disant que puisque vous aviez résisté, vous résisteriez encore, vous résisteriez toujours. Et voilà que vous avez parlé. Ah! maudit soit cet endroit si charmant où je m'imaginais qu'on ne pouvait être qu'heureux. Quittons-le.

Sans l'attendre, elle coupa à travers le taillis par où ils étaient venus se dirigeant vers le chemin; il la suivit, puis, passant devant elle, il écarta les branches auxquelles elle s'accrochait, lui frayant le passage.

Arrivés au chemin ils s'arrêtèrent.

— Où voulez-vous aller? demanda-t-il.

— Mais retourner à Villeneuve.

— Pourquoi pas à Boissy, comme nous en étions convenus.

L'accent de ces quelques mots était si désolé qu'elle ne persista pas dans son idée de Villeneuve.

— A Boissy, dit-elle.

Ils se mirent en marche lentement, sans parler. Au bout d'un temps assez long il rompit ce silence :

— Allons-nous donc faire toute la route ainsi, dit-il, ne prendrez-vous pas mon bras ?

Des voitures de paysans suivaient le chemin, les unes devant eux, les autres derrière ; elle se rapprocha de lui et lui passa la main sous le bras.

— Ah ! Gaston, murmura-t-elle.

Et ils continuaient à marcher, oppressés, silencieux.

Ce fut lui encore, qui, le premier, reprit la parole :

— Il est un mot que vous avez répété deux fois, et qui ne peut pas être sérieux, c'est celui de séparation.

— Que trop sérieux, hélas !

— Et si je vous promets de ne plus parler de mon amour.

— Seriez-vous plus maître de vous demain que vous ne l'avez été aujourd'hui. Et d'ailleurs quand même vous pourriez ne plus me parler de votre amour, cela ferait-il que je ne vous aie pas avoué le mien. Si nous continuions ces promenades, que seraient-elles pour nous ? Pourraient-elles nous donner les joies que nous y avons trouvées ? En est-il sans la sécurité ?

— Et ma promesse ?

— Cette journée toujours présente à mon esprit, pourrait recommencer toujours.

Le chemin qu'ils suivaient aboutissait à une grande route, et à son extrémité, à travers une grille aux fers de lance dorés, ils apercevaient un château en briques et en pierre d'ordonnance grandiose, — le château de Grosbois ; devant son entrée s'étalait un rond-point gazonné sur lequel étaient couchés des troncs d'arbres sortis de la forêt.

Il lui demanda de s'asseoir sur un de ces arbres et elle ne refusa point ; ils avaient encore du temps à eux avant le départ du train ; d'ailleurs à proximité des pavillons de garde et de la route, il n'y avait pas à craindre que l'entretien roulât sur une pente dangereuse.

Il continua sur le sujet de la séparation, et malgré les objections, malgré les supplications de Gaston, elle se montra inébranlable dans sa douce fermeté :

— Je ne dis pas que nous ne devons pas nous revoir, mais nous devons renoncer à ces promenades.

Ce fut tout ce qu'il en put obtenir.

L'heure arriva de gagner la station, elle lui prit le bras, et en n'échangeant que quelques rares paroles ils traversèrent le village et descendirent la côte d'où de temps en temps s'ouvraient des échappées de vue sur Paris.

— Comme à Clamart, dit-il.

— Il eût été si doux de rester à Clamart.

Au chemin de fer il voulut monter dans un compartiment où ils seraient seuls, mais il n'en trouva point, et en route ils ne purent échanger que des paroles indifférentes : ils étaient assis à côté l'un de l'autre et jusqu'à Paris il lui tint une main sans qu'elle fit rien pour la dégager.

En arrivant à la gare il lui proposa de la reconduire, et elle accepta.

— Pourquoi non, je vous ai dit que chez moi, au théâtre, vous me verriez autant qu'il vous plairait.

— Si vous m'aimiez !...

— Croyez-moi, quand je vous dis que je vous adore, et que je garderai mon amour dans mon cœur pour vivre de son souvenir.

Ils avaient pris un cocher qui marchait bride abattue ; en peu de temps ils arrivèrent rue de Vaugirard.

— Ainsi c'est fini, dit-il, quand la voiture s'arrêta devant l'hôtel.

Elle lui tendit la main :

— Pourquoi fini ; au revoir.

VII

Désolé en quittant Zyte, Gaston était tout à fait furieux en rentrant chez lui.

L'écoutant, la regardant, lui tenant la main il avait continué de subir l'influence qu'elle exerçait irrésistiblement, dès qu'il était près d'elle ; mais une fois seul, il s'était révolté, et à mesure qu'il s'éloignait du Luxembourg pour se rapprocher du parc Monceaux, sa colère avait grandi : colère contre elle autant que contre lui-même : — elle se moquait de lui ; il était stupide.

Quand il était descendu pour le dîner, sa figure était si bouleversée, ses yeux étaient si sombres que sa mère inquiète avait voulu l'interroger :

— Qu'as-tu, mon cher enfant ?

— Mais rien, maman.

— Certainement tu as eu une violente contrariété.

Et avec son inquiétude maternelle allant toujours au plus grave ;

— Ce n'est pas une querelle, n'est-ce pas ? un duel ?

— Oh ! non, je t'assure.

— Veux-tu pas qu'il te raconte ses histoires, dit M. Chamontain, ce serait du joli ; mon Dieu que les femmes sont étranges avec leur curiosité ; quelle figure ferais-tu s'il te répondait qu'il est contrarié parce que mademoiselle A. du théâtre de l'Odéon, ou mademoiselle B. des Bouffes le trompe avec son coiffeur ou son cocher ?

Mademoiselle A. du théâtre de l'Odéon n'arrivait pas ainsi par hasard : on avait trop parlé de Zyte et de Gaston pour que ces propos ne fussent pas venus jusqu'à M. Chamontain ; et cette allusion était une raillerie qu'il adressait à son fils, sans aigreur d'ailleurs et sans aucune sévérité, car il ne s'inquiétait pas de cette liaison, celle-là ou une autre qu'importait ; et même avec son esprit pratique il aimait mieux celle-là qu'une autre, parce qu'une débutante est moins ruineuse qu'une vieille garde.

Sans rien répondre Gaston s'était mis à table; et sa mère qui ne le quittait pas des yeux avait vu avec chagrin qu'il ne mangeait pas. Que ne pouvait-elle le plaindre franchement? S'il était trompé comme il devait souffrir, lui si tendre et si bon : le pauvre enfant

Heureusement le dîner ne fut pas long, car il était de règle à l'hôtel Chamontain d'expédier les repas comme à un buffet de chemin de fer pour les voyageurs d'un train rapide : Chamontain trouvait cela distingué, et de plus bien fait pour donner aux étrangers admis à sa table une haute idée de ses occupations : il n'avait même pas le temps de manger, quel homme! Madame Chamontain, au contraire, aurait aimé à faire traîner les repas, parce que c'était le moment où elle avait son fils tout à elle, l'heure de l'intimité et de la tendresse ; mais ce qu'elle aimait ou n'aimait point n'entrait jamais en compte.

Quand on se leva de table, elle crut que, comme tous les soirs, Gaston allait l'embrasser avant de sortir, mais elle fut doucement surprise en le voyant s'installer près d'elle dans le petit salon où elle passait ses soirées, toute seule le plus souvent.

— Il paraît que je ne m'étais pas trompé, dit Chamontain, il y a décidément de la brouille.

Riant de cette plaisanterie, il laissa en tête à tête la mère et le fils.

Ah! comme elle eût voulu le confesser; comme elle l'eût consolé. Mais que lui demander? C'est le chagrin des mères qui ont de grands fils de les voir bien souvent malheureux sans pouvoir venir à leur secours : n'est-il pas des sujets qu'elles ne doivent pas aborder, qu'elles doivent paraître ignorer?

Il avait pris un livre sur une étagère, et machinalement il s'était mis à le feuilleter en regardant les illustrations qui encadraient les pages, mais sans lire le texte; tout à coup il s'arrêta et parut lire :

— Comme c'est vrai, murmura-t-il.

— Qui est vrai? demanda madame Chamontain, émue de son accent.

— Un passage de l'*Imitation.*

Il lut : « Celui-là est bien vain qui met son espérance dans les hommes, ou dans quelque créature que ce soit. »

— Ce n'est pas seulement par la vérité que ce livre est divin, dit-elle, c'est aussi par la force qu'il donne à ceux qui en font leur lecture. J'en mettrai un exemplaire dans ton appartement, et de temps en temps tu en liras un chapitre; tu verras quelles consolations tu en tireras, et quel bien il te fera.

Il lut encore une page ou deux, puis posant le livre sur la table, il s'absorba dans sa réflexion, au grand contentement de sa mère, qui se dit que déjà cette lecture opérait.

Mais elle se trompait, après quelques minutes de méditation il se leva et venant à sa mère il l'embrassa.

— Tu sors? demanda-t-elle avec inquiétude.

— Oui; j'oubliais que je dois voir Bachollet ce soir : bonne nuit.

S'il devait voir Bachollet c'était parce qu'il sentait que ses pas allaient, comme tous les soirs, le porter à l'Odéon, et qu'il ne voulait pas céder à cette faiblesse : Bachollet l'occuperait, le distrairait.

En quelques minutes il était descendu du Parc Monceau à l'avenue d'Antin où Bachollet occupait un petit hôtel : peut-être ne serait-il pas sorti.

En effet, il ne l'était pas; cependant le valet de chambre fit des difficultés pour recevoir Gaston.

— Monsieur s'habille. Enfin je vais voir.

Sur le pied de camaraderie où ils étaient, Gaston fut surpris que Bachollet ne pût pas le recevoir parce qu'il s'habillait; mais il le fut bien plus encore quand il se trouva en face de Bachollet vêtu d'un maillot rayé vert et jaune, coiffé d'une perruque rousse, la figure enfarinée, les lèvres et les paupières rouges.

— Je vais faire travailler mon oie, dit Bachollet en lui tendant la main, et pour qu'elle s'habitue à mon costume, je me suis habillé; comment me trouvez-vous? Vous remarquerez que ce sont mes couleurs.

C'était, en effet, les couleurs que portaient les jockeys de Bachollet : casaque jaune serin, manches et toque vertes.

— Vous arrivez à pic, continua Bachollet, vous allez être notre public; il faut que je l'habitue à la lumière et à la foule.

Ils descendirent aux écuries, où la répétition devait avoir lieu : ces écuries étaient le luxe de l'hôtel de Bachollet, et avec les remises et la sellerie, elles occupaient un vaste espace qui, autrefois, avait été un jardin : un beau vestibule dallé de mosaïque avec le chiffre du maître et revêtu de marbres de couleurs claires les précédait.

En entrant, Bachollet donna l'ordre d'allumer tous les becs de gaz, et une lumière violente, reflétée par le glacé des marbres, emplit cette vaste pièce.

— Il s'agit de lui donner l'illusion d'un cirque, dit Bachollet, au moment où elle fera son entrée, ne vous gênez pas pour remuer les pieds et murmurer.

Et il commanda qu'on allât chercher Capitolina.

Presqu'aussitôt une porte s'ouvrit, et à la cantonnade on entendit : « Coin, coin, coin ».

— La voilà, dit Bachollet, qui paraissait ému.

Cependant il ne perdit pas le sentiment de la situation, immédiatement il entra dans son rôle, bombant sa poitrine, cambrant sa taille, posant ses mains sur les hanches, se tortillant comme un clown :

— Aoh! aoh! volez-vos jouyer avec moâ, miss Capitolina?

Mais miss Capitolina, insensible à cette invite, ne se montrait pas.

— Auguste, poussez-la donc un peu, dit Bachollet, c'est le gaz qui l'effraie.

Poussée par Auguste, l'oie fit son entrée dans le vestibule en se dandinant, mais presqu'aussitôt elle s'arrêta, se piéta en allongeant le cou et en entr'ouvrant les ailes.

— Ce n'est rien, dit Bachollet, ne faites pas attention, c'est l'émotion de l'entrée en scène ; nous y sommes habitués ; Auguste, du sable ; maintenant cela va aller.

Cependant, malgré cette espérance, cela n'alla pas.

mieux. Capitolina criait comme une oie qu'elle était, et ne paraissait pas avoir d'autre idée que de retourner dormir.

— Vô allez compter jusqu'à dix, essaya Bachollet, revenant à son baragouin. Allons : oune.

Mais au lieu de compter, l'oie se précipita sur son professeur en soufflant.

— Ce était mon perrouque, qui faisait peur à toa, dit Bachollet.

Tout le personnel de l'écurie : cochers, palefreniers, grooms, était aligné d'un côté du vestibule, tandis que de l'autre, les deux valets de chambre, en habit noir et en cravate blanche, faisaient galerie. Gaston remarqua que tout ce monde se tenait à quatre pour ne pas se tordre de rire au nez de son maître.

Mais Bachollet, tout à son rôle, ne s'apercevait de rien ; il continuait à s'appliquer à se disloquer et à conserver son accent anglais.

— Vo volé pas compter; alors vo allé dire quelle était le personne le plous amoureux de la soçaété.

Capitolina continua à ne vouloir rien dire ; ce fut seulement quand on apporta à Bachollet une petite corbeille dans laquelle des boulettes étaient préparées qu'elle parut s'apprivoiser un peu, et qu'il pût lui faire faire le tour du vestibule en lui tenant la corbeille à une certaine distance du bec.

Alors il se montra satisfait de ce succès.

— Ça n'a pas mal marché, dit-il, demain elle dira l'heure ; venez, mon cher, vous verrez ça, c'est étonnant.

Ils rentrèrent dans l'hôtel.

— Ne sortirons-nous pas ce soir? demanda Gaston, qui voulait avoir un compagnon.

— Non, pas ce soir; je suis mort de fatigue; vous n'avez jamais vu un homme occupé comme moi, mon cher; cette nuit j'ai couché à Chantilly, et à quatre heures du matin j'étais en forêt pour faire galoper mes chevaux : l'essai a été décisif ; je vous le dis en confidence : *Joyeuse* a des chances. Oui, mon cher, elle peut me gagner le Derby. Voyez la veine : *Joyeuse* à Chantilly, *Capitolina* au cirque ; la semaine sera belle, hein ! Vous savez que si vous voulez que je vous en donne, je vous en céderai ce qu'il vous sera agréable à dix. C'est un gain à peu près sûr qui vous permettrait d'étonner Zyte sans faire une saignée au papa.

Depuis la première représentation d'*Hella* Gaston ne parlait plus de Zyte avec Bachollet ou tout au moins ne répondait-il que du bout des lèvres aux questions de celui-ci. Jusqu'à cette représentation, alors qu'il n'avait pas sur Zyte des intentions arrêtées, il était prodigue de discours dans lesquels il n'était question que de Zyte, de son passé, de son avenir, de son charme et de sa beauté. Au contraire du jour où il s'était dit qu'elle serait sa maîtresse, le silence avait succédé aux discours : il n'avait plus besoin de parler d'elle puisqu'il la voyait tous les jours ; et même il lui était désagréable qu'on lui en parlât parce qu'on ne le faisait point dans les termes qu'il aurait voulu. Mais ce soir-là les conditions se trouvaient changées : elle ne serait pas sa maîtresse ;

il ne la verrait pas ; il avait besoin de parler d'elle ; sa fureur voulait s'épancher.

— Il est bien question d'étonner Zyte, dit-il avec colère.

Longuement il raconta sa promenade, et Bachollet avec sa tête de clown, sa perruque rousse, et son visage enfariné montrait un étonnement comique.

— Vraiment, vraiment, disait-il, en oubliant son accent anglais,

Mais quand Gaston fut arrivé au bout de son récit, ce ne fut plus de l'étonnement que montra Bachollet, ce fut de l'inquiétude.

— Tout ce que vous voudrez, mon cher, mais pas ça.

— Quoi ça ? demanda Gaston.
— Vous êtes furieux contre Zyte, n'est-ce pas ?
— On le serait à moins.
— Pourquoi êtes-vous furieux ?
— Comment, pourquoi ?
— Parce que vous l'aimez.
— Je l'aimais.
— Vous l'aimez; vous l'aimez passionnément. Est-ce que vous seriez ici si vous ne l'aimiez point. Vous n'êtes venu que pour parler d'elle. Je connais ça. Eh bien ! mon cher, c'est ça qui est grave. Vous êtes un brave garçon au cœur tendre, vous êtes parfaitement capable de vous emballer. Où vous conduira-t-elle ?

— Où diable voulez-vous qu'elle me conduise, puisque tout est fini.

— Fini ! Dites que ça commence. Aujourd'hui

vous êtes à la rupture ; mais demain à quoi serez-vous ?

— Croyez-vous que demain elle aura changé.

— Elle, non ; mais vous. Dans ce que vous m'avez rapporté il y a un mot significatif et qui en apprend long.

— Lequel ?

— Elle vous a dit, n'est-ce pas ? que puisqu'elle admettait bien que vous ne pouvez pas être son mari, vous deviez par contre admettre qu'elle ne peut pas être votre maîtresse.

— Cela ou à peu près.

— Eh bien ! c'est là le mot significatif pour qui connaît les femmes et sait par expérience qu'elles disent toujours le contraire de ce qu'elles pensent : or ce que Zyte pense c'est qu'elle n'admet pas du tout que vous ne puissiez pas être son mari puisque vous l'aimez et puisqu'elle vous aime.

— Allons donc ?

— L'épidémie du mariage sévit au théâtre, pourquoi Zyte n'aurait-elle pas fait ce rêve quand elle a vu de quel amour vous l'aimiez ?

— Rassurez-vous, je ne suis ni aussi simple, ni aussi faible que vous le supposez. N'en parlons plus.

Cela fut dit d'un ton sec qui ne permettait pas de continuer sur ce sujet : aussi se le tint-il pour dit.

Mais pour lui avoir fermé la bouche, Gaston ne l'avait pas du tout rassuré.

Zyte saurait le prendre. Le présent disait ce que serait l'avenir. Ne s'était-elle pas déjà fait aimer passionnément. Le reste viendrait quand elle voudrait, si on ne se mettait pas en travers.

Qu'elle fût sa maîtresse, c'était bien ; elle avait assez de beauté et aussi un succès assez retentissant pour lui faire honneur.

Mais sa femme ! Ah ! mais non, pas de ça.

Malgré ses occupations et ses préoccupations, malgré *Joyeuse et Capitolina*, cette idée lui fut une obsession, il en rêva ; et le matin il se leva bien décidé à ne pas laisser Gaston exposé à cette sottise : ce serait ridicule ; et il était son ami, tout Paris savait qu'il était son ami.

Comme après ce qui s'était dit entr'eux la veille, il lui paraissait difficile de revenir sur un sujet que Gaston avait interdit d'une façon si nette, il crut que le mieux était de confier l'affaire au duc de Paradan.

Quel homme mieux que le duc était en situation d'agir sur Gaston, par la persuasion comme par la raillerie, avec l'autorité que lui donnaient les liens de la parenté, aussi bien que son nom et sa position. Ce ne serait pas à lui que Gaston pourrait répondre : « N'en parlons plus ». Il parlait de ce qu'il voulait, le duc ; il se faisait écouter ; et Gaston comme tout le monde subissait son influence.

Le soir même il se rendit donc au Cercle à l'heure où il y avait chance de rencontrer le duc.

L'histoire fut vite contée ; tout d'abord le duc l'écouta assez négligemment, avec cet air impassible, ennuyé et glacial que Bachollet admirait tant, mais au mot mariage, cette attitude se modifia subitement.

et se fît aussi attentive qu'elle était dédaigneuse quelques instants auparavant.

Lui qui n'interrompait jamais et répondait même rarement à ce qu'on lui disait, il questionna Bachollet

— Comment épouser Zyte ! Est-ce que Gaston vous a parlé d'un projet de mariage avec cette fille.

— Non, ce serait trop dire ; mais mon sentiment est que dans les dispositions où il se trouve, l'aimant comme il l'aime, affolé par la résistance qu'il rencontre, il peut très bien se laisser emporter par son amour et s'engager. Vous savez comme il est faible, et combien facilement il obéit aux suggestions.

Le duc écoutait avec une attention qui flattait singulièrement Bachollet ; jamais il ne lui avait vu ce regard expressif.

— C'est précisément parce qu'il subit les influences étrangères, continua Bachollet, que j'ai eu l'idée de vous entretenir de mes craintes. S'il peut être poussé à cette sottise, par contre il peut tout aussi bien en être éloigné. Cela dépend de l'influence qui pèsera sur lui et l'enveloppera. Que ce soit celle de Zyte qui s'exerce, il succombera. Que ce soit une autre, — la vôtre par exemple, il résistera. Par trop de zèle, je me suis brûlé, et ne peux plus rien. Tandis que vous vous pouvez tout : raillez-le sur ce mariage, parlez-lui-en avec ce dédain admirable que vous appliquez à ce que vous méprisez, et jamais Gaston n'osera passer outre : il a bien trop le respect de votre opinion.

— Je craius, mon cher Bachollet, que, par amitié, vous ne m'attribuiez une autorité que je n'ai pas, mais quoi qu'il en soit je n'oublierai jamais le service que vous me rendez en ce moment : me voyez-vous le beau-frère de mademoiselle Duchatellier.

— Je savais bien, s'écria Bachollet triomphant, que vous prendriez cette affaire à cœur.

— Qui peut-elle intéresser plus que moi ? Encore une fois, merci.

Et le duc qui n'était pas prodigue de démonstrations d'amitié lui donna une chaude poignée de main.

Bachollet en fut si glorieux, si heureux qu'il se demanda tout de suite comment prouver sa reconnaissance au duc : alors une idée lui vint.

— Je dois vous dire en confidence que je viens d'essayer ma jument *Joyeuse* ; elle a battu facilement à poids égal *Philidor* qui est, vous le savez, un des meilleurs chevaux de quatre ans ; c'est plus que suffisant pour gagner le Derby cette année. Si vous le désirez je peux vous en donner à dix ce que vous voudrez.

— J'en prendrai volontiers pour deux cents louis, dit le duc, qui ne négligeait jamais une occasion de bénéfice.

IX

Il était sincère, le duc, en disant que cette affaire du mariage de Gaston ne pouvait intéresser personne plus que lui.

Dans ses années de détresse, alors qu'il ne lui restait que la chance d'un mariage riche pour refaire sa vie, il s'était dit qu'il n'épouserait qu'une fille unique, dut-il attendre pour cela jusqu'à la dernière limite et tirer durement la langue ; s'il n'avait point tenu cette promesse et s'il avait épousé mademoiselle Chamontain, bien qu'elle eût un frère, il avait fallu pour le forcer à ce mariage tout un concours de circonstances inéluctables : céder ou mourir. Il avait cédé. Mais depuis il n'avait pas laissé passer un jour sans maudir sa faiblesse, et chercher des moyens pour en atténuer les détestables résultats : partager en deux une succession d'autant plus enviable qu'elle serait plus considérable, était-il perspective plus exaspérante ; que faisait de bon, ce frère ? A quoi servait-il ? Un niais, un imbécile.

Et le duc exécrait cet imbécile, bien que par convenance il dût lui faire bonne figure.

Un hasard heureux ne l'en débarrasserait-il point ?

Que Gaston épousât cette petite, et c'était là le bienheureux hasard qu'il avait vainement appelé et qui se produisait au moment même qu'il ne le croyait plus possible.

Jamais M. Chamontain, dont il connaissait l'orgueil et les prétentions, n'accepterait une comédienne pour belle-fille ; jamais il ne reconnaîtrait pour ses petits-enfants ceux qui naîtraient d'un pareil mariage. Entre ceux qui porteraient le nom glorieux de Paradan, et ceux qui auraient dans les veines, le sang honteux d'une fille de théâtre, le choix ne serait pas douteux un instant : Gaston et sa descendance seraient déshérités, sinon complètement, au moins de tout ce que la loi et les gens d'affaires plus forts que la loi pourraient lui enlever : s'il y avait encore partage de succession, la part d'un côté était si grosse et de l'autre si petite, qu'il devenait acceptable.

Il fallait donc que ce mariage se fît, et comme le disait très bien Bachollet, il dépendait de l'influence qui pèserait sur Gaston et l'envelopperait ; car il n'était pas du tout démontré pour le duc que Gaston, abandonné à lui-même, se laisserait emporter par son amour et épouserait Zyte, tandis qu'en pesant adroitement sur lui, en justifiant cette idée de mariage par des raisons qu'il n'oserait pas très probablement se donner lui-même, il pouvait très bien, faible comme il l'était, obéir à une suggestion qui serait d'accord avec son amour. Après tout il serait très heureux ; et si plus tard il récoltait un million dans la succession paternelle, ce serait bien assez pour lui, — avec son nom et dans la situation que son mariage lui aurait créé, qu'avait-il besoin d'une grande fortune !

Le duc n'était pas comme Bachollet ; quand il avait une idée en tête, il en différait l'exécution jusqu'à ce que la réflexion l'eût mise à point ; il attendit donc une occasion pour aborder ce sujet avec Gaston, et ce fut un soir qu'ils avaient dîné à l'hôtel Chamontain qu'il lui parla de Zyte, en descendant à pied au boulevard.

— Vous avez été bien sombre ce soir, mon che-

Gaston, vous devriez tâcher de vous observer, vous inquiétez votre mère.

— Elle vous a parlé de moi ?

— Elle m'a chargé de vous confesser. Au cas où le cœur vous en dirait, vous savez que vous ne pouvez pas trouver de confesseur plus indulgent et plus sympathique : il n'y a pas si longtemps que j'étais jeune.

Gaston ne répondit pas ; le cœur ne lui disait pas de se confesser, et bien qu'il ne doutât pas de la sympathie que son beau-frère affirmait, il n'avait jamais eu une entière liberté d'expansion avec lui, retenu qu'il était par ses manières froides et son abord indifférent.

Ce silence ne découragea pas le duc ; il passa son bras sous celui de Gaston.

— Vous l'aimez donc passionnément, mon pauvre Gaston ?

— Mais...

— Quand on ne veut pas que la confession soit répétée, on ne la donne pas à garder à Bachollet.

— Bachollet est un bavard ; il se mêle toujours de ce qui ne le regarde pas.

— Bachollet est un brave garçon, qui a pour vous l'amitié la plus sincère ; ce n'est point en bavard qu'il a parlé, c'est en ami, sous le coup d'une vive angoisse.

— Une vive angoisse ?

— Bien naturelle chez un ami, et que j'ai ressentie plus vivement que lui encore, vous devez le croire.

Gaston regarda son beau-frère en se demandant ce que signifiait ce singulier langage : que diable Bachollet avait-il pu raconter ?

— Pouvez-vous me dire, demanda-t-il, pourquoi cette angoisse chez vous et chez Bachollet ? Je n'y suis pas du tout.

— Vous croyez à mon amitié, n'est-ce pas ?

— Sans doute.

— Vous savez que les liens de parenté, créés entre nous par mon mariage avec votre sœur, sont par moi pris au sérieux.

Gaston fit un signe affirmatif.

— Eh bien ! comment voulez-vous que je ne sois pas ému, que je ne sois pas angoissé par votre mariage... avec cette petite.

— Mon mariage !

Le duc avait assez filé la scène pour la brusquer maintenant :

— Ne l'avez-vous pas annoncé à Bachollet.

— Bachollet est fou.

— Vous n'épousez pas Zyte ! s'écria le duc en s'arrêtant sur le trottoir, tant sa surprise fut vive.

— Il n'en a jamais été question.

— Mais alors ?

— C'est Bachollet qui a eu cette idée... bizarre que je pouvais vouloir épouser Zyte, et je vois que comme toujours il a pris son rêve pour la réalité.

— Vous ne lui avez pas laissé entendre que si elle ne consentait pas à devenir votre maîtresse, vous l'épouseriez.

— Je ne lui ai pas dit un mot de cela : c'est lui au

contraire qui a voulu me prouver, « avec sa compétence » que Zyte voulait se faire épouser par moi, ce qui n'est pas plus vrai, croyez-le, que de s'imaginer que je veux épouser Zyte.

Le duc prit les deux mains à Gaston, et les lui serra chaudement.

— Ah ! mon cher ami, quel poids vous m'enlevez, dit-il, avec une effusion que Gaston n'avait jamais trouvée en lui.

— Vous avez cru...

— Que vous pouviez épouser Zyte ? Parfaitement.

— Alors vous prenez Bachollet au sérieux ?

— Il est évident que si Bachollet ne m'avait pas parlé de ce mariage, l'idée ne m'en serait jamais venue ; mais elle m'a paru toute naturelle après les confidences de Bachollet. J'ai oublié Bachollet, je n'ai plus pensé qu'à elle... et alors logiquement, fatalement, je devais arriver au mariage. Vous savez que, par nature, je ne suis ni curieux, ni interrogateur et ne m'occupe ni de ce qui se fait, ni de ce qui se dit autour de moi. Cependant si peu curieux que je sois, je n'ai pas pu, mon amitié étant en éveil, ne pas être frappé de ce qui se passait en vous ; et je n'ai pas pu davantage, étant encore assez jeune pour sentir les choses du cœur, ne pas voir que vous aimiez cette petit Zyte passionnément.

Gaston fit un mouvement, mais le duc ne se laissa pas interrompre ; il avait préparé ce qu'il voulait dire, et savait où il allait.

— Mon cher, nous sommes mauvais juges de ce qui se passe en nous, et nous pesons très mal la force de nos sentiments que les autres au contraire pèsent très bien. C'est votre cas; peut-être ne savez-vous pas ce qu'est votre amour, tandis que moi je le sais. Je l'ai suivi depuis le soir où il est né dans cette grange de Noisy, et de jour en jour je l'ai vu grandir en vous. Vous ne direz pas que c'est un caprice.

Gaston ne répondit pas; blessé qu'on lui parlât de son amour, il aurait voulu rompre l'entretien.

— Vous voyez que vous ne me le dites pas; vous l'aimez, vous l'aimez passionnément. Cela est si naturel, si légitime que je reconnais que dans les conditions où cet amour est né et s'est développé, il ne pouvait être autre que ce qu'il est. Votre âme est tendre; vous êtes un passionné; de son côté elle est charmante, que pouvait-il résulter de votre rencontre? Justement ce qui est arrivé, ce qui devait arriver. C'était bien ce qui me tourmentait quand je croyais à ce mariage, car je me demandais comment le combattre ainsi que mon devoir et mon intérêt personnel m'y obligeaient, sans rien trouver de bon à imposer. Quoi? N'est-elle pas parfaite, cette jolie Zyte? Qu'aurais-je pu dire contre sa beauté? N'est-elle pas une honnête fille? Qu'aurais-je pu dire de raisonnable et de fondé contre cette honnêteté? Il m'aurait fallu des faits, et je n'en connais pas; tandis que vous m'auriez fermé la bouche avec ce qui vous est personnel, sans qu'il me fût possible de rien répliquer.

Gaston ne voulait plus rompre l'entretien, car malgré lui il était heureux d'entendre parler de

Zyte en ces termes; n'était-ce pas ce qu'il se disait à lui-même à chaque instant; mais dans la bouche du duc ces paroles prenaient une toute autre importance que dans la sienne : « Charmante cette jolie Zyte; honnête fille. »

Le duc continua :

— Qu'aurais-je dit contre ce mariage même? Evidemment j'aurais eu mille objections à faire valoir en mon nom personnel et au nom de votre sœur. Mais vous m'auriez répondu qu'on se marie pour soi non pour son beau-frère ou pour sa sœur et je n'aurais eu qu'à me taire. Qu'importent toutes les raisons de famille et de monde quand il s'agit de son bonheur. Si encore nous avions eu quelque griefs sérieux, un crime, le déshonneur à reprocher aux siens. Mais non. En réalité ce sont de braves gens, et même la mère est d'origine noble, il me semble.

— Il paraît.

— Voyez-vous mon embarras; et je n'aime pas rester dans l'embarras. J'avais tout préparé cependant pour vous attaquer. Mais je peux bien vous avouer maintenant qu'il y avait plus d'un point sur lequel je ne me sentais pas solide. Celui de la fortune particulièrement, si vous me répondiez que vous êtes assez riche pour deux comme votre sœur l'a été.

— Ne croyez pas que je me serais servi d'arguments de ce genre.

— Dans ces termes, non sans doute; mais vous auriez eu trop beau jeu vraiment à faire cette assimilation entre le mariage du frère et celui de la sœur, pour en priver votre défense : votre sœur a cherché le nom dans son mariage, vous cherchiez l'amour dans le vôtre, j'étais collé. Aussi, je vous le répète, vous m'enlevez un gros poids en me disant que ce mariage n'a jamais existé que dans l'imagination de Bachollet. Et puis, d'autre part, je suis heureux de voir que vous en prenez votre parti. Assurément vous souffrirez dans les premiers temps, et je m'explique votre air sombre pendant le dîner, mais enfin si tendre, si passionné que vous soyez, si séduisante que soit Zyte, vous vous consolerez. Je ne dis pas que vous n'en conserverez pas une certaine mélancolie, car vous n'aurez eu que les joies de cet amour sans en connaître la lassitude ou la satiété, mais cela donnera de la poésie à votre vie ; vous vous reporterez à vos souvenirs. Et plus tard, avec votre bonne bourgeoise de femme, vous aurez la satisfaction de vous dire que vous avez aimé la grande et brillante comédienne que Zyte sera alors. Car ce que vous aurez de mieux à faire pour vous consoler et ne pas vous dévorer dans les regrets de cette passion, c'est de vous marier au plus tôt. Le papa Chamontain, encore plus soulagé que moi, vous trouvera une jeune fille aussi riche que vous ; et un jour nous réunirons ces deux grosses fortunes en mariant mon fils avec votre fille. Comprenez-vous, maintenant, combien ce mariage avec Zyte dérangeait mes projets.

Ils arrivaient à la place de la Madeleine ; le duc en avait assez dit pour cette première fois ; le mieux maintenant était de laisser Gaston à ses réflexions.

— Où allez-vous ?

— Je flâne.

— Eh bien ! je vous laisse.

Mais Gaston ne flâna pas longtemps ; un cocher passait ; il l'appela.

— A l'Odéon.

Au lieu d'entrer à l'orchestre ; il resta debout dans le couloir de façon à n'être pas vu de la scène et tout en regardant Zyte les paroles du duc lui revenaient l'une après l'autre, il se les répétait : comme il l'aimait !

Le duc qui n'avait pas prévu cette station amoureuse plus efficace pour le succès de sa combinaison que les réflexions solitaires sur lesquelles il avait compté, jugea, qu'après avoir préparé Gaston au mariage, il était bon d'agir aussi sur Zyte. Les journaux annonçaient qu'elle devait dire la *Nuit d'octobre* à une soirée du ministre de l'instruction publique, il lui serait facile de la rencontrer là, « par hasard », et de l'entretenir sans se risquer dans une démarche directe qu'on ne pourrait pas démentir : député, il était tout naturel qu'il allât à une soirée du ministre ; étant un de ceux qui avaient découvert cette étoile, il n'était pas moins naturel qu'il la complimentât.

Les choses s'arrangèrent ainsi, et quand Zyte, après avoir dit le rôle de la Muse, se retira, dans le salon des artistes, le duc la suivit, et choisissant son moment, l'aborda.

Quand elle le vit venir à elle et qu'elle ne put pas se méprendre sur son intention, elle éprouva un serrement de cœur : que lui voulait-il? Qu'allait-il lui dire de Gaston?

Il se montrait souriant cependant et sa figure hautaine n'avait jamais été plus aimable : ceux qui étaient habitués à le voir ne le reconnaissaient point.

Le trouble de Zyte était si grand, que ce fut à peine si elle entendit les premières paroles qu'il lui adressa; elle comprit seulement qu'il se félicitait d'avoir été un des premiers à applaudir le grand talent qui était maintenant l'espoir de la scène française.

Justement parce que le duc parlait peu ordinairement et portait partout sa mine indifférente et ennuyée, on était frappé de l'amabilité qu'il montrait à Zyte, et comme dans le monde du théâtre l'amour de Gaston n'était un mystère pour personne, on se demandait comment ce duc hautain pouvait être si gracieux avec la maîtresse de son beau-frère, et en même temps si respectueux : il lui parlait avec une déférence qu'il n'avait pas pour les femmes de son monde. Que diable cela pouvait-il signifier!

Comme tous les yeux étaient ramassés sur eux, et toutes les oreilles tendues, M. de Paradan continua assez longtemps sur ce ton; et ce ne fut que quand il sentit l'attention et la curiosité se relâcher qu'il aborda son sujet :

— Ce n'était pas seulement à l'artiste que je tenais à adresser mes compliments, c'était aussi à la femme et à la jeune fille, dit-il en baissant la voix.

Elle le regarda stupéfaite.

— Vous êtes une vaillante. Persévérez dans cette dignité d'attitude ; vous aurez l'appui de ceux qui vous portent intérêt, et vous en serez récompensée.

Que voulait-il dire ? Sans doute cette énigme allait s'expliquer.

Mais il ne lui convenait pas d'en dire davantage et de préciser ; ces quelques mots, en style d'oracle ou de somnambule, allaient faire travailler l'esprit de Zyte dans le sens où la poussait son désir, et dès lors ils suffisaient, puisqu'ils ne disaient que ce qu'on voulait leur faire dire.

Un haut fonctionnaire des beaux-arts entrant en ce moment dans le salon, le duc lui adressa un signe pour l'appeler près d'eux.

— Comment n'avez-vous pas encore fait engager mademoiselle Duchatellier à la Comédie-Française, dit-il, faut-il donc que je prie un de mes amis de tourmenter votre ministre à ce sujet dans la commission du budget, ou que je le taquine en séance ?

— Mademoiselle Duchatellier va jouer Chimène, répondit le fonctionnaire, qui ne voulait pas plus se compromettre que contrarier un député de la volée du duc, et bien que cette épreuve ne puisse être pour elle qu'une simple formalité, il paraît plus convenable de l'attendre : nous serons plus forts.

— Alors nous en reparlerons, je porte à mademoiselle Duchatellier un intérêt tout particulier, et je suis bien aise de vous le dire devant elle.

Ayant tendu la main à Zyte, il la lui serra ; puis ayant promené sur tous les gens son regard glacial et repris son air impassible, il sortit du salon pour s'aller coucher, content de lui et de sa soirée.

X

Il ne fallait rien moins que ces études du rôle de Chimène pour distraire Zyte de son amour, car pour elle l'épreuve devait être décisive. Les journaux, ses camarades l'attendaient là : un succès dans un drame ne signifiait pas grand chose, et pouvait n'être qu'un heureux hasard ; on ne saurait vraiment ce qu'elle valait que quand elle se serait essayée dans le répertoire.

Ce terrible répertoire était devenu le tourment de ses jours et le cauchemar de ses nuits : le jour elle raisonnait ses craintes qui ne trouvaient que trop leur justification dans la misérable éducation qui avait été la sienne ; la nuit elle les subissait écrasée, étouffée par l'angoisse.

Elle n'avait plus Faré pour la guider et la soutenir, lui montrer ce qu'elle avait à faire, la reprendre ou l'applaudir, et les répétitions au théâtre lui donnaient plutôt le sentiment de ce qui lui manquait que de ce qu'elle savait, de ce qui était mauvais, que de ce qui était bon.

Avec cela ceux de ses camarades qu'elle avait écrasés de son succès reprenaient pied et lui prodiguaient avec une charité méprisante leurs conseils ou leurs consolations. — Ne vous désolez pas, ma chère petite, vous ne pouvez être bonne. — C'est quand

on a un pareil rôle à jouer qu'on apprécie l'instruction du Conservatoire, au moins on est préparé.
— Défiez-vous, ils ne cherchent qu'à vous faire avoir un four qui empêchera votre engagement au Théâtre-Français, et leur permettra de vous garder plusieurs années sans vous augmenter. — Les uns lui recommandaient le respect de la tradition. Les autres au contraire de jouer avec son tempérament, comme elle sentait, comme elle comprenait et de se moquer du reste. — Et puis venaient les histoires de ceux qui avaient échoué dans le répertoire, ce qui ne les avait pas empêchés de réussir au boulevard : Frédérik Lemaître n'avait jamais pu jouer le classique; si les Français ne la prenaient pas, elle aurait le boulevard.

Au milieu de ces contradictions et de ces tiraillements elle perdait la tête, et aussi le courage quelquefois, la foi en elle qui l'avait toujours portée.

Dans un de ces moments de défaillance elle eut la pensée de demander secours à Lachapelle ; s'il ne pouvait pas la faire travailler le rôle en détail, il lui donnerait au moins une direction : jamais elle ne pourrait le jouer s'il ne la tirait point de l'incertitude qui la paralysait : pour cela il fallait qu'il vînt à Paris et assistât à une répétition, car ce serait seulement en la voyant en scène qu'il la jugerait bien.

Elle lui écrivit donc à Rozoy où était le théâtre Duchatellier en ce moment, ainsi qu'à son père pour leur expliquer sa situation, leur dire ses doutes et ses craintes, et Lachapelle répondit en annonçant son arrivée pour le samedi matin.

Elle lui sauta au cou.

— Quel bonheur, vous voilà.

— Avais-tu douté de moi?

Ce n'était pas de lui qu'elle avait douté, ni de son affection, ni de son empressement, mais elle avait craint que son père blessé qu'elle s'adressât à Lachapelle et non à lui-même, ne voulût pas le laisser venir à Paris.

— Mon père pouvait avoir besoin de vous, dit-elle sans s'expliquer franchement.

— Ton père n'a plus besoin de moi.

Elle le regarda sans comprendre.

— Tu sais que depuis ton départ ça n'allait pas; ton père a pris peur en voyant que Théodore et Joseph partaient à leur tour, alors ayant trouvé une occasion il a vendu le théâtre, les roulottes, les chevaux, tout le bataclan.

— Vendu les roulottes, vendu Belisaire!

— Ça te chagrine; c'était presque ta maison natale; je comprends ça; mais la vie n'est pas gaie tous les jours, et il vient une saison où ces jours sont rares. Enfin il a tout vendu. Il va rester deux mois avec son acheteur et puis il viendra à Paris.

— Quoi faire?

— Oh! il a des idées plein la tête; il n'est pas embarrassé.

— Et la maman, sans les roulottes qu'est-ce qu'elle deviendra?

Lachapelle n'avait pas de réponse à donner, et il ne tenait pas à rester sur ce sujet douloureux.

— N'ayant rien de bon à faire avec l'acheteur de ton père qui a son personnel, me voilà libre...

Il essaya de rire.

— ... Libre de te faire travailler.

Elle lui expliqua longuement ce qui n'allait pas, et pourquoi ça n'allait pas.

— Il ne faut rien exagérer, dit-il pour la rassurer, il y a tant de gens qui ont intérêt à te décourager, sans compter ceux qui ont intérêt à te faire faire des bêtises; nous allons voir, puisque tu as eu la bonne idée de me faire venir, ce qui est bien gentil à toi: dans la peine tu as pensé à ton vieux Lachapelle, et rien ne pouvait le rendre plus heureux: il est donc encore bon à quelque chose. A quelle heure la répétition?

— A une heure.

— Nous avons du temps à nous.

— Nous allons déjeuner.

Pendant ce déjeuner en tête à tête, ce ne fut pas de la répétition qu'ils parlèrent, ce fut de l'ancien temps, de la jeunesse de Zyte, de ses premiers succès, de ses premières leçons.

Elle voulut qu'il lui dît ses projets.

— Mes projets! Est-ce qu'un vieux de mon âge, dans ma position, fait des projets.

— Vous avez bien une idée

— Oui, celle de ne pas mourir de faim, au coin d'une borne ou dans un fossé, et pour cela, je suis prêt à tout, car malgré l'âge le courage, Dieu merci, m'est resté. Mais ce que j'ai perdu c'est les relations, je ne connais plus personne, et personne ne me connaît plus. C'est là le malheur des vieux : ils sont seuls dans le monde.

— Et moi !

— Toi, tu es la vie de mon cœur, mais tu ne vas pas me nourrir, n'est-ce pas, et pour les relations tu es, par ta jeunesse, à peu près dans la même situation que ma vieillesse.

— Je connais des personnes qui ont des relations : M. Crozat, M. Faré, M...

Elle allait nommer Gaston, mais pouvait-elle lui demander quelque chose ?

Ils gagnèrent ainsi l'heure de la répétition, et se rendirent ensemble au théâtre.

— Je vais me mettre dans un coin, dit-il, où personne ne me verra et d'où je ne bougerai pas ; tu me retrouveras à la sortie.

Cette représentation du *Cid* devait servir à trois débuts importants : dans Rodrigue à celui d'un prix du Conservatoire qui savait à peu près tout ce qui s'apprend ; à celui de Zyte ; enfin dans Don Diègue à celui d'un comédien du boulevard qui, à soixante ans, avec de beaux succès derrière lui, avait le courage de se mettre à l'école ; dans ces conditions la répétition fut longue et tiraillée ; comme Lachapelle l'avait promis, il ne bougea point, et il se tint si bien caché que Zyte ne l'aperçut pas.

— Eh bien ? demanda-t-elle anxieusement en le trouvant sous la galerie devant la porte des artistes.

— Nous allons parler de ça.

Ce fut seulement sur le trottoir du Palais, quand

on ne pouvait pas les écouter, qu'il répondit à la question de Zyte.

— Eh bien! ça ne va pas.

— Je suis bien mauvaise?

— Tu ne peux pas être mauvaise, seulement tu es à côté; ça n'est pas le rôle.

— Alors il ne faut pas que je le joue.

— Y penses-tu? que ne dirait-on pas? Que tu t'es rendu justice. Enfin que sais-je? Ton avenir serait compromis. Il faut le jouer; le jouer malgré tout; mais le jouer autrement.

— Comment? c'est justement pour cela que je vous ai fait venir, car je sentais bien que j'étais à côté.

— Quand la première?

— De lundi en huit.

— En dix jours, c'est impossible.

— Eh bien, alors!

— Ne te désespère pas, j'ai une idée qui m'est venue en te voyant te débattre. Ce que je suis incapable de faire, moi vieux bonhomme, une autre le peut; cette autre est une femme qui a joué le rôle autrefois comme personne ne l'a joué jamais, — Adèle Rousseau; nous allons l'aller trouver. Seulement une difficulté se présente, car elle ne demeure pas à Paris. Dans l'éclat de la beauté et du talent, à la suite d'un désespoir d'amour, elle a quitté le théâtre et s'est retirée dans son village natal en Normandie, aux environs de Conches où elle vit dans la piété la plus rigoureuse. Je lui ai autrefois rendu un service qu'elle ne peut avoir oublié; je vais lui demander de me le payer en redevenant pour toi la Chimène qu'elle a été ; en quelques heures avec elle tu en apprendras plus qu'en un mois avec moi. Il faut que nous allions à Conches.

On était le samedi ; le dimanche Zyte jouait deux fois, en matinée et en soirée, le lundi elle ne jouait pas. Il fallait donc partir le dimanche à minuit et demie après la représentation, pour arriver à Conches le lundi matin et passer la journée avec Adèle Rousseau.

A minuit moins cinq ils montaient tous les deux dans un fiacre à la porte de l'Odéon, et quelques minutes avant le départ du train ils prenaient place dans un wagon de deuxième classe de la ligne de Cherbourg qui à cinq heures les déposait sur le quai de Conches.

Tout ce que Lachapelle savait c'était que Saint-Firmin-du-Bosc, le village de Rousseau, tenait à la forêt de Conches ; mais comment s'y rendait-on ? Un employé leur dit que le courrier allait justement partir et comme à cette heure matinale les voyageurs étaient rares, ils trouvèrent les deux places qu'il leur fallait dans un petit break à rideaux de cuir que Lachapelle ferma, car avec le jour qui se levait, était venu le froid de l'aube, et il avait peur que Zyte ne s'enrhumât.

Enfermés dans cette boîte, ce fut seulement par le roulement assourdi de leur voiture qu'ils surent qu'ils traversaient la forêt ; quand le bruit se fit plus clair, Zyte entr'ouvrit un rideau et vit qu'ils étaient dans une plaine coupée de pommiers, sur la gauche se dressaient un clocher et quelques toits d'ardoise jaunis par le soleil levant, au-dessus desquels montaient les fumées des feux qu'on allumait.

Elle interrogea le cocher : c'était Saint-Firmin ; mademoiselle Rousseau demeurait à l'autre bout du bourg; ils descendraient au bureau.

Au bout du bourg, était une indication insuffisante; quand ils se trouvèrent sur une place formée d'un côté par l'église et des trois autres par des cafés, des auberges et une pharmacie, ils durent entrer au bureau pour demander leur direction.

— C'est à mademoiselle Rousseau personnellement que vous avez affaire; eh bien, vous pouvez ne pas aller jusque chez elle, la voilà; elle va entrer à l'église.

En effet, une femme aux cheveux tout blancs, enveloppée d'une mante grise, marchant à pas comptés, les yeux baissés, dans une attitude recueillie, se dirigeait vers le porche de l'église : sur sa poitrine elle tenait appliqué un de ces gros livres qu'on appelle des eucologes ; au clocher tintait la messe. Évidemment ce n'était pas le moment de l'aborder.

— Veux-tu que nous entrions dans l'église? demanda Lachapelle, je brûlerai bien un cierge pour ta réussite.

Ils entendirent la messe dans le bas de l'église auprès des fonts, et quand mademoiselle Rousseau sortit, ils la suivirent de loin, sans avoir l'air de marcher sur ses pas.

C'était bien au bout du bourg qu'elle demeurait: là où les maisons cessaient et là où la plaine commençait, elle ouvrit une barrière et entra dans une cour séparée de la route par une haie d'épine tondue de près : au milieu de cette cour plantée de gros pommiers qui commençaient à fleurir s'élevait une maison de paysans couverte en chaume et aux murs en charpente apparente avec remplissage d'argile : de la barrière à la porte de la maison courait dans l'herbe verte un étroit sentier tracé par les pas ; une vache embricolée paissait sous les pommiers ; de çà de là allaient et venaient des poules.

— Quand on pense que celle qui a vu Paris à ses pieds vit là toute seule, dit Lachapelle.

— Ce n'est pas la maison de la misère

— Non, bien sûr, [mais n'est-ce pas celle du chagrin?

Ils entrèrent sans sonner, pour cette bonne raison qu'il n'y avait pas de sonnette à la porte; mais au bruit que la barrière fit en grinçant dans son collet rouillé, mademoiselle Rousseau se retourna et les regarda surprise; comme ils continuaient d'avancer, elle vint à eux :

— Vous demandez?

Lachapelle ôta son feutre et salua respectueusement :

— Vous ne reconnaissez pas votre vieux Lachapelle?

Mais ce nom qui, dans la pensée de Lachapelle, devait être assurément magique, fit froncer le sourcil de mademoiselle Rousseau; cependant il ne se découragea pas :

— C'est un service que je viens vous demander en invoquant les souvenirs d'autrefois.

Il fit signe à Zyte de s'éloigner de quelques pas, tandis qu'il se rapprochait de mademoiselle Rousseau.

Zyte vint à la barrière, et là elle se retourna vers la maison : la conversation était vive entre mademoiselle Rousseau et Lachapelle et bien qu'elle n'en entendît pas un mot, elle la suivait exactement, car deux comédiens ne s'entretiennent pas comme le commun du vulgaire, et à leur mimique on les comprend : Lachapelle demandait; elle refusait; il invoquait le passé; elle opposait le présent.

Auraient-ils donc fait ce voyage pour rien? Comme Zyte se posait cette question mademoiselle Rousseau lui fit signe d'approcher :

— Mon vieil ami Lachapelle m'adresse une demande que de puissantes raisons devraient m'empêcher d'accueillir, mais que je ne peux pas lui refuser. Je suis donc à votre disposition, mademoiselle mais c'est à une condition : personne ne saura que vous êtes venue ici et que nous avons travaillé ensemble; mon nom ne sera jamais prononcé par vous; je suis morte au monde et veux rester morte; me le promettez-vous?

A mesure qu'elle parlait, Zyte était frappée de la noblesse de son visage et de la dignité de son attitude : sa voix avait une gravité douce qui remuait le cœur.

— Entrons.

L'intérieur était en accord avec l'extérieur, on entrait dans une cuisine dallée de briques avec haute cheminée, potager dans un coin, murs blanchis à la chaux, et plafond aux poutres apparentes ; puis de là on passait dans une salle de même construction.

— Débarrassez-vous de votre manteau, dit mademoiselle Rousseau, défaisant elle-même sa mante et son chapeau, mettez-vous à votre aise, et vous me direz une scène, car enfin il faut avant tout que je vous connaisse un peu.

— Quelle scène ? demanda Zyte, qui en un tour de main s'était déshabillée.

— Celle que vous voudrez : « Sire, mon père est mort. »

Zyte commença, occupant le milieu de la salle, tandis que mademoiselle Rousseau et Lachapelle se tenaient dans un coin contre le mur.

— Mais c'est très bien, interrompit mademoiselle Rousseau, quand Zyte fut arrivée au bout du premier couplet. Jamais on n'a mieux dit :

> Sire, la voix me manque à ce récit funeste :
> Mes pleurs et mes soupirs vous diront mieux le reste.

Jamais on n'y a mis plus de douleur, jamais yeux plus touchants ne se sont emplis de pleurs. Que me racontiez-vous, donc, Lachapelle ?

Il triomphait Lachapelle en entendant dans cette bouche un pareil éloge :

— Croyez-vous donc, s'écria-t-il, que je venais vous troubler dans votre solitude pour vous amener une élève, une mazette. Oui cela est bien, très bien, admirable ; mais tout n'est pas admirable, il y a du faible, il y a même du mauvais ; en un mot le rôle ne se tient pas ; et ce qu'il faut ce n'est pas qu'elle soit bonne ici et faible là, c'est qu'elle soit admirable d'un bout à l'autre, et elle le sera si vous le voulez.

Mademoiselle Rousseau lui imposa silence de la main :

— Pas de ces paroles ici, mon cher Lachapelle. Vous m'avez demandé de me rappeler mes études d'autrefois ; c'est là seulement ce que je peux vous promettre ; et encore me sera-t-il difficile de remonter dans un passé si loin de moi. On raconte, n'est-ce pas ? que Racine retiré du théâtre et ayant à parler de la Champmeslé qu'il avait tant aimée, retrouva à peine son nom, c'est là un peu mon cas. C'est ici la maison de l'oubli, et tout ce que j'ai aimé autrefois est sorti de ma mémoire aussi. Mais enfin donnez-moi un *Cid*, et en lisant je retrouverai sans doute.

Un *Cid !* Mais ils n'avaient pensé ni l'un ni l'autre à apporter la tragédie. Ils se regardèrent interloqués.

— Vous n'avez pas un Corneille ? demanda Lachapelle.

— Je vous ai dit que j'étais morte au passé ; ce ne sont pas des lectures de ce genre qui occupent mon âme aujourd'hui.

— Mais on doit bien trouver un Corneille à Saint-Firmin, s'écria Lachapelle.

— Peut-être ; je n'en sais rien ; c'est je crois chez le notaire que vous aurez plus de chance ; les panonceaux à côté de l'église. Voyez.

Pendant que Lachapelle allait à la recherche d'un

Corneille, mademoiselle Rousseau invita Zyte à prendre avec elle une tasse de café au lait, qui leur fut servie par une petite servante d'une quinzaine d'années. Chose étrange pour Zyte, pendant ce déjeuner, mademoiselle Rousseau ne dit pas un mot de Paris, et ne lui adressa pas une question sur le théâtre : elles ne parlèrent que de poules, de vaches, de beurre ; deux fermières n'auraient pas pris plus d'intérêt aux biens de la terre.

Enfin, par la fenêtre elles aperçurent Lachapelle qui arrivait brandissant d'un air de triomphe un volume à couverture jaune..

— Le voilà !

— Vous avez été bien longtemps, dit mademoiselle Rousseau.

— C'est que je n'ai rien trouvé chez le notaire, ni chez le juge de paix, ni chez le maire, ni chez l'instituteur ; heureusement celui-ci m'a envoyé chez le curé qui seul dans ce pays avait un Corneille.

— Sans doute pour *Polyeucte*, dit mademoiselle Rousseau.

Lachapelle ne jugea pas à propos de la contredire, bien qu'il sût à quoi s'en tenir : en chemin, il avait feuilleté le volume, qui était broché, et tandis que le *Cid* était couvert de coups de crayon aux passages les plus passionnés, *Polyeucte* n'avait même pas ses feuillets coupés.

— Je vais lire la pièce, dit mademoiselle Rousseau ; promenez-vous pendant ce temps-là dans la campagne ; quand vous reviendrez, vous déjeunerez avec moi, et ensuite nous nous mettrons au travail.

Le déjeuner, qu'on servit dans la cuisine, n'était point fait pour empêcher de travailler : des œufs, du beurre, des pommes de terre au lait et des reinettes grises.

Ils ne lui donnèrent que le temps strictement nécessaire, et aussitôt qu'il fut terminé, ils passèrent dans la salle.

— Ce qui fait de Chimène un rôle dur et même ingrat, dit mademoiselle Rousseau, ce sont les contradictions : Est-elle une fille? est-elle une amante? Tantôt l'une, tantôt l'autre; cette lutte, belle pour le poète, est terrible pour l'actrice et, à chaque instant déroutante pour le public — je ne parle pas des lettrés, mais du vrai public. — Lequel de son père ou de son amant préfère-t-elle? qui passe le premier, son devoir ou son amour? Tantôt celui-ci, tantôt celui-là, et toujours il faut que le public la suive, soit avec elle.

Sire, mon père est mort.

C'est la scène de la fille et de l'amour paternel ; vous l'avez très bien dite, à l'exception d'un point capital. Qui l'a fait couler, le sang de ce père?

Rodrigue, en votre cour, vient d'en couvrir la terre.

Et cette douleur, ce désespoir que ce meurtrier soit Rodrigue, vous ne l'avez pas marqué. La scène de l'amante et de l'amour, c'est celle qui commence avec Don Sanche, lui offrant son bras pour la venger, et avec qui elle se trahit au premier mot :

Malheureuse!...
J'offenserais le roi, qui m'a promis justice.

qui se continue avec Elvire :

Je puis t'ouvrir mon âme, et tous mes déplaisirs...
C'est peu de dire aimer, Elvire : je l'adore!

et éclate enfin dans l'admirable final :

Va, je ne te hais point...
Je ferai mon possible à bien venger mon père;
Mais malgré la rigueur d'un si cruel devoir,
Mon unique souhait est de ne rien pouvoir.

Il n'y a pas de déguisement. Elle se livre, et c'est cette franchise qui saisit les cœurs. Mais la lutte reprend, et la fille a honte de l'amante :

Silence, mon amour, laisse agir ma colère...
J'irai sous mes cyprès accabler ses lauriers.

Vous me suivez, n'est-ce pas, mon enfant?
— Si je vous suis, s'écria Zyte haletante, ne la quittant pas des yeux, suspendue à ses lèvres, tâchant de saisir ces gestes et ces accents qui transfiguraient cette femme à cheveux blancs redevenue pour une heure la Chimène dont Lachapelle parlait avec sa pieuse admiration.
— Heureusement, continua mademoiselle Rousseau, l'amour reprend le dessus dans le duo avec Rodrigue, qui commencé, sans qu'elle ose regarder son amant, avec une émotion contenue, presque sans voix, devient de plus en plus passionné de vers en vers, et lui fait enfin perdre la tête.

> Sors vainqueur d'un combat dont Chimène est le prix.
> Adieu : ce mot lâché me fait mourir de honte.

Voilà le mouvement du rôle, n'est-ce pas mon enfant ? maintenant nous allons le travailler en détail vers par vers.

Il dura sans interruption jusqu'à sept heures du soir ce travail. A ce moment on entendit une sonnerie à l'église, et mademoiselle Rousseau s'interrompant dit qu'elle avait besoin de se rendre au village.

— Je regrette que ma maison, qui est celle d'une femme vivant seule, ne me permette pas de vous donner l'hospitalité cette nuit, vous la trouverez suffisante à l'auberge du village. Demain après la messe vous reviendrez et nous travaillerons jusqu'à midi ; vous déjeunerez avec moi, vous prendrez la voiture d'une heure pour être à Conches à deux heures et demie et à cinq heures vingt à Paris. Si vous n'êtes pas brisée ce soir, travaillez la scène du IV° acte, la plus dure à faire accepter, celle où le roi annonce à Chimène la mort de Rodrigue.

Si brisée que fût Zyte, si fatigué que fût Lachapelle, ils travaillèrent jusqu'à minuit, non seulement le IV° acte, mais tout le rôle. Dans l'auberge ce fut un étonnement général. Qu'avaient-ils donc à crier comme ça.

Une servante curieuse ayant été écouter à la porte, donna le mot de cette énigme.

— C'est une dame qu'a perdu son père; a dit : je ne sais pas comment qu'elle appelle le vieux, mais enfin a dit : « Mon père est mort ». C'te pauvre personne.

— Tout ça n'est pas des raisons pour troubler le repos des gens paisibles.

Le lendemain le programme tracé par mademoiselle Rousseau s'accomplit : on travailla jusqu'à midi.

Puis après le déjeuner mademoiselle Rousseau les conduisit jusqu'à l'entrée du village, là elle prit la main de Zyte et la lui serra affectueusement.

— Vous êtes bien jolie, mon enfant, et votre cœur me paraît bien tendre. Que le bon Dieu écarte le malheur de votre chemin ! Aimez votre art. N'aimez que lui.

Zyte eut un frisson.

XI

Pendant que Zyte travaillait le rôle de Chimène à Saint-Firmin, on l'attendait au théâtre pour répéter.

— Avertissez donc mademoiselle Duchatellier.

Mais nulle part on n'avait trouvé mademoiselle Duchatellier, ce qui avait paru surprenant parce qu'elle était l'exactitude même.

Alors une comédienne qui jouait dans *Hella*, et qui était sortie la veille en même temps que Zyte, avait raconté que celle-ci, bousculant ceux qui la retenaient, s'était précipitée dans un fiacre qui était parti grand train.

— Un fiacre, grand train, pour aller rue de Vaugirard, à deux pas !

— Elle est en ballade.

Cette idée avait fait rire tout le monde, Dandelot excepté.

— Je vous ai toujours dit que c'était une grue; nous a-t-elle assez scié en faisant sa tête.

— Une fille qui a tant besoin de répétitions, avait dit le régisseur, allons, commençons, sans elle; je donnerai les répliques pour Chimène.

Et en bredouillant à mi-voix, il commença.

> Elvire, m'as-tu fait un rapport bien sincère?
> Ne déguises-tu rien de ce qu'a dit mon père?

Cependant Dandelot qui faisait Don Sanche, et qui avait du temps devant lui avant d'entrer en scène, voulut savoir au juste ce que Zyte était devenue, et quittant le théâtre il courut à l'*Hôtel des Médicis*.

Crozat et madame Crozat qui venaient de déjeuner entraient dans leur bureau; ce fut à eux que Dandeot s'adressa :

— Est-ce que mademoiselle Duchatellier est malade? demanda-t-il.

— Pas que je sache, répondit Crozat.

— On l'attend au théâtre pour répéter.

A ce moment, Gaston entra dans le vestibule, et voyant M. et madame Crozat occupés, il attendit, pour leur parler, se tenant à une certaine distance, mais pas assez loin cependant pour ne pas entendre ce qui se disait.

— Est-ce qu'elle n'est pas rentrée ce matin? demanda Dandelot, hier soir, après la représentation, je l'ai vue partir en fiacre au galop.

Crozat regarda sa femme et madame Crozat regarda son mari, mais comme elle avait la repartie plus alerte que lui, ce fut elle qui la première trouva une réponse :

— Elle est partie à Rozoy voir sa mère qui est malade, et, sans doute elle aura manqué le train pour revenir.

— Ah? sa mère est malade!

Dandelot s'en alla en se disant que c'était là une frime : malade, est-ce qu'on est malade? Elle était d'accord avec Zyte, la vieille Eudoxie, voilà tout.

Aussitôt que Dandelot lui avait cédé la place, Gaston s'était approché :

— Sans écouter, dit-il, j'ai entendu votre réponse : est-ce que madame Duchatellier est sérieusement malade?

— Sérieusement?... Mon Dieu, non. Assez, cependant, pour que Zyte ait voulu l'aller voir.

— Alors elle n'a pas dit quand elle rentrerait?

— Non; elle ne savait pas, vous comprenez; c'est bien naturel; ce retour dépendait de bien des choses.

Gaston remercia et s'en alla.

— Pourquoi diable as-tu inventé cette histoire de maladie? demanda Crozat stupéfait de l'ingéniosité de sa femme et de son assurance.

— Il fallait dire quelque chose. Si M. Chamontain n'avait pas écouté j'aurais envoyé ce Dandelot promener. Mais il fallait rassurer M. Chamontain.

— Et quand Zyte rentrera.

— Je la préviendrai.

Cependant l'histoire de madame Crozat, si ingénieuse qu'elle fût, n'avait pas du tout rassuré Gaston.

Il y avait du louche dans cette histoire : pourquoi madame Crozat avait-elle regardé son mari avant de répondre, pourquoi celui-ci avait-il regardé sa femme? que venait faire ce fiacre qui partait au galop? le comédien avait parlé de cela d'un ton bizarre.

Ce n'était pas la première fois que la jalousie mordait Gaston au cœur, car on n'est pas amoureux d'une comédienne sans être jaloux; mais jamais, jusqu'à ce moment, cette jalousie ne s'était appliquée à un fait précis, comme ce départ étrange, cette maladie plus étrange encore, et cette absence inexplicable.

Etait-elle partie réellement pour aller voir sa mère malade?

C'était devant le Luxembourg qu'il agitait cette question; il courut à l'Odéon, et sous les galeries il acheta un indicateur des chemins de fer.

Il savait que la troupe Duchatellier était en ce moment à Rozoy-en-Brie et dans les villages environnants où elle donnait des représentations; pour être fixé il n'avait qu'à aller à Rozoy; il verrait si Zyte était vraiment auprès de sa mère

A cinq heures il arrivait à Rozoy, et de loin il apercevait dans un coin de la place les deux roulottes qu'il connaissait si bien : sous la vérandah de la première, une femme était assise; en approchant il reconnut madame Duchatellier qui n'ayant nullement l'air d'une malade travaillait tranquillement.

Son cœur se serra : bien que ce fût le doute qui l'eût amené à Rozoy, il ne croyait pas à son doute : combien de fois en route s'était-il reproché d'être parti; c'était une injure que Zyte ne méritait assurément pas qu'on lui fît; il avait été fou; et voilà que le fou était celui qui n'avait pas voulu croire.

Il s'en alla sur la place pour s'approcher des roulottes; et il n'avait pas fait dix pas qu'il aperçut Duchatellier venant vers lui de façon à le croiser.

— M. Chamontain! à Rozoy?

Gaston expliqua qu'il était venu pour la location d'une chasse; puis, tournant court, il demanda presqu'en tremblant des nouvelles de madame Duchatellier.

— Mais elle va bien, très bien, je vous remercie. Et ma fille, y a-t-il longtemps que vous ne l'avez vue?

Gaston, anéanti, répondit en balbutiant quelques mots incohérents.

— J'espère que nous aurons l'honneur de votre présence ce soir?

— Je repars pour Paris.

— Ah! contretemps funeste, vous ne me verrez pas dans *Trente ans*, et, vous savez, c'est la dernière fois que je le joue; ma fille vous a sans doute dit que j'abandonnais le théâtre?

— Non

— Mon Dieu, oui, il me faut renoncer à porter le drapeau du grand art que j'avais tenu jusqu'à ce jour d'une main ferme, je puis le dire, sans me vanter. Mais les temps sont durs: on ne trouve plus de comédiens ; depuis le départ de ma fille nous étions désemparés. Je fais mes adieux à ces populations dans mon répertoire.

— Je regrette beaucoup de ne pouvoir pas rester, dit Gaston, cherchant à répondre quelque chose pour cacher son trouble.

— Et moi donc, cher monsieur. Vous êtes un fin connaisseur. Je n'oublierai jamais que c'est vous qui, le premier, avez reconnu le talent de mon élève, ma chère Zyte, devançant la trompette de la Renommée. Si vous la voyez un de ces jours, donnez-lui de nos nouvelles, je vous prie, dites-lui que nous allons tous bien, sa mère, moi et toute la famille. Et maintenant à Paris, cher monsieur, à bientôt.

Il lui tendit les deux mains avec le geste d'un homme qui sait que tout Rozoy a les yeux sur lui.

Gaston reprit le train pour Paris, abasourdi.

— Quel besoin de le tromper. N'avait-il pas mérité qu'elle fût franche avec lui. Qui était son amant? Avec qui courait-elle les champs à cette heure?

Il avait cherché, allant de l'un à l'autre, mais sans qu'aucun indice pût le guider puisqu'il ne savait rien ou presque rien de sa vie. Ce n'était pas Faré qui était parti pour le Midi avec sa femme et ses enfants. Quelque comédien peut-être. Ce Joseph sans doute qui l'aimait.

Ce n'était pas la première fois qu'il était trompé,

mais jamais il n'avait éprouvé pareille douleur, cet anéantissement, ce désespoir morne comme si quelque chose venait de mourir en lui. Ah! comme il l'aimait !

Il ne la verrait plus, c'était fini, bien fini.

Ce fut le mot qu'il se répéta jusqu'à Paris ; mais en se trouvant à neuf heures et demie sur le trottoir de la gare de Strasbourg, il changea d'idée et avec cette mobilité qui nous fait tourner comme des girouettes quand notre cœur et notre tête sont en désaccord, il se dit que c'était lâcheté de ne point aller rue de Vaugirard : si elle était rentrée, il se vengerait en lui donnant des nouvelles de sa mère.

Mais elle n'était point rentrée :

— Sans doute sa mère est plus mal, dit madame Crozat persistant dans sa fable: alors elle n'aura pas pu la quitter ; c'est bien naturel, n'est-il pas vrai ?

Il n'avait qu'une chose raisonnable à faire, s'aller coucher, c'est pourquoi il se mit à se promener sur le trottoir faisant face à l'*Hôtel des Médicis :* il saurait à quelle heure elle était rentrée, et pourrait l'en accabler.

Déjà la rue était déserte, les dernières maisons ouvertes se fermaient, les lumières s'éteignaient, et les voitures comme les passants se faisaient de plus en plus rares, personne ne le gênait dans sa faction : il pouvait marcher les yeux sur la porte de l'hôtel maintenant close et sur les fenêtres sombres de Zyte.

A la sortie des théâtres, la rue s'anima, il y eût des bruits de pas, des roulements de voitures qui le rendirent plus attentif, mais peu à peu le silence s'établit de nouveau, et il retomba dans sa méditation sans que rien le troublât.

Maintenant, il ne se demandait plus pourquoi elle lui avait dit qu'elle l'aimait, une autre idée avait surgi dans sa tête et l'emplissait; ce n'était plus du passé qu'il s'occupait, ce n'était même pas du présent, c'était de l'avenir.

— Qu'eût-il fait sans cette misérable tromperie?

Il lui semblait bien qu'il n'aurait pas pu résister à la folie de l'épouser.

Comment aurait-il pu se défendre contre cet amour qui chaque jour l'avait pris plus profondément? Qu'aurait-il eu à lui opposer?

Rien; puisque le duc si hostile à ce mariage avait lui-même reconnu qu'il serait resté désarmé.

Et par une évocation bizarre, au moins en ce moment, tout ce que le duc lui avait dit lui était revenu.

Oui, certes, il l'aurait épousée et l'amour aurait tout emporté.

Ce fut le froid et le frisson, qui lui rappelèrent que la nuit s'écoulait : depuis qu'on l'avait fermée, la porte de l'hôtel ne s'était pas rouverte ; aucune voiture ne s'était arrêtée devant elle.

Évidemment cette gueuse ne rentrerait pas plus cette nuit-là qu'elle n'était rentrée la nuit précédente; il était vraiment trop bête de l'attendre tandis qu'elle dormait heureuse dans les bras de son amant.

Déjà les sergents de service dans cette partie de la

rue l'avaient regardé curieusement et s'étaient même arrêtés comme pour l'interroger ; en entendant revenir leur pas cadencé, il quitta la place et descendit la rue Férou, puis par la rue Bonaparte, à travers la ville déserte et silencieuse, il gagna à pied les hauteurs du parc Monceaux, marchant vite sans parvenir à se réchauffer, tant était profond le frisson qui le secouait de la tête aux pieds.

Le matin, il examina ce qu'il devait faire : l'abandonner avec mépris, ou la revoir pour lui jeter son mensonge au visage, et après avoir bien balancé, il s'arrêta à ce dernier parti.

Vraisemblablement, elle reviendrait pour la représentation du soir, car si elle avait pu se moquer de son directeur, elle ne se moquerait pas du public : vers six heures, il avait donc chance de la rencontrer chez elle.

Il était parti de chez lui pour être à six heures juste à l'*Hôtel des Médicis*, où il avait trouvé Crozat seul dans son bureau.

— Pas encore rentrée, dit Crozat, je vous avoue que je commence à être inquiet. Qu'a-t-il pu arriver ?

A ce moment, on entendit dans le vestibule un pas léger et rapide, Gaston se retourna : c'était Zyte suivie de Lachapelle, mais celui-ci restait en arrière pour qu'on ne sût pas s'il était avec elle.

— Pouvez-vous m'accorder un moment ? demanda Gaston, qui avait pâli et dont la voix frémissait malgré les efforts qu'il faisait pour se contenir.

— Mais volontiers ; si vous voulez prendre la peine de monter.

Crozat était pétrifié. Que dire, que faire ! Si sa femme avait été là, elle aurait trouvé moyen de prévenir Zyte de l'histoire de la maladie de madame Duchatellier ; mais lui n'avait pas cette ingéniosité alerte. Sur le seuil de son bureau, il regardait Zyte et Gaston monter l'escalier en se grattant le front.

Zyte ayant ouvert sa porte, fit entrer Gaston qui la regardait exaspéré de son air tranquille : il allait rabattre cette assurance insolente.

— Je vous apporte de bonnes nouvelles de la santé de votre mère, dit-il, incapable d'attendre et de l'interroger comme il l'avait tout d'abord voulu pour faire éclater son mensonge par un coup de scène.

— Ah ! vraiment, répondit-elle en souriant, elle va bien ?

— Très bien.

— Vous avez donc été à Rozoy ?

— Et vous, vous n'y avez donc pas été ?

— Mais non.

— Alors d'où venez-vous ? s'écria-t-il incapable de se contenir.

Elle le regarda, surprise de cette violence que son absence ne suffisait pas à justifier, lui semblait-il. Pour le calmer, elle essaya de sourire.

— J'ai fait un petit voyage.

— Où ?

— Cela je ne peux pas le dire.

— Vous avez donc juré de me rendre fou !

— Qu'avez-vous ?
— Vous le demandez !
— Pourquoi cette fureur ? Pourquoi ces regards qui me poignardent ?
— C'est à moi de vous questionner, non à vous.

Elle ne se révolta pas.

— Que voulez-vous que je vous dise ?
— D'abord que vous m'expliquiez ce que signifie cette maladie de votre mère.
— Maman malade ! Vous venez de me dire qu'elle allait bien. Quand avez-vous été à Rozoy ?
— J'en suis arrivé hier soir.
— Alors ?
— Alors pourquoi madame Crozat m'a-t-elle dit hier que vous étiez partie auprès de votre mère malade.
— Je ne sais ce que madame Crozat a pu vous dire puisque je ne l'ai chargée de rien. Sans doute il y a eu confusion. Que sais-je ?
— Dites accord.
— Mais s'il y avait eu accord je ne dirais pas le contraire d'elle.
— Il le faut bien puisque pour vous confondre j'ai été à Rozoy ; vous ne pouvez pas me soutenir que vous étiez hier près de vos parents, puisque j'y étais moi-même.
— Je ne veux rien vous soutenir ; je n'ai pas essayé de dire que j'avais été à Rozoy.
— Alors où avez-vous été ?

Elle se troubla, car elle commençait à comprendre la gravité de la situation.

— Vous voyez bien ! s'écria-t-il, vous vous troublez, vous avez peur.

— Parce que je ne peux pas vous faire la réponse que vous demandez.

— Cette maladie...

— Je n'en ai pas parlé.

— Oui ou non voulez-vous me dire où vous avez été?

— Je ne le peux pas; mais je vous jure que si les apparences sont contre moi, ce voyage est d'une innocence parfaite.

— Vous jurez! Et je dois vous croire, n'est-ce pas? comme j'ai dû vous croire quand vous m'avez dit que vous m'aimiez. Qui vous obligeait à me dire que vous m'aimiez?

— Mon amour.

— Vous parlez de votre amour. Combien de temps a-t-il duré? Vous ne parlerez pas de cet amour maintenant, n'est-ce pas.

Elle ne répondit pas?

— Au moins il vous reste cette pudeur de ne pas mentir à l'évidence. J'ignore si ce que je vais vous dire vous touchera, car je ne sais plus ce que vous êtes, et même je n'ai jamais su ce que vous étiez. Mais je le dirai quand même : le moment que vous avez choisi pour me tromper est celui où j'allais vous demander de devenir ma femme.

— Votre femme !

— Voyez si je vous aimais.

Elle était éperdue, le regardant comme si elle ne comprenait pas.

— Moi, votre femme, répétait-elle.
— Et pendant ce temps, vous faisiez la fête.
Elle ne répondit pas.
— Vous quittiez le théâtre au galop, en faisant raconter que vous alliez voir votre mère malade.
Elle voulut se défendre :
— Je n'étais pas seule.
— Je le pense bien.
— Lachapelle était avec moi.
— Qu'importe Lachapelle : il a son histoire aussi à raconter comme madame Crozat.
— Je comprends vos soupçons et ne veux pas me fâcher de vos paroles si injustes et si cruelles qu'elles soient. Ce que madame Crozat a dit, je ne sais dans quelle intention, justifie tout; mais enfin si je vous explique pourquoi j'ai entrepris ce voyage, si je vous le raconte en détail, si je vous dis où j'ai été, en ne vous taisant qu'un point, un nom que j'ai juré de taire...
— Encore une histoire arrangée, n'est-ce pas?
— Et si de son côté, sans que je l'aie vu, sans que je me sois entendue avec lui, Lachapelle qui est là et que nous n'avons qu'à appeler pour qu'il vienne vous faire ce récit exactement dans les mêmes termes en ne taisant lui aussi que le nom que nous ne pouvons pas dire, cela ne prouvera-t-il pas que les choses ne sont pas du tout ce que vous imaginez. Nous sommes partis ensemble, nous ne nous sommes pas quittés, nous sommes revenus ensemble; tout ce que je vous dirai il peut vous le répéter, mot pour mot, même pour ce qui est insignifiant, s'il

fait cela, n'aurez-vous pas la preuve que nous n'aurons pas combiné notre récit.

Il marcha assez longtemps dans le salon, la regardant jusqu'au fond de l'âme, puis tout à coup détournant les yeux comme s'il craignait de se laisser toucher.

— Je vous écoute, dit-il enfin.

Alors elle commença son récit en le prenant à la répétition du *Cid*, le continuant par leur départ, leur voyage dans le break, leur arrivée à Saint-Firmin, dont elle fit la description détaillée, leur visite à la personne qu'elle ne devait pas nommer, leur déjeuner, leur travail avec toutes les indications de mademoiselle Rousseau, leur nuit passée à l'auberge, leur nouveau travail le lendemain, enfin leur retour.

— Maintenant, dit-elle en terminant, je vais faire monter Lachapelle et sans que je l'interrompe, sans que je le regarde, il va vous recommencer ce récit.

Gaston était ébranlé ; il n'avait pas du tout prévu qu'il en pouvait être ainsi, mais il n'était pas en état cependant de refuser le témoignage de Lachapelle.

Celui-ci, qu'un domestique avait été chercher, venait d'entrer :

— Racontez notre voyage à M. Chamontain, dit Zyte, mais sans nommer la personne chez qui nous avons été ; donnez tous les détails qui vous ont frappé ; ne craignez pas d'être long.

Lachapelle ne savait que penser.

— Je vous en prie, dit-elle, et elle alla se coller le visage contre la fenêtre en regardant dans la rue.

Sans comprendre, et par pure obéissance, Lachapelle fit ce qu'elle demandait : naturellement son récit fut le même que celui de Zyte, ne différant que par quelques détails omis par lui ou ajoutés. Comme il ne précisait pas le déjeuner, elle l'interrompit :

— Donnez donc le menu du déjeuner.

— Des œufs à la coque, du beurre, des pommes de terre au lait, des pommes de reinette grise.

A mesure qu'il parlait, Gaston était frappé de la concordance des deux récits, et si Zyte avait pu le voir, elle aurait remarqué que les yeux qu'il tournait vers elle de temps en temps n'étaient plus du tout les mêmes.

Quand Lachapelle fut arrivé au bout, elle le pria de les laisser seuls, puis venant à Gaston :

— Encore une épreuve, dit-elle, car il ne faut pas qu'il puisse rester la plus légère obscurité dans votre esprit, le germe d'un doute dans votre cœur.

Il voulut parler, elle l'arrêta :

— Un voyage n'est rien pour vous, partez ce soir pour Conches par le train de minuit trente ; à Conches prenez le courrier de Saint-Firmin-du-Bosc, faites causer le conducteur ; à Saint-Firmin descendez à l'auberge de la *Grosse-tête* et interrogez les gens ; tout ce que je vous demande, c'est d'éviter de vous faire nommer la personne chez qui nous avons été. Vous serez de retour demain à cette même heure. Je vous attendrai. Aujourd'hui, je suis brisée de fatigue, bouleversée par l'émotion, et il faut que je joue ce soir. Laissez-moi me remettre. Demain nous reprendrons cet entretien au point même où nous l'interrompons aujourd'hui.

Il hésita un moment, attachant sur elle des yeux troublés, où se peignaient confusément l'état de son esprit et de son cœur.

— Je vous en prie, dit-elle.

— Ne me donnerez-vous pas la main?

— Oh ! de tout mon cœur.

Ce soir-là, Gaston trouva que le restaurant Foyot était le meilleur de Paris, tant il avait bel appétit pour son dîner; le soir, il reprit sa place dans son fauteuil d'orchestre jusqu'à la fin du troisième acte d'*Hella*, puis, après être rentré chez lui pour endosser des vêtements chauds, il partit à minuit trente par le train de Cherbourg. A cinq heures, il était à Conches, et montait dans le break qui le lundi avait conduit Zyte et Lachapelle, mais au lieu de s'installer dans l'intérieur, il s'asseyait sur le siège avec le cocher qu'il faisait causer.

— Une jeune dame avec un vieux monsieur, lundi, ah oui, bien sûr que je les ai portés, même qu'ils ont logé à la *Grosse-tête*.

A la *Grosse-tête* où il déjeuna, on lui parla aussi de la jeune dame et du vieux monsieur.

— Elle avait bien du chagrin, la jeune dame.

— Du chagrin?

— A cause de son père qu'elle a perdu ; la nuit elle criait : « Mon père est mort ! »

Depuis longtemps Gaston n'avait pas ri d'aussi bon cœur, ce qui stupéfiait la servante qui lui racontait cette histoire.

— Pourquoi, ce qui faisait pleurer la jeune dame, faisait-il rire si fort ce monsieur? C'est bien naturel de pleurer ses parents.

A six heures, Gaston arrivait à l'*Hôtel des Médicis*, et rayonnant tendait les deux mains à Zyte.

— Pourrez-vous me pardonner mes soupçons et mes paroles?

— Et vous, me pardonnerez-vous de vous avoir fait souffrir.

— Nous aurons toute notre vie pour cela.

XII

Le premier mot de Zyte lorsque l'émotion lui avait rendu la parole, avait été :

— Et votre famille?

A quoi Gaston avait répondu que sa famille, ou tout au moins son père et sa mère ne connaissaient pas encore son projet, mais que son beau-frère avec qui il en avait parlé, ne trouvait rien à lui opposer, et longuement il avait énuméré les raisons par lesquelles le duc appuyait ce mariage.

C'était là un point décisif pour Zyte; puisqu'un homme comme le duc trouvait tout naturel que Gaston épousât une femme de théâtre parce qu'il l'aimait, comment M. Chamontain, qui n'avait ni la situation dans le monde, ni le nom de M. de Paradan, comment madame Chamontain, qui adorait son fils avec toute la faiblesse d'une mère passionnée, s'opposeraient-ils à ce mariage? C'était donc son appui que le duc lui promettait dans ces paroles obscures qu'il lui avait dites au ministère, et qu'elle avait si souvent retournées dans sa tête, sans oser s'arrêter au sens qu'elle leur trouvait.

Cependant, malgré cet appui et la confiance qu'il lui inspirait, elle avait demandé à Gaston d'attendre un peu avant de parler à son père.

— On dit que si je réussis dans le *Cid*, je serai engagée aux Français, cela disposera peut-être mieux M. Chamontain ; il verra que je ne suis pas la première venue ; le succès est bon pour tout, n'est-ce pas ?

Bien que Gaston ne sentît pas comme Zyte toute la force de cette raison, il avait d'autant plus volontiers consenti à attendre, que l'attente, justement, était le fond même de son caractère et que, d'autre part, il n'était pas sans inquiétude sur la façon de présenter sa demande.

Malgré l'âge, il était resté devant son père le petit garçon de sa jeunesse, et la pensée d'affronter une colère, dont les premiers éclats seraient assurément terribles, n'avait rien d'encourageant pour sa timidité. Qu'avait-il à gagner à ne pas présenter la demande tout de suite, il ne le voyait pas, n'étant pas par nature disposé à croire aux coups de baguette magique; mais enfin, il n'avait pas à prendre une décision immédiate, ce qui était bien quelque chose.

Dans ces conditions, le *Cid* pour Zyte, n'était plus un début, si important qu'il fût, c'était pour son amour et pour sa vie qu'elle allait livrer cette grande bataille.

Aussi n'avait-elle jamais travaillé avec cette ardeur : bien qu'elle ne se couchât pas avant minuit et demie, à sept heures, elle était prête, et quand Lachapelle, qu'elle avait logé dans l'hôtel, descendait, il la trouvait l'attendant.

Ils commençaient aussitôt, puis vers dix heures, Gaston, qui avait demandé à assister à ces répétitions, arrivait, et ils continuaient devant lui, Lachapelle comme s'il n'avait pas été là, Zyte avec plus de fièvre encore dans les yeux.

Quel étonnement pour lui, quand il avait vu ce travail :

— Comment ! il y a tant de choses que ça dans une tragédie ?

— Vous n'avez donc jamais vu jouer le *Cid* ?

— Si, et même j'ai appris par cœur le premier acte, mais, je ne me doutais guère, avant de vous entendre, de tout ce qu'on pouvait faire dire à un vers, et même à un seul mot, à un nom, à celui de Rodrigue, par exemple, quand Chimène accuse celui qu'elle aime d'avoir tué son père : que de désespoir ne mettez-vous pas dans ce nom de Rodrigue ainsi prononcé.

— C'est justement ce que j'ai été apprendre à Saint-Firmin... cela et bien d'autres choses avec.

Gaston était retombé si pleinement sous l'influence de Zyte, ne voyant que par elle, ne sentant que comme elle qu'il en était arrivé à croire qu'un succès dans le rôle de Chimène pouvait peser d'un certain poids sur le consentement de son père : la gloire est la gloire; et il mettait la même ardeur qu'elle aux répétitions, sans parler de recommencer les promenades à la campagne : cette fièvre qui prend les comédiens aux approches des premières représentations l'avait gagné et il avait le trac plus fort que Zyte : au lieu de venir à dix heures comme les premiers jours, il arrivait maintenant à huit heures et demie et quelquefois même à huit heures.

— Quel malheur que vous ayez une grosse fortune, disait Lachapelle, on ferait de vous un tragédien ; vous avez le galbe !

Mais Gaston répondait en riant qu'il fallait trop travailler.

— Étudier le matin chez soi, répéter toute la journée au théâtre, jouer le soir, et je m'imaginais que les comédiens étaient des fainéants !

Enfin le *Cid* fut joué. Si ce ne fut pas une éclatante prise de possession de la tragédie par Zyte, comme *Hella* l'avait été du drame, ce fut cependant un succès pour elle, le public de lettrés et de critiques qui avait empli la salle, ayant eu la justice de ne pas exiger la perfection dans un rôle difficile et complexe, qui demande des années d'études; on lui avait tenu compte de ses qualités, autant pour ce qu'elles promettaient que pour ce qu'elles donnaient déjà, et on avait passé sur ses défaillances.

Gaston et Lachapelle n'avaient entendu que les applaudissements, et comme ils résonnaient longuement en eux, après qu'ils étaient déjà éteints, ils les avaient entendus du commencement à la fin, sans interruption.

Mais Zyte, si heureuse qu'elle fût, avait voulu qu'on attendît les journaux :

— Espérez-vous donc qu'ils diront la même chose ? demanda Crozat avec son sourire de philosophe.

En effet ce ne fut pas la même chose qu'ils dirent :

« Tous ceux qui s'intéressent au théâtre, s'étaient donné rendez-vous à l'Odéon pour le second début de mademoiselle Duchatellier dans le *Cid*, curieux de savoir quel serait le résultat de la soirée. Nous sommes heureux de constater tout de suite qu'il a été des plus favorables pour la débutante; si gros que soit le mot je n'hésite pas à l'imprimer et même, à le souligner, c'est un TRIOMPHE! Mademoiselle Duchatellier est douée, admirablement douée : le visage est passionné, l'expression en est superbe, l'attitude et le geste sont naturellement nobles, la voix est harmonieuse; mais pour que ces heureuses qualités donnent tout ce qu'elles promettent, d'intelligentes études longuement continuées sont nécessaires; qu'elle en croie un de ses amis : son malheur serait de s'imaginer qu'elle est arrivée; elle doit travailler, beaucoup travailler. Ce serait un désastre pour elle que d'entrer à présent au Théâtre-Français. Qu'elle reste à l'Odéon encore deux ou trois ans : sous des maîtres excellents elle y apprendra le ménagement régulier de ses forces. »

— Vous voyez, dit Zyte tristement.

— Passons à un autre, répondit Crozat qui lui

tendait les journaux dans un ordre qu'il avait lui-même arrangé.

« On attendait mademoiselle Duchatellier à son second début qui devait se faire dans la tragédie : il est décisif et tel que la Comédie-Française doit s'attacher sans retard cette jeune fille que la Muse a baisée au front. Ce serait un crime de la laisser plus longtemps à l'Odéon où on l'éreintera dans des représentations hâtées sans études et sans répétitions suffisantes en lui faisant jouer tous les quinze jours un des grands rôles de l'ancien répertoire : Hermione, Camille, Zaïre, Esther, Iphigénie.

— A votre tour, vous voyez, dit Crozat triomphant.

Qui aurait raison ? Ceux qui lui ouvraient les portes de la Comédie-Française? ceux qui la condamnaient à trois années encore d'Odéon.

On ne va pas vite en administration, mais la Porte-Saint-Martin et le Gymnase ayant fait à Zyte des propositions dont les journaux parlèrent, le duc de Paradan alla rendre visite au sous-secrétaire d'État des beaux-arts et il eut le plaisir d'annoncer à son beau-frère que « leur trouvaille » allait entrer à la Comédie-Française, si elle avait l'intelligence d'accepter les offres qui lui seraient faites.

Ces offres, ce n'était point Zyte mineure qui pouvait les accepter; elle écrivit à son père en le priant de venir les discuter et Duchatellier arriva le lendemain avec Joseph qui entrait aux Folies.

— Ah! ah! ces directeurs, on va donc les rouler en manœuvrant habilement.

Mais il ne pouvait pas être question de manœuvrer

entre la Porte-Saint-Martin, le Gymnase et le Français puisque Zyte ne voulait que les Français.

Ce fut ce qu'elle expliqua nettement à son père qui n'en revenait pas :

— Cependant, cependant...

Il ne se consola d'avoir son mandat ainsi limité qu'en se promettant de manœuvrer pour son propre compte pendant son séjour à Paris, et de mettre à exécution ces idées dont il avait la tête pleine, selon l'expression de Lachapelle.

En vendant ses roulottes il renonçait au théâtre et son intention n'était pas du tout de se faire engager à Montmartre ou autre part; un homme comme lui n'abdiquait pas; quand on avait été le premier à Noisy, on ne consentait pas à passer au second rang ailleurs, — fut-ce à Montmartre. Mais s'il disait adieu à la scène il n'abandonnait pas l'art : un romancier populaire qui commençait à être à court de situations dramatiques pour en avoir fait une trop grande consommation s'adressait à lui pour obtenir sa collaboration, et il allait voir à arranger cette affaire : en somme elle était des plus simples, il s'agissait pour lui de retrouver dans sa mémoire les situations intéressantes de tous les drames qu'il avait joués depuis quarante-cinq ans, et de les fournir à son romancier qui les arrangerait à la mode du jour; cela pouvait être rémunérateur; et s'il savait ne pas se faire rouler il pourrait mener à Paris une existence assez agréable, en tous cas moins fatigante que celle d'entrepreneur de tournées... en roulottes

Il ne s'était fait rouler ni pour lui ni pour elle ; son romancier lui avait promis des appointements rémunérateurs ; et si à la Comédie-Française il n'avait point obtenu ce que son ambition paternelle désirait il avait cependant signé un engagement honorable pour Zyte.

— Certainement ce n'est pas ce que tu mérites, mais enfin tu seras défrayée de tout : toilette, gants, cheveux, chaussures, tu n'auras rien à payer ; les cinq cents francs que tu toucheras tous les mois seront pour toi ; et c'est quelque chose, ça.

C'était plus que quelque chose pour Zyte : que lui importaient les conditions de son engagement, elle était engagée, c'était là l'essentiel : « De la Comédie-Française » ; maintenant Gaston pouvait parler à son père.

Elle avait agité la question de savoir si elle parlerait au sien, mais après avoir pesé le pour et le contre, elle avait décidé d'attendre que M. Chamontain eut donné son consentement. Sans doute il se ferait prier ; le mieux était donc dans ces conditions, de ne rien dire de son mariage, qui, retardé, tourmenterait sa mère toujours si facile à s'alarmer ; comme elle n'avait point d'opposition à redouter de la part de ses parents, il serait temps de leur donner cette grande joie quand toutes les difficultés seraient aplanies.

Il avait été convenu que Gaston parlerait à son père le jour même de la signature de l'engagement, et quand Zyte triomphante lui avait annoncé qu'elle était « de la Comédie-Française » il l'avait quittée parfaitement résolu à aborder la confidence le soir même. Mais les circonstances ne se présentant pas favorablement il l'avait remise au lendemain, puis ce jour-là au jour suivant, et il s'était excusé auprès de Zyte en s'étendant sur les circonstances fâcheuses qui lui avaient fermé la bouche.

Sans rien répondre, sans un geste de regret si léger qu'il fût, elle l'avait simplement regardé, et devant ce regard il s'était juré de ne la revoir que lorsqu'il aurait parlé non seulement à son père, mais encore à son beau-frère envers qui il se trouvait en quelque sorte engagé à une franche confidence par ce qui s'était passé entre eux; c'était un devoir de convenance; et comme il était plus à son aise avec son beau-frère qu'avec son père, il avait commencé par le duc.

Aux premiers mots, bien qu'il vît clairement de quoi il allait être question, M. de Paradan avait paru ne rien comprendre :

— Vous me surprenez, mon cher Gaston. Comment elle a cédé. J'avais mieux auguré d'elle. Mais ma surprise ne doit pas vous empêcher de croire à la sincérité de mes félicitations : vous êtes un heureux vainqueur.

— Je me suis mal expliqué.

— Vous n'êtes pas son amant?

— Je vais être son mari.

— Que me dites-vous là?

— J'y suis décidé, pleinement décidé; rien ne changera ma résolution.

— Laissez-moi vous dire que je n'aurais jamais

cru cela de vous; vous m'avez tendu un piège.

— Un piège?

— Parfaitement. Il faut dire les choses telles qu'elles sont. De quel autre mot voulez-vous que j'appelle votre procédé? Vous m'obligez à m'engager en me disant juste le contraire de ce que vous entendez faire, et quand je ne peux plus revenir en arrière, vous confessez la vérité.

— Je vous jure...

— Vous ne pouvez pas me jurer que vous ne m'avez pas coupé tous mes effets. Que diable voulez-vous que je vous réponde maintenant? Vous m'avez mis, par votre tactique, dans une situation ridicule : si député que je sois, je ne peux vraiment pas dire aujourd'hui le contraire de ce que j'ai dit, il y a quelques jours.

— Puisque vous trouviez ce mariage légitime il y a quelques jours, puisque vous n'aviez pas d'objections à lui opposer, vous ne pouvez pas le trouver mauvais aujourd'hui.

— Voilà bien la tactique d'un garçon avisé et, d'autre part, voilà l'embarras d'un nigaud. Mais sapristi, mon cher, si je trouvais ce mariage légitime, et si je n'avais pas d'objections à lui opposer, c'était justement parce qu'il ne devait pas se faire; aujourd'hui que je le vois imminent, inévitable — car l'accent avec lequel vous l'avez annoncé me prouve que rien ne changera votre résolution — je le trouve détestable, déplorable à tous les points de vue.

Gaston crut devoir prouver à son beau-frère qu'il

n'avait pas voulu lui tendre un piège, mais celui-ci refusa de le croire :

— Je trouve cela très adroit, et vous comprenez, mon cher, que je ne vais pas me laisser duper une seconde fois par votre diplomatie. Pourquoi n'avouez-vous pas simplement que vous avez manœuvré pour faire de moi votre allié?

— Je le voudrais.

— Je suis beau joueur, quand j'ai été battu je sais reconnaître ma défaite, et vous m'avez battu. Mais c'est donc de la captation?

— Je l'aime passionnément.

— Et vous l'épousez?

Le duc leva les bras au ciel par un mouvement qui attestait son désespoir en même temps que son impuissance.

— Vous l'épousez! Vous l'épousez! répétait-il. Et j'ai été assez naïf pour déclarer vingt fois que j'admire les passionnés capables de faire une folie. Heureusement, le papa est là. Il n'est pas engagé, lui, je l'espère?

— Non, et j'avoue que c'est là mon embarras, mon angoisse.

Il se fit un silence.

— Quel âge avez-vous au juste? demanda le duc, qui était fixé sur ce point aussi bien que Gaston lui-même, mais qui ne le touchait que pour aborder un autre sujet de suggestion.

— J'aurai vingt-cinq ans dans trois mois.

— Dieu soit loué! M. Chamontain peut s'opposer à votre mariage. Il est vrai que dans trois mois vous serez libre de passer outre au moyen des actes respectueux. Mais il arrive tant de choses en trois mois. Qui sait si dans trois mois vous l'aimerez encore ?

— Dans trois mois, dans trois ans ; vous ne la connaissez pas.

— Comptez-vous attendre votre majorité pour annoncer votre mariage à M. Chamontain ?

— Je compte lui demander son consentement ce soir même.

— Quel brave vous êtes !

— Brave par peur.

— Comme cela, gaillardement, le front haut lui dire : « Je me marie ».

— Ce ne sera pas sans angoisse.

— Pourquoi n'avez-vous pas chargé quelqu'un de tâter le terrain et de recevoir le premier choc.

— Qui ?

— Le malheur est que je ne puisse pas être ce quelqu'un.

— Si je vous le demandais.

— Comment moi qui suis opposé plus que personne à un pareil mariage, je m'emploierais à le faciliter !

— Puisque rien ne pourra l'empêcher.

— Rien ne pourra, rien ne pourra...

— Rien, ni personne. Ce ne serait pas mon mariage que vous faciliteriez, ce serait moi que vous serviriez, et dans des circonstances dont je garderais toujours un souvenir de reconnaissance émue.

— Ah ! mon cher, ne me parlez pas ainsi, et ne

faites pas appel à mon amitié; si dévouée qu'elle soit ce serait trop lui demander.

Précisément ce fut à cette amitié que Gaston fit appel, et si éloquemment que le duc à la fin se laissa toucher et convaincre.

— Faut-il que je vous aime !

Il fut donc convenu que M. de Paradan dirait à M. Chamontain qu'il avait entendu parler de ce mariage; mais quant à plaider la cause de Gaston et celle de Zyte, il ne fallait pas compter sur lui, ce serait un effort au-dessus de son amitié : il tâterait le terrain et le préparerait, voilà tout.

— Ne répéterez-vous pas à mon père, ce que vous m'avez dit à moi-même, quand vous avez été obligé de reconnaître la force des raisons qui appuyaient ce mariage.

— Si l'occasion s'en présente, je ne mentirai pas à ma conscience, assurément; mais cela seulement et rien de plus.

Quand le lendemain, Gaston triomphant annonça à Zyte qu'il avait obtenu le concours de son beau-frère, ce fut une grande joie pour elle.

XIII

Le duc en quittant Gaston alla trouver M. Chamontain.

— Vous n'êtes pas inquiet de Gaston ?
— Pourquoi inquiet, mon cher duc?

— A propos de cette comédienne de l'Odéon.

— Il faut bien que jeunesse se passe; ne soyez pas trop sévère, mon cher enfant.

C'était une habitude chez Chamontain de commencer par appeler son gendre « mon cher duc » puis ensuite il passait à « mon cher enfant », de sorte qu'il se trouvait ainsi pour la galerie et pour lui-même le père d'un duc, ce qui ne le flattait pas médiocrement.

— Encore faut-il qu'elle ne se passe pas trop vite, répondit le duc.

— Il a fait quelque grosse folie pour cette comédienne ? dit Chamontain avec le sourire d'un homme pour qui des folies d'argent ne sont rien.

— La plus grosse qui se puisse faire : il veut l'épouser.

Chamontain se mit à rire.

— Et qui vous a dit cela, mon cher duc, demanda-t-il.

— Lui-même.

— Allons donc !

— A l'instant; et c'est encore tout suffoqué de cette nouvelle que je viens vous l'apprendre.

— C'est impossible.

— Ce qui n'empêche pas que cela soit.

— Je vous jure, moi, que cela ne sera pas ! s'écria Chamontain avec fureur ; Dieu merci on ne se marie pas sans le consentement de son père, et il n'aura jamais le mien, jamais, jamais. Une comédienne !

— N'oubliez pas qu'il va avoir vingt-cinq ans.

— Moi je n'en ai que soixante et je ne suis pas prêt

de mourir; il y regardera à deux fois avant de se fâcher avec un père qui tant qu'il vivra, ne lui donnerait pas un sou et qui, le déshériterait. Et la demoiselle y regardera à deux fois aussi, quand elle saura cela. Celui qui tient la clef de la caisse, est le maître, sachez-le. Je parlerai à Gaston.

Le duc secoua la tête :

— Je lui ai parlé.

— Au nom des convenances, de l'amitié, du devoir.

— Assurément.

— Moi je lui parlerai au nom de l'argent, et il m'entendra; rassurez-vous.

— Je le voudrais, car enfin ce mariage...

— Je vous dis qu'il ne se fera pas.

Le duc n'avait rien à ajouter; il écrivit trois mots à Gaston pour lui dire le résultat de sa mission : » Votre père furieux », et il attendit.

Ce fut en rentrant de l'Odéon, le soir, que Gaston trouva ce court billet; en même temps qu'on le lui remit, on lui dit que son père voulait le voir.

Il n'y avait plus à reculer, il fallait affronter ce père furieux; heureusement, Gaston avait le courage désespéré des timides; sans aucune hésitation, préparant ce qu'il devait dire, il entra dans le cabinet où son père travaillait avec un de ses secrétaires; aussitôt celui-ci rangea ses papiers et sortit, heureux de cette bonne chance qui le libérait.

— Que m'a dit ton beau-frère? demanda Chamontain, que tu parlais d'épouser cette comédienne de l'Odéon. Es-tu fou?

— Je l'aime.

— Eh bien ! aime-la.

— C'est une honnête fille.

— Tu crois ça : une fille de théâtre ; tu sais bien que je ne compte pas avec toi.

— Tu ne la connais pas.

— Tu ne vas pas me faire son éloge, n'est-ce pas. Écoute-moi plutôt. Ta mère et moi, nous ne pourrions pas accepter un pareil mariage, je te le dis tout de suite...

— Quand vous la connaîtrez, vous verrez...

— Une comédienne !

— Mais cette comédienne...

— Je t'ai dit de m'écouter. Tu t'es imaginé, parce que tu aimes cette fille, que tu pouvais l'épouser, et que ta mère et moi nous subirions ce mariage, moi par faiblesse, ta mère par tendresse. C'est pour cela qu'il faut s'expliquer avant que les choses n'aillent plus loin. Jamais je ne donnerai mon consentement à ce mariage, et tu sais que ce que je dis, je le fais ; ma vie est là pour attester que je ne suis jamais revenu sur un engagement pris envers les autres ou envers moi. Cette fille eût-elle cent fois plus de qualités que ton amour lui en reconnaît, elle ne peut pas être ta femme, par cela seul qu'elle est comédienne. Je n'ai pas travaillé depuis ma jeunesse, je n'ai pas acquis la fortune, pour que travail et fortune ne servent à rien. Il faut que cette fortune te donne, dans le monde, le rang que la naissance a donné à ton beau-frère, c'est mon ambition. Et, ce résultat ne sera possible que si tu ne t'attaches pas, dès le

départ, un boulet au pied : ta femme en serait un.
Avec elle le monde, le vrai te serait fermé, la diplomatie te serait interdite, le ministère te serait difficile. Tu me diras qu'il y a eu des ministres mariés à des femmes impossibles, c'est vrai, mais que n'ont-ils pas eu à souffrir. Mari de cette fille, tu seras condamné à ne vivre qu'avec elle ; dans dix ans serait-ce bien amusant. Et puis, les parents de ta femme qu'en ferais-tu ? Ce père, cette mère, cette sœur qui sera comédienne ; et quelle comédienne, tu n'en sais rien, une grue, cela est possible, et peut-être même moins encore ! Je serais un niais, je serais un coupable si je donnais mon consentement à un pareil mariage. A la vérité, tu vas avoir vingt-cinq ans, et si la folie te pousse, tu peux me faire des sommations. Mais ce serait la guerre entre nous, et je ne peux pas croire que tu me la déclares. Si cependant tu avais cette faiblesse, je veux te dire tout de suite quelles conséquences elle entraînerait pour toi dans le présent et dans l'avenir. Dans le présent, ma caisse te serait fermée. Dans l'avenir, je te déshériterais, car tu ne serais plus mon fils et tes enfants, ceux de cette femme qui t'aurait enlevé à notre affection, ne me seraient rien ; tu dois comprendre qu'il n'est pas difficile à un homme comme moi, de dénaturer sa fortune et de l'assurer aux enfants de ta sœur. Réfléchis donc. Tu renonces à ce mariage et te contentes d'avoir cette comédienne pour maîtresse, je paie toutes tes fantaisies sans marchander. Tu persistes, tu n'as plus un sou de moi, et si tu contractes des dettes, je te fais nommer un conseil judiciaire. Voilà

la situation bien nette. Après avoir parlé de toi, j'ajoute un mot qui m'est personnel : le mariage de ta sœur avec le duc de Paradan m'a fait entrer dans le monde, je ne veux pas être gêné par le tien avec une fille de théâtre.

— Mais mon père...

— Pas un mot, je ne t'en permets pas un seul. Je t'ai fait connaître ma volonté, rien ne la changera. N'essaye donc pas un plaidoyer inutile, ni par toi ni par les autres. Je n'écouterai rien ni personne. Je dis cela spécialement pour ta mère; si tu ne veux pas qu'elle en souffre ne la charge pas de ta cause. Tu peux te retirer chez toi.

Gaston était monté chez lui abasourdi : c'était bien son père tel qu'il le connaissait depuis son enfance qui venait de parler net, tranchant, violent dans sa volonté qui ne supportait pas la contradiction. Qu'eût-il servi de répondre? On ne l'eût pas écouté : « Pas un mot »; c'était la réplique de son père quand il avait la force pour lui. Et il l'avait en ce moment. Mais pour la reconnaître Gaston ne la subirait pas. Tout ce qu'il venait d'entendre, il l'avait prévu, ou à peu près, et d'avance sa résolution était prise : il se servirait de l'arme que la loi lui mettait aux mains. Ç'avait été une faiblesse de sa part de demander les bons offices de son beau-frère c'en serait une plus grande de recourir à l'intervention de sa mère : elle en souffrirait elle-même, et ce serait tout. Son père était bien l'homme qu'il disait : celui qui ne revient pas sur un engagement, pris envers les autres ou envers soi. Mais ce que M. Chamontain ne disait pas, et ce que Gaston savait cependant par des preuves sans cesse répétées, c'est que cette fermeté, inébranlable tant qu'elle avait chance de réussir, et qui jouait alors, bravement, le tout pour le tout, ne s'obstinait jamais contre le fait accompli. Combien de fois le fils avait-il entendu le père dire de soi-même qu'il était le « Meunier de Sans-Souci :

> Et de quelque côté que vint souffler le vent
> Il y tournait son aile, et s'endormait content.

Le mariage fait, il l'accepterait par cette bonne raison qu'il ne pouvait rien contre lui, et que dès lors le mieux était « d'y tourner son aile ».

C'était ce qu'il avait expliqué à Zyte le lendemain en lui rapportant la réponse de son père à sa demande :

— Vous voyez que quand même je n'aurais pas été décidé aux sommations elles s'imposent : j'aurais voulu que mon père vînt vous demander votre main, mais je vous promets que notre mariage fait, il viendra vous demander de prendre votre place dans sa maison.

Il fallut cette promesse pour consoler Zyte et lui faire accepter les sommations. D'ailleurs, n'y avait-il pas une diversion pour sa fierté, à se dire qu'elle travaillerait pour lui, et que la comédienne qu'on repoussait nourrirait ce fils de famille si riche : au moins on ne pourrait pas prétendre que c'était pour la fortune qu'il lui apportait qu'elle l'aimait et l'épousait.

Dès ce jour elle voulut prendre la direction des affaires de « son mari », et il fallut qu'il lui fît le compte de ce qu'il avait : une dizaine de mille francs en argent comptant, quelques sommes dues par des amis, et le fameux rubis qu'il n'avait pas rendu aux joailliers Marche et Chabert.

— C'est plus qu'il ne faut pour répondre dès maintenant aux menaces de votre père et lui faire comprendre que vous ne renoncerez pas à votre projet parce que sa caisse vous sera fermée. Pour cela, ne vous adressez plus à cette caisse, et vivez avec ce que vous avez. Sans doute, vous ne pourrez plus continuer vos dépenses, mais est-ce bien amusant de jeter l'argent sans compter? n'avons-nous pas été heureux dans le tramway de Clamart, qui nous a coûté dix sous, et avons-nous mangé rien de meilleur que notre fromage de Villebon, même quand vous dépensiez cent francs pour notre dîner chez Bignon ou au Café Anglais. Si vous voulez me laisser ordonner vos dépenses, vous verrez que vos dix mille francs dureront longtemps. Quant au rubis, au lieu de me l'offrir, vous le rendrez aux bijoutiers, qui le reprendront pour vingt-cinq mille francs, et avec ces vingt-cinq mille francs vous meublerez l'appartement dans lequel nous nous installerons le jour de notre mariage. Bien que je ne sois pas au courant du prix des mobiliers, j'imagine que vous ne pourrez pas acheter les beaux meubles auxquels vous êtes habitué, mais ceux que vous choisirez seront à coup sûr beaucoup plus beaux que mes rêves n'ont pu les faire jamais. Alors, à partir de ce jour, ce sera à moi de faire marcher la maison, et avec mes appointements, mes feux des matinées et ce que je gagnerai dans les salons, j'y arriverai sans que vous ayez trop à souffrir de notre médiocrité. Cela vous changera du luxe dans lequel vous avez vécu jusqu'à présent, et j'aimerai tant mon cher mari, qu'il ne regrettera rien... je l'espère.

XIV

M. Chamontain avait mis sa confiance dans la menace de la caisse fermée, et aussi dans l'offre de payer toutes les fantaisies que son fils pourrait se permettre. Il fut donc très surpris quand il vit que Gaston, au lieu de profiter de cette offre, ne prenait plus rien à sa caisse.

— Son fils, son propre fils restait sourd à la musique de l'argent !

Voilà qui devenait significatif et même inquiétant.

Evidemment Gaston, qu'il connaissait bien, subissait l'influence de cette fille, qui faisait de lui ce qu'elle voulait : on n'obtiendrait donc rien tant que cette influence ne serait pas détruite, et c'était à la démolir qu'il fallait d'abord s'employer. Il était un jouet entre ses mains parce qu'il l'aimait; il fallait qu'il ne l'aimât plus, et pour cela il n'y avait qu'à la lui faire connaître, à la lui montrer telle qu'elle était. Elle avait eu des amants, cette fille, cela était certain; elle en avait encore, cela était probable;

pour désillusionner Gaston, il n'y avait qu'à constituer un dossier avec les anciens, comme avec les présents, et à le lui mettre sous les yeux.

Plus d'une fois il avait eu à faire faire des recherches sur des gens douteux avec qui il était en affaires, et quand les circonstances ne lui permettaient pas d'agir au grand jour, il s'était servi d'une agence qui ayant pour but ostensible de recueillir des renseignements commerciaux, fournissait en réalité à ses clients tous les autres renseignements qu'ils pouvaient lui demander « sur les antécédents, la moralité et la fortune des familles pour les mariages ou autres motifs ». Le temps n'est plus où ces agences n'étaient dirigées que par de vulgaires mouchards. Plus d'un fonctionnaire mis sur le pavé par les révocations politiques de ces dernières années, a dû, pour vivre, accepter n'importe quoi, et par ce fait seul, quelques-unes de ces agences ont du jour au lendemain changé de caractère. C'était ainsi que celle qui faisait les affaires délicates de Chamontain, installée dans un bel appartement de la rue du Helder, d'une sévérité tout à fait respectable avait pour directeur un *vrai* ancien magistrat, qui, pour la correction des manières, la dignité de la tenue et la réserve du langage, ne ressemblait en rien aux types de convention que montre le théâtre, en retard sur la vie réelle.

— Surveillance facile, dit l'ancien magistrat, vie en quelque sorte publique, les renseignements seront précis et concordants, ceux que nous obtiendrons à Noisy et ceux que nous nous procurerons à Paris.

En effet, ils furent précis et concordants, ces renseignements. A Noisy, à Chelles, à Lagny, à Coulommiers, à Rozoy, à Mormant, dans toute la Brie, partout où Zyte avait passé elle avait laissé la réputation d'une honnête, d'une très honnête fille — c'était au moins ce que disait la voix publique; à la vérité cette voix publique parlait aussi du grand amour qu'elle avait inspiré à un comédien de la troupe paternelle appelé Joseph; mais de l'avis de tous cet amour avait toujours été malheureux; Joseph l'aimait, elle n'aimait pas Joseph; si actives qu'eussent été les recherches sur cette piste, elles n'avaient rien donné. A Paris, on avait eu la chance pendant un certain temps d'être sur une meilleure voie : elle recevait chez elle un jeune homme, et elle allait avec lui souvent faire des promenades à la campagne; et ce jeune homme était son amant incontestablement. Le lundi ils avaient été à Fontenay-aux-Roses en tramway, sur l'impériale, après s'être promenés autour du fort, ils étaient restés plus d'une heure, regardant Paris, s'embrassant de temps en temps; puis ils étaient entrés dans un petit restaurant ombragé, au haut de la côte de Châtillon à la *Tour de Crouy;* là ils avaient mangé à une table, sous les arbres; leur menu s'était composé de quatre sous de pain, six sous de fromage de Brie, un demi-setier de vin. Le lundi suivant, toujours en tramway et sur l'impériale, ils avaient été à Villejuif, où ils étaient montés dans le clocher; ils y étaient restés longtemps; que s'y était-il passé? l'agent n'en savait rien, car sous peine de se faire brûler tout de suite il n'avait pas pu monter en même temps qu'eux dans le clocher et ne pas les perdre des yeux comme dans les champs de Châtillon. En redescendant ils étaient entrés chez un marchand de vin et dans un bosquet ils avaient mangé du jambon et bu un demi-setier de vin.

En tramway, quatre sous de pain, six sous de fromage, du vin au setier! évidemment cet amant était quelque voyou; la conviction de M. Chamontain était faite à ce sujet, et n'avait rien d'ailleurs pour l'étonner : n'était-il pas tout naturel qu'elle prît ses amants dans son monde?

Il fallait continuer cette surveillance; grouper une série de faits; et surtout savoir ce qu'était cet amant : alors on ouvrirait les yeux de Gaston : la partie était gagnée.

Quelle déception, quelle colère, quelle indignation quand, quelques jours après, M. Chamontain avait appris que cet amant, ce voyou n'était autre que... Gaston.

— Son fils en tramway, mangeant chez les marchands de vin, buvant du vin au setier! Qu'avait-elle donc fait de lui, cette misérable fille. Il était perdu.

Dans son exaspération Chamontain avait secoué vigoureusement le directeur de l'agence, pour ne pas lui avoir dit tout de suite que ce jeune homme qu'on filait était son fils.

Mais sans se fâcher le directeur s'était défendu en faisant remarquer que cet incident prouvait justement l'excellence des procédés employés par sa maison :

— L'agent chargé de cette surveillance, ne sait pas au profit de qui il travaille, et par là toute indiscrétion est évitée : il doit me dire qui mademoiselle Duchatellier fréquente; il me nomme celui qui paraît être son amant; sa mission est accomplie et je dirai même que sa sagacité est justifiée quand il trouve que cet amant est M. Gaston Chamontain.

Mais ce n'était pas de la sagacité de l'agent que Chamontain avait souci : ce qu'il lui fallait ce n'était pas le nom de son fils, c'étaient les noms des autres amants de cette coquine.

— En a-t-elle eu d'autres ? répondit l'ancien magistrat, c'est possible, bien que l'enquête sur ce point lui soit favorable, mais pour le moment elle semble n'avoir que celui qu'elle aime. Ces choses-là se voient même avec les comédiennes : chez elle, mademoiselle Duchatellier ne reçoit que M. Gaston Chamontain, et c'est avec lui seul qu'elle sort, la surveillance exercée de jour et de nuit le démontre. Au théâtre les rapports qui me sont faits par des personnes sûres prouvent de même la parfaite innocence de ses fréquentations. Il est donc probable que pour le moment nous n'obtiendrons rien de ce que vous désirez. Mais plus tard.

— Quand le mariage sera fait !

— Il faudra bien qu'il se fasse si vous n'avez que ce moyen pour l'empêcher. Mais la surveillance pourra continuer, et si elle donne de bons résultats, ce qui paraît vraisemblable si l'on considère l'éducation de la jeune personne et le milieu dans lequel elle vit, elle pourra ouvrir une porte de sortie... je veux dire celle du divorce, au cas où d'ici-là vous en voteriez le rétablissement, monsieur le député. Alors M. votre fils redeviendrait libre, et il vous serait facile de le marier à votre convenance; le monde voit d'un œil indulgent et sympathique les jeunes gens qui ont fait des folies : c'est une fleur à leur boutonnière.

Le divorce! La belle perspective en vérité. Ce n'était point casser ce mariage, que Chamontain voulait, c'était l'empêcher. Serait-il jamais voté, le rétablissement du divorce? Quand le serait-il? Un homme de son caractère n'établissait pas ses projets sur des probabilités aussi fragiles. Ce qu'il lui fallait c'était des résultats immédiats et certains.

Aussi, tout en donnant l'ordre de continuer la surveillance, voulut-il agir par tous les moyens en son pouvoir, par les siens et par lui-même.

Tandis qu'il chargeait sa femme, sa fille et son gendre de peser de toute leur force sur Gaston, par la tendresse, le dédain et la raillerie, il voulut, l'argent en main, faire une tentative auprès de Zyte : bien qu'il comptât de près en toutes circonstances, jamais il ne lésinait quand son orgueil était en jeu, et jamais il n'avait été plus fâcheusement compromis que par son mariage.

Un matin, à l'heure où il avait chance de trouver Zyte chez elle, il chargea madame Chamontain de garder Gaston, de façon à n'être pas exposé à être dérangé par lui et se présenta à l'*Hôtel des Médicis*.

Zyta était au travail avec Lachapelle, quand on lui remit la carte de M. Chamontain. Elle eut un moment d'émotion poignante. Que voulait-il ? Quelle lutte allait-elle avoir à subir ? La pensée de cette lutte lui rendit le courage : c'était son amour, c'était Gaston qu'elle allait défendre.

Elle pria Lachapelle de la laisser seule, et dit au domestique de faire monter M. Chamontain qui entra presque aussitôt, car il se tenait sur le palier de l'escalier.

Tremblante elle salua en lui indiquant un fauteuil.

— Mon nom a dû, mademoiselle, vous faire pressentir ce qui m'amène chez vous : c'est de mon fils que je veux vous parler.

Il la regardait, et comme il ne l'avait vue qu'au théâtre où les exigences du rôle qu'elle remplissait, donnaient à son visage quelque chose d'égaré et de farouche, il fut surpris de la douceur de sa physionomie : il était de ceux qui croient que les actrices débarbouillées de leur blanc et de leur rouge, sont toutes jaunes et fanées, et voilà qu'il la trouvait fraîche et charmante ; mais au lieu de l'adoucir, ce charme et cette douceur ne firent que l'irriter puisqu'il était obligé de reconnaître qu'elle était plus dangereuse encore qu'il ne l'imaginait.

— Mon fils m'a parlé de son projet de vous épouser, je viens vous dire et vous expliquer que ce mariage est impossible, que je n'y donnerai jamais mon consentement, et que dès lors il ferait son malheur comme le vôtre. J'ai pour mon fils d'autres visées, d'autres ambitions auxquelles je ne renoncerai jamais. Sans doute mon fils pourra me faire des sommations et vous épouser malgré tout. Mais de ce jour-là il ne sera plus mon fils : je ne lui donnerai pas un sou, je ne vous recevrai pas dans ma maison, et à ma mort vous n'aurez rien, ni lui, ni vous, ni vos enfants, de ma succession; j'aurai dénaturé ma fortune qui ira tout entière à ma fille. Voilà une situation nette, n'est-ce pas, et que vous comprenez.

Elle inclina faiblement la tête.

— Donc, votre mariage, continua-t-il, ferait mon fils misérable, et vous avec lui. Vous n'aviez sans doute pas prévu cela, je tiens à vous le bien expliquer. Avez-vous compris?

— Oui, monsieur.

— Je viens donc vous demander de renoncer à votre mariage; mais ce n'est pas sans vous offrir une compensation : les affaires sont les affaires. Vous avez pensé en faire une excellente en épousant mon fils, et je vous avoue qu'à votre place j'aurais calculé comme vous. Je viens de vous démontrer qu'au lieu d'être excellente, elle serait détestable pour vous comme pour lui; tandis que la compensation que j'ai à vous proposer vous donnera au contraire des avantages certains. J'ai su qu'il y avait eu entre vous et un comédien de la troupe de votre père, des relations très... tendres.

— Monsieur!...

— Je sais beaucoup de choses, et si je n'en parle pas c'est que je ne dis jamais que ce qui est utile. Epousez M. Joseph et je vous donne en dot deux cent mille francs.

Elle resta suffoquée.

— Je ne suis pas une femme d'affaire, comme vous le croyez, balbutia-t-elle. J'aime votre fils, il m'aime.

— Eh bien ! aimez-vous, cela m'est égal, ce que je ne veux pas c'est que vous vous épousiez ; et le plus sûr moyen est que vous deveniez la femme de M. Joseph.

Après le premier coup qui l'avait étourdie, elle s'était peu à peu remise :

— Je voudrais, dit-elle en parlant d'abord lentement, vous répondre avec tout le respect que je dois au père de l'homme que j'aime, malgré le mépris dont vous m'accablez. Vous dites que vous savez bien des choses ; cependant vous ne me connaissez pas : je ne suis pas une femme d'argent : j'aime votre fils, il m'aime et j'ai la prétention de pouvoir le rendre heureux. Je comprendrais qu'il vous fît le sacrifice de son amour, à vous son père, si ce sacrifice lui était possible ; mais moi, monsieur, pourquoi vous ferais-je le sacrifice du mien !

— Pour votre argent, j'ai bien compris. Mais votre calcul n'a pas été juste. On n'achète que ce qui est à vendre. Sans doute c'est une grosse somme que deux cent mille francs ; mais si grosse qu'elle soit elle ne m'éblouit point. Vous pouvez croire que c'est parce que je ne me rends pas bien compte de son importance. Mais fût-elle beaucoup plus importante encore, ma réponse serait la même. Je n'en ai pas besoin. Je ne suis pas embarrassée pour gagner ma vie honnêtement, et même je ne le suis pas pour gagner celle de votre fils, mon mari. J'aurais voulu votre estime, j'aurais par mon respect et ma tendresse voulu votre amitié; je ne veux pas de votre argent.

— Comédienne! s'écria Chamontain furieux, vous refusez deux cent mille francs parce vous comptez avoir ma fortune, vous n'en aurez pas un sou.

— J'aurai votre fils.

— Réduit par vous à la misère, il vous détestera et pour rentrer en grâce auprès de moi il vous abandonnera.

— Je l'aimerai tant que je saurai le retenir.

— Dans la misère.

— Il y a des misères heureuses.

— Vous réfléchirez,

La réflexion ne dit qu'une chose à Zyte, c'est que pour que Gaston l'épousât malgré la résistance qu'il rencontrait dans sa famille, il fallait qu'il l'aimât passionnément, et cela seul la toucha : cet amour était assez grand pour qu'elle ne s'inquiétât point des menaces de M. Chamontain. D'ailleurs entre le père qui affirmait que sa maison resterait à jamais fermée, et le fils qui promettait qu'elle s'ouvrirait le mariage fait, il n'y avait pas d'hésitation possible pour Zyte, c'était le fils qu'elle croyait, non le père.

Ce fut l'explication qu'elle donna à son père et à sa mère lorsqu'elle leur annonça son mariage, et ceux-ci l'acceptèrent en la trouvant toute naturelle; madame Duchatellier elle-même, malgré sa prudence habituelle, ses hésitations et ses doutes n'y fit pas d'objections tant elle était heureuse de voir sa fille à l'abri des dangers qu'elle avait redoutés.

— Cet homme est un parvenu, dit Duchatellier, et rien n'est plus sottement orgueilleux qu'un parvenu, il se serait fâché si le duc de Paradan n'avait pas voulu de sa fille, et il ne comprend pas que son fils épouse une artiste. Quelles brutes que ces bourgeois! Mais je ne veux pas dire ce que j'en pense, c'est ton beau-père. Ta vengeance sera de le voir à tes pieds. Alors sois magnanime. « *Le beau-père repentant* » ou « *la Clémence de Zyte* »; je verrai à bâtir quelque chose là-dessus.

— Tu me feras monter dans tes belles voitures, dit Marietta.

Elle était plus qu'embarrassée pour parler de son mariage à Joseph, cependant elle ne voulut pas qu'il en apprît la nouvelle par d'autres que par elle ni par son père, ni par Lachapelle. Mais il la reçut mieux qu'elle ne pensait. Du jour où il avait vu Gaston, il avait attendu le pire ; et ce n'était point le pire qui se réalisait. Puisqu'elle avait résisté à ce fils de famille beau et brillant, c'était la preuve qu'elle ne l'aimait pas passionnément comme il l'avait craint : elle devenait sa femme, non sa maîtresse elle ne s'abaissait pas ; s'il était anéanti dans son amour, au moins sa foi en elle restait-elle pure d'une souillure.

En venant habiter Paris, madame Duchatellier croyait qu'elle pourrait reprendre Zyte chez eux, et comme elle serait libre, elle se promettait, malgré les railleries de son mari, de veiller sur sa fille.

Mais le mariage enlevait tout intérêt à ce projet : ce n'était pas la peine que Zyte vînt chez eux pour les quitter presqu'aussitôt; il y aurait des frais de loyer, d'installation inutile et Zyte était restée à l'*Hôtel des Médicis* tandis que ses parents s'emménageaient à Montmartre sur les hauteurs qui regardent les Batignolles — cet ancien royaume de Duchatellier où il allait reparaître dans un nouveau rôle.

Pendant ce temps, Gaston avait marché vers la majorité fixée par la loi pour le mariage, et les tendres supplications de sa mère, les colères dédaigneuses de sa sœur, les discours pathétiques de son beau-frère, les remontrances amicales de Bachollet, stylé par M. Chamontain, avaient glissé sur lui sans effleurer son amour et sans ébranler sa résolution. Les supplications de sa mère le désolaient, mais ne le convertissaient point. Les dédains de sa sœur lui faisaient hausser les épaules. Aux discours de son beau-frère, il opposait les concessions que celui-ci avait été obligé de lui accorder la première fois qu'il avait été question entre eux de ce mariage. Enfin, aux remontrances de Bachollet, il répondait par un mot, toujours le même : « On prend son bonheur où on le trouve. » Et Bachollet restait bouche close, car il avait été éprouvé en ces derniers temps par une série de malheurs qui avaient abattu sa fierté : d'abord *Joyeuse* n'était arrivée que mauvaise quatrième dans le Derby; puis *Capitolina*, pour son début, avait été huée, et si outrageusement, que les moqueries avaient éclaboussé son professeur; enfin Adèle Manec venait de se faire voler ses bijoux par son amant de cœur, un vulgaire repris de justice, habitué de Melun, de Poissy, de Gaillon, et tous les journaux avaient, à cette occasion, parlé de Bachollet de façon à lui faire regretter d'être l'abonné de l'*Argus de la presse*.

Encore quelques jours, et maître Le Genest de la Crochardière et son collègue, notaires, allaient notifier à M. Pierre-Désiré Chamontain, le premier acte respectueux exigé par la loi. A ce moment, Faré était venu passer une semaine à Paris, et en lui annonçant son mariage, Zyte lui avait demandé de tenter une dernière démarche auprès de M. Chamontain : le jour de la première sommation Gaston quitterait la maison paternelle pour n'y rentrer peut-être jamais; ne fallait-il pas tout risquer pour prévenir cette rupture? dans son entretien avec M. Chamontain, elle avait mal plaidé sa cause, Faré, plus habile, pouvait réussir.

Et Faré qui trouvait que Zyte serait une charmante femme pour Gaston, sans qu'aucune indignité l'empêchât d'entrer dans l'illustre famille des Chamontain, n'avait pas refusé cette mission : il tenait à rendre service à Zyte; et puis, d'un autre côté, la scène avec ce parvenu serait curieuse.

A sa lettre demandant une entrevue, M. Chamontain lui avait répondu par une invitation à dîner. « Nous causerons après le dîner » était écrit au bas de la carte d'invitation.

— Quelle drôle de manière de traiter une affaire de cette importance, s'était dit Faré, mais il n'avait pu qu'accepter, et au jour dit, à sept heures et demie, il avait sonné à la grille de l'hôtel Chamontain. Dans le hall il trouva une haie de laquais à la livrée bleu ciel et or qui, sous la coloration intense tombant du vitrail, avaient tout à fait grand air. Et marchant aussi lentement que possible, en jetant rapidement autour de lui des regards circulaires qui embrassaient tout, il traversa une enfilade de salons rouge et or, bleu et or, blanc et or, éclairés par des lustres en or ciselé, et tout plein d'un faste éblouissant, auquel on avait demandé de crier avant tout la richesse du maître de cet hôtel. En regardant les tables et les consoles en bois doré à dessus de malachite, les tentures, les glaces de Venise, les bronzes, les porcelaines, les ivoires, il pensait au temps où, pauvre chroniqueur, il était obligé d'inventer les élégances mondaines qu'il décrivait longuement dans son journal sans les avoir jamais vues, au hasard de l'imagination.

Enfin dans le grand salon tendu de tapisseries des Gobelins, adossé à une haute cheminée sculptée surmontée du buste du maître de la maison, se tenait Chamontain qui, en entendant le nom de Faré jeté par l'huissier, daigna faire quelques pas au-devant de son invité, et après lui avoir serré la main le présenta à madame Chamontain assise sous un palmier qui occupait le milieu de cette vaste pièce.

Faré arrivait le premier, ce qui permit à Chamontain de s'occuper de lui exclusivement et de lui nommer les convives qu'il allait rencontrer :

— D'abord son Altesse Impériale le grand duc Bazile qui sera heureux de vous connaître, car il est un de vos admirateurs. Puis Richard Larminie de Chicago qu'il est bon que vous voyez, car c'est l'homme du jour : il y a huit ans il était garçon boucher, aujourd'hui, c'est un des plus riches commerçants en grains de l'Amérique, et à coup sûr le plus grand marchand de viande du monde : il tue mille bœufs par jour et je ne sais combien de milliers de porcs qu'il expédie dans les Etats-Unis au moyen d'un système de wagons dont il s'est rendu acquéreur et dans lesquels la viande se conserve aussi fraîche que si elle sortait de l'abattoir. Vous me remercierez de vous avoir mis en relations avec lui : c'est quelqu'un. Nous avons aussi Revel, Jean Renard, Falco, puis Casparis et Glorient qui travaillent en ce moment pour moi...

L'entrée d'un groupe de convives interrompit cette énumération curieuse : évidemment c'était bien plus en l'honneur de Richard Larminie que du grand duc Basile que ce dîner était donné, et ces grands noms de la science, de la musique, de la statuaire, de la peinture, Revel, Renard, Falco, Casparis, Glorient, n'étaient pour Chamontain que ceux de menus seigneurs des chœurs, invités pour faire cortège à l'ancien garçon boucher devenu « l'homme du jour ».

Il se fit attendre un bon quart d'heure, l'homme du jour, et à table où il occupa la gauche de madame Chamontain, il parla haut et ferme en émaillant son français nasillard de locutions picardes et normandes qu'il avait apprises dans les prairies du Manitoba, lorsqu'il y faisait son apprentissage de boucher et servait ses pratiques canadiennes : il semblait qu'il fût le roi de la table, et que la gloire de la naissance comme celle du talent, ne comptassent que pour bien peu à côté de celle de l'argent.

Et en l'écoutant, en le regardant, Faré se disait qu'il ne s'était pas trompé quand il s'était dit que ce dîner serait intéressant. Le luxe seul de la table avec son surtout en argent sculpté et ciselé par les frères Fannière, avec ses vases, ses candélabres, ses salières, son argenterie, était une curiosité. Mais ce qui n'était pas moins caractéristique pour qui avait l'esprit d'observation, c'était l'attitude des convives : le grand-duc ne disait rien, ou presque rien ; les savants et les artistes échangeaient quelques mots entre eux d'un air ennuyé ; le duc de Paradan était complètement glacé, Gaston sombre et absorbé ; seuls le Yankee et Chamontain se renvoyaient gaiement la balle, épanouis dans leur satisfaction, tandis qu'autour de la table les domestiques avec l'habit noir et la chemise à jabot de dentelle, en nombre égal à celui des convives, faisaient le service rapidement, discrètement, ne manifestant leur présence qu'en prenant les plats, et en versant les vins qu'ils nommaient avec le respect dû à leur origine : Château-Yquem 1847, Château-Larose, Château-Laffite, Romanée-St-Vivant, Clos-Vougeot, Rœderer glacé.

C'était l'usage que dans les jours de gala on montât fumer dans une longue galerie qui ouvrait ses fenêtres sur le parc Monceaux, et qui était en quelque sorte le musée de l'hôtel. Ce qui, plus encore que les curiosités, les objets précieux et les tableaux, lui donnait ce caractère de musée, c'était que sur les vitrines se fermaient des volets de tôle comme à Cluny.

— Votre Altesse voit que j'ai pris mes précautions contre les voleurs, dit Chamontain, en faisant les honneurs de sa galerie au grand-duc et à l'homme du jour; mais je les ai prises aussi contre les révolutions : on ne sait pas ce que l'avenir nous réserve.

Et il montra, rangée dans des tiroirs, toute une collection d'étuis, et debout dans les encoignures, des gaines en cuir.

— Ces étuis et ces gaines, dit-il, sont tous numérotés, les numéros sont reportés sur les objets des vitrines et sur les tableaux ; en cas de révolution, tout est emballé ou roulé en quelques heures et mis en sûreté, dans un endroit où on n'ira pas les chercher.

— Aimable pays, dit l'Américain.

— Il serait plus juste de dire terrible époque, répliqua le grand-duc.

Dans une vitrine, l'Américain avait pris une figurine de Tanagra et il la tournait, la retournait dans ses larges mains en disant :

— La jolie poupée.

Tout à coup il la laissa tomber sur le tapis où elle se cassa en trois morceaux.

— Tiens, j'ai cassé la poupée, dit-il en riant.

Casparis désespéré de ce meurtre, s'était baissé pour la ramasser; Chamontain le retint en poussant du pied la statuette.

— Mais on peut la recoller, dit Casparis.

— Ce n'est pas la peine, répondit Chamontain superbement ; je n'admets pas de pièces raccommodées dans ma collection.

Les convives ne s'attardèrent point; à dix heures et demie tout le monde était parti, à l'exception de Faré.

— Maintenant nous pouvons causer, dit Chamontain. Passons, si vous le voulez bien, dans mon cabinet.

Quand ils furent assis, Chamontain prit les devants :

— C'est de mon fils que vous voulez me parler, n'est-ce pas, et c'est dans son intérêt que vous m'avez demandé cet entretien ?

— Je ne suis pas assez l'ami de M. Gaston pour me charger de ses affaires, mais je suis assez celui de mademoiselle Duchatellier pour me présenter en son nom : c'est d'elle que je désire vous entretenir.

— Accepte-t-elle mes propositions ? Alors c'est une affaire entendue.

— Je ne sais à quelles propositions vous faites allusion; votre fils l'aime, elle aime votre fils, et dans ces conditions...

— Dans ces conditions, il est inutile d'aller plus loin.

— Qu'avez-vous à lui reprocher ? N'a-t-elle pas...

— Elle a tout, je vous l'accorde.

— Alors?

— Elle n'est pas de notre monde. Vous venez de voir quels sont mes hôtes, — et c'est un peu à cette intention que je vous ai prié à dîner ; — croyez-vous que je puisse les faire asseoir à côté de mademoiselle Duchatellier — ma belle-fille ! — Situation oblige.

Sur ce grand mot M. Chamontain se leva.

— Je vous demande la permission de ne pas entendre votre plaidoyer, dit-il, je suis sûr qu'il sera très éloquent, plein de cœur ; mais vous savez comme moi que les discours n'ont d'effet que sur ceux qui sont convaincus d'avance.

XV

Le jour même où le notaire devait notifier à M. Chamontain le premier acte respectueux, Gaston avait abandonné l'hôtel paternel pour venir habiter une chambre meublée de la rue Garancière, une vraie chambre d'étudiant. Tout d'abord il avait eu la pensée de prendre son logement dans l'*Hôtel des Médicis* pour être plus près de Zyte, et il avait fallu qu'elle le priât de renoncer à ce projet pour qu'il se rendît :

— Nous nous verrons toute la journée, vous arriverez le matin d'aussi bonne heure que vous voudrez ; nous ne nous quitterons le soir qu'au moment de nous coucher ; ne donnons pas des armes contre nous à vos parents.

Cet argument l'avait touché et décidé : il y avait intérêt en vue de l'avenir, à éviter tout ce qui pouvait paraître justifier les accusations de son père contre Zyte ; et dans le présent il avait à cœur de ne pas causer un nouveau chagrin à sa mère, celui de la séparation était assez cruel : son fils éloigné d'elle, sans qu'elle pût le voir autrement qu'en cachette quelquefois le matin, à Saint-Augustin.

Comme l'Odéon était fermé au moment où cette installation rue Garancière s'était faite, ils avaient toute la journée à eux, du matin au soir, plus de répétitions, plus de représentations, quelques heures seulement de travail avec Lachapelle, auxquelles Gaston assistait, non seulement parce que cela l'intéressait, mais aussi parce qu'il n'avait rien autre chose à faire. Où aurait-il été ? Par le fait seul de sa rupture avec son père, toutes ses habitudes se trouvaient changées, plus de chevaux, plus de voitures ; la vie mondaine avec ses plaisirs et ses relations n'existait plus pour lui ; elle coûte cher, la vie mondaine, et désormais pour assez longtemps peut-être il était condamné à l'économie.

A la vérité cette condamnation ne lui fut pas dure, et ce fut avec une parfaite indifférence qu'il tomba tout à coup du luxe dans la médiocrité : elle était drôle, sa chambre d'étudiant avec son lit en fer et ses meubles en acajou recouvert de reps grenat ; et ce n'était pas du tout une privation de n'avoir pas de domestiques pour le servir.

D'ailleurs Zyte, qui ne savait pas comment il accepterait cette brusque transition, avait voulu la lui adoucir, et pour cela elle avait trouvé que le mieux était de ne pas le laisser livré à l'ennui : près de lui elle saurait l'occuper, le distraire, l'empêcher de trouver le temps long.

Et de fait les journées ne lui avaient jamais paru aussi courtes, tant elles étaient bien remplies. Après le travail du matin, ils déjeunaient ensemble à l'*Hôtel des Médicis*, puis ils partaient en promenade, soit à travers Paris qu'elle ne connaissait pour ainsi dire pas, soit à la campagne. Ce n'était plus lui qui étudiait leur voyage à l'avance comme autrefois ; c'était elle qui en sortant le décidait au hasard de l'inspiration. S'ils tournaient à gauche ils allaient à Cluny prendre le tramway pour Villejuif, et les villages environnants ; à droite ils allaient à Saint-Germain-des-Prés d'où ils partaient pour Fontenay-aux-Roses ou Clamart. Mais souvent ils ne s'arrêtaient pas là, et descendant jusqu'aux quais ils s'embarquaient sur un bateau-mouche qui les conduisait à Saint-Cloud ou à Charenton.

Cela leur fut aussi un voyage de découverte, car jamais, ni l'un ni l'autre ils n'avaient été en bateau ; elle, parce qu'elle n'était guère sortie de sa roulotte ; lui, parce que les gens de son monde ne vont guère en bateau-mouche ; quel émerveillement quand assis l'un contre l'autre à l'avant du bateau, la main dans la main, ils avaient vu le Paris qui borde la Seine, défiler devant leurs yeux, serré entre ses quais de pierre d'abord, puis plus librement quand les rives se font plates et boisées.

— Est-ce qu'il y a besoin de dépenser de grosses sommes, disait-elle, pour voir de belles choses.

Souvent même ils ne dépensaient rien, et au lieu

de prendre le tramway ou le bateau, ils s'en allaient à pied, droit devant eux, tantôt au hasard, tantôt avec un but déterminé : les musées, quand il pleuvait ; les Tuileries, le Jardin des Plantes, le parc des Buttes-Chaumont, Montsouris, quand il faisait beau. Que de douces causeries, que de projets, que de tendres paroles d'amour dans ces heures de tête-à-tête ! Comme le temps passait. Ils ne pouvaient jamais croire que le soir allait tomber.

— Déjà !

Et ils se regardaient en se souriant.

S'ils n'étaient pas trop loin du Luxembourg, ils rentraient dîner à l'*Hôtel des Médicis*. Si, au contraire, la route était longue, ils dînaient là où ils se trouvaient, modestement, économiquement, et non plus comme au temps où c'était Gaston seul qui ordonnait le menu.

Ils n'eurent pas qu'à penser aux promenades et au plaisir, il fallut s'occuper des choses sérieuses chercher un appartement, choisir son mobilier, et ce fut une grosse affaire pour eux.

Ils étaient aussi ignorants l'un que l'autre de ces sortes de choses ; lui, parce qu'il n'avait toujours eu qu'à se laisser vivre ; elle, parce qu'elle n'avait pas vécu, et que dans sa situation de misérable, elle n'avait jamais eu à s'occuper de logement et de mobilier.

Pour l'appartement, il fallait qu'il fût dans les environs du Théâtre-Français, de façon à ce que Zyte put rentrer le soir sans prendre une voiture ; après avoir monté inutilement des milliers de marches, ils le choisirent rue de Rivoli, au cinquième étage, dans une maison qui, par un pan coupé, ouvrait une échappée de vue sur le jardin et la colonnade du Louvre ; tout petit, ne se composait que d'un salon, d'une chambre et d'une salle à manger avec cuisine, il avait l'avantage pour leur bourse, de n'exiger que peu de meubles.

Sur ce point du mobilier, l'accord s'établit plus difficilement entre eux que pour l'appartement : rien n'était assez beau pour Gaston, tout l'était trop pour Zyte.

— Vous ne voulez pas retrouver les splendeurs de l'hôtel de votre père, n'est-ce pas? Eh bien, ménageons notre bourse, disait-elle.

Mais on n'apprend pas du jour au lendemain à compter avec sa bourse, et Gaston, qui n'avait jamais compté avec celle de son père, ne pouvait pas se mettre dans la tête que, ses vingt-cinq mille francs dépensés, il n'en avait pas cinquante mille, cent mille derrière ceux-là.

Un autre souci, au moins pour Gaston, fut la question des témoins; Zyte avait les siens : son frère et Faré, qui s'était lui-même proposé, et Gaston n'avait personne; car il y avait cela de bizarre dans ce mariage qui, aux yeux du monde paraissait une si belle affaire pour une comédienne, que cette comédienne allait nourrir son mari, et que ce mari se trouvait sans famille, sans amis, sans relations. Lui faudrait-il donc prendre des étrangers? Il restait devant cette interrogation sans lui trouver de réponse, lorsqu'un soir, en rentrant, son concierge lui dit que M. le duc de Paradan était venu dans la journée, et qu'il reviendrait le lendemain matin de bonne heure.

En effet, à huit heures il vit entrer dans sa chambre le duc qui lui tendit la main affectueusement.

— Il faut donc venir vous relancer. Pourquoi ne vous voit-on point?

— L'opposition que vous m'avez faite...

— Était inspirée par l'amitié, non par l'hostilité. En vous voyant prêt à faire une folie, je me suis mis en travers; vous avez passé outre ; ce n'est pas une raison pour que nous ne nous connaissions plus.

Bien que Gaston n'eût pas été ébranlé par l'hostilité de sa famille, ces paroles lui furent douces au cœur: on lui revenait, avant peu la paix serait faite.

— J'ai prévenu M. Chamontain, continua le duc, que, tout en vous blâmant, je n'entendais pas rompre avec vous, et il m'a laissé ma liberté. A quand ce mariage déplorable?

— Au lendemain du jour où les délais imposés par la loi expireront.

Et la conversation continua affectueuse sur le mariage, le duc voulant que Gaston le mît pour tout au courant.

— Et vos témoins? demanda-t-il.

Gaston ne répondit pas.

— Pourquoi ne m'avez-vous pas demandé d'être l'un d'eux.

— Vous consentiriez...

— Mon cher, vous faites une folie, vous vous mettez une corde au cou; enfin tout ce que je vous ai dit à ce sujet je vous le répète : mais il n'en est pas moins certain que cette folie voulue par vous doit être atténuée autant que possible, dans votre intérêt, aussi bien que dans celui des vôtres : il ne faut pas que vous vous mariiez comme un paria, cela serait fâcheux aux yeux du monde. Je serai votre témoin. Et comme il ne convient pas que, prenant une part à ce mariage, j'aie l'air de rester quand même hostile à votre femme, je lui offrirai, si vous le voulez bien, sa toilette de mariée.

Gaston était confus de ces témoignages d'affection: jusqu'à ce jour il n'avait pas connu son beau-frère.

— Et l'autre témoin? demanda le duc, coupant court aux effusions.

— Je ne sais trop.

— Je vais demander à Bachollet de m'assister; ce sera convenable; il ne me refusera pas.

En effet Bachollet ne refusa pas; dès là que le duc consentait à être le premier témoin de Gaston, il n'avait plus de raisons pour n'être pas le second : au contraire il en avait toutes sortes de bonnes pour vouloir l'être : « Les témoins du marié étaient M. le duc de Paradan et M. Bachollet. » Cela ferait très bien dans les journaux, car tous les journaux parleraient du mariage de mademoiselle Duchatellier, — elle était dans le train.

Il voulut porter lui-même son acceptation à Gaston, mais il ne la donna qu'à une condition :

— Vous comprenez, mon cher, que je ne peux pas être votre témoin sans faire un cadeau à votre femme, je vous demande de lui offrir son argenterie, je vous en préviens tout de suite.

Gaston voulut refuser, mais Bachollet était obstiné quand il avait une idée en tête :

— Je la ferai porter chez vous, et nous verrons si vous oserez me la renvoyer; d'ailleurs n'oubliez pas que c'est à votre femme que je l'offre.

On ne se marie pas sans penser un peu, et même souvent beaucoup, aux cadeaux qu'on recevra; Zyte avait fait son rêve, qu'elle avait abandonné tristement devant la preuve que la famille Chamontain n'acceptait pas son mariage. N'ayant rien à recevoir des siens, elle ne recevrait rien de personne. Aussi son contentement avait-il été bien doux en apprenant les intentions du duc et de Bachollet : offerte par le duc la toilette de mariée ne pouvait pas ne pas être très belle; et puis l'intention la touchait bien plus encore que les cadeaux si attrayants qu'ils fussent : c'était un rapprochement, le commencement de la fin de la guerre.

Ce ne fut pas tout, deux jours après elle reçut une lettre de Faré :

« Ne croyez pas, ma chère Zyte, que cette lettre va
» vous annoncer que je ne pourrai pas être à Paris
» pour votre mariage ; nous y serons à la date fixée,
» soyez tranquille. En réalité c'est sous la dictée de
» ma femme que je vous écris. Ma femme, pour vous
» remercier du succès d'*Hella*, qui à ses yeux est
» votre œuvre, aurait voulu être votre témoin ; mais
» puisque la loi ne le lui permet pas, elle veut au
» moins affirmer sa reconnaissance par un souvenir,
» et elle trouve, pour toutes sortes de raisons, que
« ce qu'elle peut vous offrir de mieux, c'est votre

» trousseau. Entendez-vous là-dessus avec votre fa-
» mille qui, je l'espère, ne nous refusera pas ce plai-
» sir : *Hella* ne vous a-t-elle pas fait ma fille? »

Comment ne pas accepter? Comment n'être pas ému de la délicatesse avec laquelle ce trousseau était offert.

Lachapelle qui voyait la joie de Zyte, et qui pour la première fois de sa vie jouait les confidents vrais, un Arcas ou un Arbate de la réalité, voulut, lui aussi, avoir sa part dans ce contentement.

— Tu sais que c'est moi qui te donnerai ton bouquet de mariée, lui dit-il un jour.

— Vous, mon bon Lachapelle, y pensez-vous?

— Je crois bien que j'y pense; ça me rendra si heureux; et puis, entre nous, ne t'inquiète pas, ça ne me gêne pas.

En réalité il possédait dix-huit francs pour tout avoir, et il s'imaginait, en homme qui n'a jamais acheté de bouquets de mariée, que cela devait suffire. Cependant, comme il était prudent, il voulut à l'avance prendre ses précautions, et il s'en alla chez un grand fleuriste du boulevard, tâter le terrain Quand on lui dit que le prix était de cinquante francs, il fut indigné autant que désespéré. Il alla chez un autre : soixante francs. Puisque décidément c'était le prix, il n'avait qu'à emprunter les trente-deux francs qui lui manquaient.

Cette résolution prise, sa première pensée fut de s'adresser à Joseph, mais tout de suite un remords lui vint d'employer l'argent de ce pauvre garçon qui avait aimé, qui aimait toujours Zyte si passionnément à acheter un bouquet pour ce mariage, et alors il eut l'idée de s'adresser à Théodore. Riche depuis qu'il avait épousé sa veuve, Théodore voudrait bien obliger un vieux camarade.

Et à pied il partit pour Nogent. Ce fut madame Théodore qui le reçut, parce que, à ce moment de la journée, après le déjeuner, son mari faisait la sieste. Et comme elle fut très aimable avec lui, Lachapelle eut bon espoir : ce n'était pas une défaite.

Après une conversation un peu languissante, elle lui proposa un tour de jardin et longuement, en propriétaire fière de sa maison, qui était en réalité fort belle, elle lui montra ses serres, son écurie, sa remise, son poulailler. En passant devant un kiosque elle lui recommanda de marcher avec précaution et de baisser la voix parce que c'était là que son mari reposait.

— Au fait, nous pourrions voir s'il dort, dit-elle.

Approchant doucement avec Lachapelle, elle souleva, sans bruit, le coin d'un store.

Il ne dormait pas, mais vautré sur un large canapé la tête en bas, les pieds en l'air, il se tenait dans une position qui eût fait rire, s'il n'avait pas paru souffrir le martyre.

Ayant reconnu Lachapelle il se mit sur ses genoux.

— C'est toi, mon vieux, entre donc.

— Qu'as-tu? demanda Lachapelle.

— J'ai, mon cher, que la vie est bizarre : quand on n'a pas le sou il faut travailler pour manger et quand on a le sou il faut travailler pour digérer. Mon déjeuner ne passe pas.

S'il ne passait pas, ce déjeuner, c'était parce que comme tous les jours, il avait été trop copieux. La veuve qui connaissait le faible de son second mari, avait voulu le prendre et le retenir par la gourmandise; et pour cela elle lui avait organisé une vie plantureuse, le bourrant de gâteaux, allant presque tous les matins à la halle, lisant les livres de cuisine, travaillant des menus savants, lui chatouillant l'appétit du matin au soir. Et comme le mari se prêtait à ces séductions à la réussite desquelles il travaillait par des apéritifs abondants, il arrivait qu'après chaque repas il fallait se vautrer sur des canapés pour aider la digestion qui pesait.

Discrètement madame Théodore s'était retirée; en quelques mots, Lachapelle conta son affaire.

— Comment donc, ma vieille, avec plaisir, je vas te les chercher.

Mais quand il revint ce n'était pas trente-deux francs qu'il rapportait, c'était deux cents.

— Il te faudra des habits pour la cérémonie; tu me rendras ça quand tu pourras, sans te gêner. Pour nous, nous lui offrirons une garniture de cheminée, ma femme dit que ça se fait. Tu comprends, ma vieille, c'est classique.

Le soir du mariage Zyte et Gaston partirent pour Compiègne où ils avaient retenu une chambre à l'*hôtel du Grand Monarque*.

FIN DE LA DEUXIÈME PARTIE.

TROISIÈME PARTIE

I

Gaston avait raisonné juste quand il avait dit à Zyte que du jour où son père se trouverait en face d'un fait accompli, il désarmerait et viendrait lui-même demander à sa belle-fille, de prendre dans sa maison la place à laquelle elle avait droit par son mariage.

Telle avait été, en effet, la secrète disposition d'esprit du meunier de *Sans-Souci*, un an après le mariage de son fils.

De tous côtés autour de lui on plaidait la cause de Gaston, sinon ouvertement, franchement, en tenant tête au chef de la famille, au moins timidement, et d'une façon qui, pour être discrète, ne produisait pas moins d'effet : madame Chamontain d'abord qui, désespérée de la rupture avec ce fils qu'elle aimait tant, se laissait entraîner par une faiblesse maternelle, en somme bien excusable, et ne pensait qu'à lui ouvrir les bras en le recevant en enfant prodigue.

Puis le duc qui, indifférent et sceptique par nature ne se gênait pas pour laisser voir qu'il penchait vers l'indulgence. Si la faiblesse était excusable chez la mère, l'indulgence était en quelque sorte obligée chez le beau-frère qui, dans la situation où le plaçait cette rupture, ne pouvait pas prendre parti contre Gaston, sans paraître agir dans un intérêt personnel. Enfin les intimes, les amis, tous ceux qui à un titre quelconque pouvaient parler librement, et qui, par sympathie pour Gaston, ou simplement par esprit de justice prêchaient le pardon.

Quand la sévérité pouvait empêcher le mariage, elle s'expliquait, mais maintenant?

— Ce qui est fait est fait.

— A tout péché miséricorde.

— Et puis, il n'y a rien à dire contre cette petite femme.

— Elle est charmante.

— Elle a le plus grand talent.

— Sa conduite est exemplaire.

— Une comédienne est une femme comme une autre.

— Ils s'aiment.

— L'amour excuse tout.

Ces mots sans cesse répétés avaient fini par peser sur lui d'un poids que leur répétition même faisait plus lourd. Il y avait un courant: fallait-il se mettre en travers et le remonter. Ce n'était pas son habitude de remonter les courants: ce qui est fait est fait, et quand l'irréparable est accompli le plus sage est d'en tirer parti au mieux de ses intérêts; si cette ligne lui avait réussi en politique et en affaires, n'était-elle pas bonne à suivre aussi en famille : à tout péché miséricorde.

Après onze mois de mariage, Zyte était accouchée d'une fille, Hella, qu'elle avait voulu nourrir ; et la naissance de cet enfant l'avait troublé encore plus profondément. Elle ne s'en tiendrait pas à cette fille ; elle aurait des fils aussi ; et cette possibilité, cette probabilité ne pouvait pas le laisser indifférent. Si les enfants du duc de Paradan avaient du sang des Chamontain dans les veines, il n'en était pas moins vrai qu'ils ne porteraient jamais ce nom de Chamontain, — le sien, pour la gloire duquel il avait tant travaillé, — et ne le continuerait point ; tandis que ceux de Gaston ne seraient pas seulement Chamontain par le sang, ils le seraient aussi par le nom ; quand plus tard eux et leurs enfants joueraient un rôle dans la vie, ils rappelleraient tout de suite qu'ils étaient les descendants de Chamontain le député, Chamontain le grand industriel, Chamontain le financier fameux..., Chamontain qui...

C'était là pour lui une considération d'une importance capitale : son nom continué ; sa gloire perpétuée ! et elle devait être sérieusement pesée. Après tout, un sot mariage ne perd pas un homme. Le monde est indulgent aux folies de jeunesse.

Comme il en était arrivé à ce point dans ses déductions, la loi sur le rétablissement du divorce revint devant la Chambre avec des chances sérieuses d'être adoptée, non seulement par la Chambre des députés mais encore par le Sénat : et alors il s'arrêta.

Le divorce rétabli, la situation changeait : ce n'était plus en face de l'irréparable qu'il se trouvait ; on pouvait manœuvrer ; Gaston n'était plus lié pour la vie, ce n'était plus contre une femme qu'il avait à lutter, c'était contre une maîtresse, dont l'influence devait déjà être plus ou moins ébranlée par les ennuis et la lassitude d'une vie de ménage, que les privations de la pauvreté avaient dû rendre difficile.

Il ne pouvait donc plus être question de désarmer — au contraire : la situation redevenait, en quelque sorte, ce qu'elle avait été avant le mariage, et avec cette circonstance favorable que celle qu'il allait attaquer était après le mariage.

De tous les députés qui suivirent alors la discussion de cette loi, aucun à coup sûr, n'y apporta un intérêt plus passionné que Chamontain: ce n'était point l'intérêt de la France qui se discutait, c'était le sien.

Mais cette passion, il se garda bien de la laisser paraître, et jamais, avec personne, il ne lui échappa un mot qui le trahît. Même avec son gendre, opposé au divorce par principe traditionnel, autant que par foi religieuse, comme il était naturel chez un Paradan, il ne se livra point.

— Mon fils aime cette fille ; il l'aime passionnément ; les amoureux ne divorcent point ; et puis divorce-t-on, quand on a un enfant ?

Il importait, en effet, que tout le monde ignorât ses espérances, et qu'aucune indiscrétion ne pût être commise, car alors cette coquine — elle était redevenue une coquine — se tiendrait sur ses gardes, et il serait impossible de la prendre en faute.

Tant que la loi avait été en discussion à la Chambre et au Sénat, il s'était enfermé dans cette prudente attitude.

Le jour où elle avait été enfin votée, il était retourné à son agence de la rue du Helder, dont le directeur l'accueillit par un mot caractéristique :

— Ah! M. Chamontain! Je vous attendais.

Et c'était vrai; l'ancien magistrat qui connaissait ses clients était bien certain qu'il reverrait Chamontain un jour ou l'autre, car il en est de ces agences comme des salons de somnambules : dur à monter une première fois, à ce point que plus d'un s'arrête avant de sonner, leur escalier est doux à continuer; les uns comme les autres tiennent, semble-t-il, la clé de la porte mystérieuse, et l'on veut savoir.

Interrompue lorsqu'elle ne pouvait pas donner des renseignements d'une utilisation immédiate, la surveillance devait reprendre le jour où elle pouvait produire des résultats pratiques : et cette heure avait sonné.

Alors que Chamontain admettait qu'il y avait intérêt pour lui à faire siens les enfants de Zyte, il n'était pas éloigné de croire que la conduite de la mère de ces enfants était exemplaire comme on le disait, mais du moment que cet intérêt n'existait plus, cette conduite, semblait-il, devait être scandaleuse; ne fallait-il pas qu'elle le fût pour obtenir le divorce.

C'était donc à chercher ces scandales que l'agence devait s'employer, et une nouvelle surveillance fut organisée dans ce but, autour de Zyte et chez elle.

Autour d'elle, rien n'était plus facile, car le théâtre est une maison de verre, garnie du haut en bas d'appareils téléphoniques, où rien ne se passe sans être vu par vingt paires d'yeux. Rien ne se dit sans être entendu par des oreilles aux aguets et répété par des langues bavardes ; il n'y avait qu'à faire parler ces langues et à les écouter.

Chez elle la chose était plus difficile, mais cependant sans être impossible, alors surtout qu'on ne marchandait pas et qu'on était prêt à payer les services. Pour tout domestique, Zyte avait une seule bonne, une fille de la Brie qu'elle avait fait venir à Paris. Naturellement cette fille faisait tout dans la maison, le ménage comme la cuisine ; le soir elle gardait Hella et restait auprès d'elle ; le dimanche elle portait la petite au théâtre quand Zyte jouait en matinée de façon à ce que l'enfant tétât pendant les entr'actes, car si on avait pu assez facilement l'habituer à ne pas boire de sept heures du soir à minuit, on ne pouvait pas la mettre à la diète dans la journée. Cette bonne, que Zyte avait connue autrefois dans ses tournées n'était pas une mauvaise fille, elle avait même certaines qualités, au nombre desquelles par malheur ne se trouvait pas le désintéressement ; c'était pour gagner de l'argent qu'elle était venue à Paris ; plus tôt elle aurait la dot que son ambition s'était fixée, plus tôt elle retournerait dans son village où elle se marierait avec celui de ses amoureux que le magot tenterait. Lorsqu'on lui avait adroitement offert cent francs par mois pour surveiller sa maîtresse, elle s'était laissée gagner d'autant plus facilement, que cette surveillance d'une innocence parfaite, ne pouvait causer de peine à personne. Il s'agissait d'un étranger très riche, un grand seigneur passionnément amoureux qui voulait savoir comment vivait celle qu'il aimait, qui elle recevait, à qui elle écrivait, de façon à voir s'il pouvait ou ne pouvait point espérer. La surveillance qu'il désirait était aussi simple que facile, elle consistait à retenir les noms des personnes qui venaient et à écouter un peu, un tout petit peu, ce qui se disait dans ces visites. De plus il voulait lire les lettres qu'elle écrivait, et pour cela le moyen était facile aussi : on vidait son encrier et on remplaçait son encre par une autre préparée d'une certaine façon ; quand elle remettait une lettre pour la porter à la poste, au lieu d'aller la jeter tout de suite dans la boîte, on entrait dans la cuisine, on exposait l'enveloppe à la vapeur de l'eau bouillante, la gomme se décollait, l'enveloppe s'ouvrait et il n'y avait plus qu'à couvrir la lettre d'une feuille de papier sur laquelle l'écriture s'imprimait ; avec un pinceau on étendait un peu de gomme sur le bord de l'enveloppe, et l'opération était finie, sans que celui qui recevait la lettre s'aperçût de rien. Pouvait-on gagner cent francs plus facilement et plus agréablement, sans peine et sans danger ?

Cependant, malgré les bavardages du théâtre habilement provoqués et soigneusement recueillis, malgré les conversations écoutées et apportées malgré les lettres copiées, Chamontain n'avait pas obtenu ce qu'il voulait : pas le plus petit scandale, au contraire, une existence d'une régularité parfaite dans laquelle il n'y avait à reprendre que cette exagération même de régularité.

Il est vrai qu'aux yeux de Chamontain elle était significative et pleine de révélation.

Pourquoi cette femme de théâtre ne vivait-elle pas comme tant d'autres de ses camarades et n'avait-elle pas des amants? Quelle gueuse! Évidemment ce n'était pas pour le plaisir de passer ses années de jeunesse dans une médiocrité besoigneuse qu'elle se privait de ce que sa beauté et son succès auraient pu lui faire gagner. C'était par une canaillerie diabolique qu'elle faisait la sage, simplement pour ne pas donner des armes contre elle.

Et son bourgeoisisme, à quoi tendait-il? Est-ce que c'était par goût, par éducation, que cette fille élevée dans une baraque de saltimbanque était la plus bourgeoise des comédiennes. Est-ce que c'était pour le plaisir qu'elle y trouvait, qu'elle comptait le linge de son blanchisseur et l'écrivait elle-même? pour le plaisir, qu'elle raccommodait les chaussettes de son mari en étudiant ses rôles? pour le plaisir qu'elle confectionnait de sa propre main des petits plats que Gaston mangeait? Hermione ravaudeuse, et doña Sol cuisinière!

Et son exagération de maternité, n'était-ce pas aussi la rouerie misérable d'une femme qui ne respectait rien? N'était-il pas criminel à une mère d'allaiter son enfant tout en continuant son métier? Mais elle prenait bien souci de la santé de sa fille, qui n'était entre ses bras qu'une poupée pour jouer les jeunes mères. Ne l'avait-on pas vue à l'heure des entr'actes dans le corridor qui, de la salle, conduit à la scène et au foyer des artistes, alors que tout le monde passe par là, tenir sa fille devant les armoires où sont rangés les accessoires, comme si elle voulait l'amuser en lui montrant tous les cartonnages, toute la ferblanterie, depuis les épées des Burlace jusqu'au thé de la marquise qui sont entassés là comme sur les rayons d'une boutique de jouets, mais n'ayant d'autre but que d'être remarquée par les abonnés, et de faire dire qu'elle était la meilleure des mères. Tout cela n'était-il pas comédie toute pure, attitude voulue, pose et grimaces.

Ces rapports, qu'on lui faisait à l'agence, mettaient Chamontain hors de lui.

— Quelle gueuse !

Bien entendu, l'ancien magistrat avait trop d'intérêt à partager cette opinion qui permettait la continuation de la surveillance, pour ne pas abonder dans son sens.

— C'est justement parce que je crois comme vous que nous avons affaire à une gueuse, qu'il ne faut pas désespérer. En ce moment elle ne trompe pas son mari parce qu'elle l'aime, et quand l'amour les tient, les gueuses valent les honnêtes femmes pour la fidélité. Mais il n'est pas de l'essence de l'amour d'être éternel, n'est-ce pas ? tout au contraire. Le jour où cet amour s'éteindra, qu'arrivera-t-il ? Cette médiocrité, dont elle ne souffre pas en ce moment, l'indignera ; d'autre part, les anciennes habitudes, les exemples, les influences du milieu, le tempérament parleront, et nous serons-là.

— Quand cela arrivera-t-il?

— Demain, peut-être.

— Ou plus tard.

— Il est évident que nous n'avons qu'à attendre.

— Et que n'arrive-t-il pas pendant qu'on attend ?

— Quand ce ne serait que le gouvernement qui peut changer. Que la Monarchie remplace la République, le divorce sera supprimé; une loi nous l'a rendu, une loi nous le reprendra.

— Vous conviendrez, monsieur le député, dit l'ancien magistrat, que la loi ainsi entendue est une plaisanterie triste; aujourd'hui le mariage est indissoluble, demain il ne l'est plus, après demain il l'est de nouveau; et la morale et la famille, que deviennent-elles ?

— La morale, la morale. C'est de mon fils que j'ai souci. Dépêchez-vous. Redoublez la surveillance.

— Ne pensez-vous pas qu'il serait à propos de l'étendre au mari. Jusqu'à ce jour, nous ne nous sommes occupés que de la femme. Mais le mari compte aussi. Qu'il trompe sa femme, et il vit dans un milieu où les tentations sont aussi nombreuses que les occasions sont faciles, elle voudra sans doute se venger; on pourra la prévenir de ce qu'elle ne verrait peut-être pas d'elle-même, on pourra exciter sa jalousie, la pousser, enfin mettre la brouille et la guerre dans le ménage. Et cette guerre serait un bel atout dans notre jeu. Car ce n'est pas le beau-père, ce n'est pas la famille qui peut demander le divorce, c'est le mari seul, et il est bon que le mari soit préparé : on n'a pas de résistance à craindre de sa part, pas plus que de réconciliation au cours du procès.

— Voyez de votre côté, je verrai du mien.

II

La mobilité des dispositions de Chamontain à l'égard de son fils, avait naturellement changé ses manières d'être avec ceux des amis de Gaston qu'il rencontrait : dans la première phase, — celle de l'exaspération, — il ne permettait pas qu'on lui parlât de son fils; dans la seconde, — celle où l'indulgence le gagnait peu à peu, — il en parlait lui-même le premier; enfin dans la troisième, celle qui avait commencé après le divertissement du divorce, il était revenu au mutisme et à la sévérité.

Le plan adopté avec le directeur de l'agence en ouvrit une quatrième : pour savoir ce que faisait son fils il fallait que le père demandât de ses nouvelles, sinon franchement, au moins indirectement et assez adroitement pour se faire dire ce qu'il avait intérêt à apprendre.

Celui des amis de Gaston qui, par l'intimité de ses relations, pouvait en savoir le plus, était Bachollet, ce fut donc à Bachollet qu'il s'adressa le soir même, en ayant l'air de le rencontrer par hasard.

— Toujours de belle humeur, mon jeune ami, ce n'est pas vous qui vous faites la vie triste, vous l'avez prise par son côté aimable, et sous votre apparence un peu folâtre, vous êtes un garçon sage et pratique; quand je vous vois si heureux je ne peux pas ne pas penser...

Il s'arrêta, et d'une voix à peine perceptible :

—... A mon malheureux fils.

Bachollet fut d'autant plus vivement ému par ce cri de douleur, que les compliments qui l'avaient précédé, avaient plus agréablement chatouillé sa vanité: « Le pauvre bonhomme, se dit-il, dans un mouvement de sympathie attendrie; il voulut le consoler :

— Puisque nous sommes sur ce sujet, laissez-moi vous dire, mon cher monsieur Chamontain, qu'on n'est pas malheureux quand on a le bonheur d'être aimé par une charmante petite femme, comme... votre belle-fille, car enfin elle est votre belle-fille.

Il fallait toute l'envie qu'avait Chamontain de confesser Bachollet pour qu'il ne le remît pas rudement à sa place.

— Vous savez, continua Bachollet, combien j'ai été opposé au mariage, et tout ce que j'ai fait, tout ce que j'ai dit pour l'empêcher. Eh bien ! aujourd'hui je reconnais que j'étais dans le faux et que Gaston était dans le vrai. Je ne voyais que le mariage, lui ne voyait que la femme, et la femme est charmante, il faut en convenir, il faut le dire, et je le dis. On ne sait ce qu'elle vaut que lorsqu'on a vécu dans son intimité et qu'on l'a vue de près avec son mari et sa fille. Une très belle enfant, la petite Hella, rose, potelée, jolie et solide; c'est quelque chose aujourd'hui d'avoir une femme qui vous donne des enfants vigoureux. Elle a voulu la nourrir, et elle a été une excellente nourrice, la santé et les couleurs de la petite le prouvent bien.

— Pourquoi ne l'avez-vous pas épousée, interrompit Chamontain furieux.

— J'aurais bien fait, et je vous avoue que plus d'une fois je me le suis dit en la voyant si tendre, si affectueuse, si charmante, car enfin il n'y a pas d'autre mot, si charmante avec Gaston. Certainement ça n'est pas luxueux à leur cinquième étage meublé d'un mobilier modeste, mais on n'y est pas entré qu'on se sent comme dans un nid tout chaud et tout gracieux. Leur table non plus n'est pas somptueuse, mais quand j'y suis assis, je m'y trouve mieux qu'ailleurs : le pain est bon, l'eau est bonne, tout est bon, je mange avec un appétit joyeux que je n'ai pas tous les jours; maintenant on assied la petite à table à côté de sa mère qui s'occupe d'elle si gentiment que ça donne envie d'avoir des enfants; il est vrai de dire qu'elle est sage et amusante, votre petite-fille, déjà bien élevée.

— Le bonheur parfait alors.

Bachollet secoua la tête :

— Cela non, je ne le dirai pas. Le bonheur parfait n'est pas possible dans leur situation. Il l'eût été avec moi, au cas où elle m'aurait aimé comme elle aime Gaston, et au cas aussi où j'aurais eu les qualités de Gaston, parce que moi j'aurais commencé par lui faire quitter le théâtre, et par lui donner une existence digne d'elle. Le jour où vous reconnaîtrez ce qu'elle vaut, et la traiterez comme votre fille, ils trouveront ce bonheur parfait dont vous parlez ; jusque-là non.

— Parce que ?

— C'est de Gaston que je parle, parce que pour elle, avec sa vaillance et sa belle humeur, elle est heureuse, très heureuse malgré la dure vie de travail qui est la sienne ; et puis il faut dire aussi qu'elle aime la gloire, et que ses succès sont assez beaux pour lui faire oublier le prix dont elle les paie. Mais Gaston?

Jusque-là Chamontain avait écouté cet éloge avec une colère exaspérée, se demandant s'il n'allait pas couper la parole à cet imbécile, malgré l'intérêt qu'il avait à l'écouter, mais à ce mot il devint attentif.

— Vous savez, mon cher monsieur Chamontain, que je ne me permets pas de vous blâmer, ni de trouver que vous avez tort, pas plus de trouver que vous avez raison ; vous faites comme vous l'entendez selon votre humeur ou votre conscience, cela vous regarde. Je ne parle que de Gaston. Eh bien, vous savez, elle n'est pas drôle, la position de mari d'actrice.

— Ah !

— Pas drôle du tout. Quand ce ne serait que de vivre de sa femme.

— Pourquoi Gaston ne travaille-t-il pas?

— Supposez que demain je perde ma fortune, qu'est-ce que vous voulez que je fasse? A quoi suis-je bon? Ce qui serait mon cas est celui de Gaston. A quoi est-il propre? Ni lui ni moi nous n'avons été élevés pour le travail. Voulez-vous qu'il entre dans un bureau ? Que pourrait-il gagner ? D'ailleurs sa femme ne l'aurait pas voulu. Elle est heureuse et fière de travailler pour lui ; tandis qu'il est malheureux et honteux qu'elle travaille.

— Il vous l'a dit ?

— Jamais. Seulement il n'y a pas besoin d'être un profond observateur pour le voir. Il y a autre chose encore : Gaston souffre que sa femme soit au théâtre, et en souffre autant dans son amour que dans son amour-propre. Certes il peut avoir foi en elle.

— Elle n'est pas ridicule, cette foi ?

— Je comprends que vous parliez ainsi, parce que vous ne la connaissez pas ; moi qui la connais, je peux vous affirmer que cette foi n'est nullement ridicule : Zyte est une honnête femme, et ne le fût-elle pas, qu'elle serait gardée par son amour. Mais ce n'est pas de jalousie qu'il s'agit, c'est de dignité. Il y a pour une comédienne si digne que soit sa vie, des camaraderies, des promiscuités blessantes pour un mari, alors même que ce mari est comédien, mais qui le sont bien plus encore quand c'est un homme du monde : La familiarité, le tutoiement, des libres propos et bien d'autres choses sur lesquelles je n'ai pas à insister. C'est là ce qui blesse Gaston, et ce que Zyte, malgré le soin avec lequel elle veille sur elle, ne peut pas lui éviter, parce que ces ennuis sont inhérents à son métier. Je ne sais pas si vous avez eu des comédiennes pour maîtresses, moi j'en ai eu, et je connais pour les avoir éprouvées, certains sentiments qui se produisent dans ces liaisons ; quand on commence à aimer une femme de théâtre, on est ébloui par l'auréole dont l'entoure la scène en lui donnant une sorte de prestige qui la fait plus belle, plus séduisante qu'une simple femme, mais quand on en est aimé, l'auréole s'évanouit et le prestige est remplacé par l'inquiétude, — quelquefois même plus tard par le dégoût.

— Gaston en serait-il au dégoût? s'écria Chamontain.

— Assurément non, et il n'y viendra jamais, mais il en est à l'inquiétude, tandis qu'il en serait au bonheur parfait dont nous parlions si sa femme quittait le théâtre. Il n'y a pas de situation plus fausse que celle d'une comédienne mariée; elle n'a personne pour elle : ni le directeur, ni les auteurs, ni ses camarades, ni les critiques, ni le public, ni son mari qui gêne tout le monde et que tout le monde gêne. Quand ce mari est un pauvre diable qui ne gagne pas assez pour le ménage, il faut bien qu'il laisse sa femme au théâtre, mais quand... quand c'est Gaston, il est malheureux, très malheureux de ne pas l'en faire sortir. Pardonnez-moi de vous parler ainsi, je vois que je vous suis désagréable, mais je n'aurais pas été l'ami de Gaston, je n'aurais pas agi en honnête homme si, trouvant une occasion de parler, je m'étais tu. J'ai dit.

Et Bachollet quitta Chamontain, fier de son petit discours : il avait mis le papa au pied du mur, de telle sorte qu'il n'avait plus qu'à capituler et à ouvrir sa maison à Zyte, s'il ne lui ouvrait pas ses bras; mais sur ce point Bachollet n'avait pas d'inquiétude : une fois dans la place, Zyte y serait bien vite maîtresse, avant trois mois le père, la mère, la sœur, le beau-frère tout le monde l'adorerait.

Et à qui serait dû ce miracle ? à Bachollet qui aurait manœuvré si adroitement, si diplomatiquement que personne ne saurait la part qu'il avait eue à cette pacification — personne excepté lui, et c'était assez. Comme il avait vraiment bien expliqué l'état moral de Gaston ! Comme il avait habilement profité du joint qui se présentait pour crocheter la porte de ce vieux crocodile de père.

III

Si sur ce dernier point Bachollet se félicitait à tort — car la porte du vieux crocodile n'était pas du tout crochetée, comme on l'espérait, bien au contraire — sur le premier, l'état moral de Gaston, il avait raison d'être satisfait de sa sagacité.

Il était vrai, il n'était que trop vrai que dans son mariage Gaston n'avait pas trouvé le bonheur parfait, et, au lieu d'aller trop loin dans ce qu'il avait dit, Bachollet était resté au-dessous de la réalité.

En se mariant Gaston s'était imaginé qu'il allait avoir sa femme à lui, tout à lui.

Mais il ne lui avait pas fallu longtemps pour reconnaître qu'il ne pouvait pas en être ainsi.

Ceux qui sont nés indépendants et ont pu depuis leur enfance ne faire que ce qui leur plaît, sont disposés à croire que la vie est un beau fleuve aux rives fleuries sur lequel on n'a qu'à se laisser aller

agréablement au courant : c'était le cas de Gaston ;
ce n'était pas celui de Zyte : il fallait qu'elle travaillât ; et à chaque heure, le jour, la nuit, le travail
lui rappelait qu'elle était son esclave : en plus des
représentations, il y avait les répétitions ; et en plus
des répétitions, l'étude personnelle, la réflexion, la
recherche, l'application : toute une série d'opérations de l'esprit qui étaient inconnues à Gaston habitué à n'écouter que le caprice de l'heure présente.
Maintenant l'heure, la sienne aussi bien que celle
de Zyte, appartenait au théâtre, à la direction et au
public. Quand, dans la vie ordinaire, la femme reste
seule à la maison pendant que le mari travaille, elle
a généralement des occupations qui prennent son
temps, lui n'en avait d'aucune sorte, et il était bien
seul, tout seul, sans que rien dans son oisiveté vînt
abréger les heures qui s'ajoutaient à ses heures
vides.

Tout d'abord il ne s'en était pas trop inquiété, se
disant que, quand son père céderait à l'influence du
fait accompli, Zyte ne travaillerait plus, et deviendrait la femme qu'il voulait qu'elle fût ; mais cette
influence ne s'était point manifestée comme il l'espérait et quand Zyte de pensionnaire était devenue
sociétaire, le travail avait augmenté pour elle, car
les choses ne se passent pas au Théâtre-Français
comme au boulevard où, quand une pièce nouvelle
décroche un succès, les acteurs en ont pour cent ou
deux cents soirées sans se donner d'autre peine que
celle de la représentation ; à la Comédie-Française,
à côté des pièces nouvelles qui tiennent l'affiche il

y a place pour le répertoire qui ne disparaît jamais, c'est-à-dire dix, quinze, vingt rôles qu'il faut être toujours prêt à jouer au pied levé et ces rôles il avait fallu que Zyte les apprît et les étudiât.

Au commencement, et pour échapper à la solitude de ses soirées, Gaston avait voulu accompagner sa femme au théâtre et si, plus d'une fois, il avait été choqué dans sa dignité bourgeoise que Zyte fût trop mademoiselle Duchatellier avec ses camarades et pas assez madame Gaston Chamontain, en somme il avait trouvé un certain agrément à cette vie toute nouvelle; partout il ne rencontrait que de la politesse et même de l'amabilité et puis le mouvement de la scène et du foyer l'amusait; les soirs de grand répertoire il y avait un éclat, un brillant qui plaisait aux yeux; les marquis se saluaient dans les corridors, sous l'œil souriant des bustes de leurs devanciers; les traînes d'Éliante « et de Célimène aussi » emplissaient le grand foyer; l'aigrette de Rodrigue, les panaches de M. Jourdain, les toges des Romains, le pallium des Grecs, les grandes perruques bouclées des gens de cour, les épaules nues des soubrettes formaient sous la lumière crue du gaz des tableaux sévères ou papillottants selon les jours; on causait, on faisait des mots, et autour des femmes qu'ils connaissaient les abonnés en tenue de soirée, le chapeau à la main, caquetaient.

Mais l'agrément des premiers temps s'était bien vite émoussé par l'habitude, et certaines choses qui tout d'abord lui avaient été indifférentes l'avaient blessé.

Evidemment, il n'était plus le monsieur pour qui l'on se met en frais d'amabilité, en lui faisant cérémonieusement les honneurs de chez soi, il était simplement le mari de mademoiselle Duchatellier, c'est-à-dire une sorte de camarade, moins la camaraderie et, par cela même, un personnage assez mal défini, avec qui il n'y avait pas à se gêner — et l'on ne s'était pas gêné.

A la Comédie-Française, les acteurs qui ne sont pas en scène, au lieu d'errer dans les coulisses, tantôt d'un côté, tantôt de l'autre, se tiennent dans un petit compartiment construit sur la scène même, adossé au gros mur, ouvert d'un seul côté et surmonté d'un plafond bas ; on y trouve deux banquettes pour s'asseoir, une glace pour s'arranger, et l'on y est, jusqu'à un certain point, à l'abri des courants d'air ; sa forme lui a fait donner le nom de Guignol. La première fois que Gaston avait accompagné sa femme, on lui avait fait les honneurs du Guignol, il s'était installé sur une des banquettes, et pendant que Zyte jouait son rôle, il avait causé agréablement avec ceux qui n'étaient pas en scène, — c'était un salon comme un autre.

Mais le côté du salon s'était peu à peu effacé à mesure que « le mari de Duchatellier remplaçait Monsieur Gaston Chamontain ; » insensiblement chacun avait repris sa liberté d'allure et de langage ; ceux qui, par leur situation ou leur caractère, tenaient à la correction des manières l'avaient gardée ; tandis que d'autre part ceux qui, pour une raison de jeunesse, de tempérament ou d'éducation, préféraient le laisser-aller, avaient renoncé à se contraindre : n'était-on pas entre camarades; on pouvait s'observer lorsque quelques abonnés étaient en visite, et afficher alors une politesse exagérée, mais avec le mari de Duchatellier ce n'était vraiment pas la peine; il était de la maison. A ce moment une jeune pensionnaire ne faisait point un pas sans être tenue en lisière par sa mère, au foyer, au Guignol, dans les corridors, dans les escaliers, partout la mère marchait dans l'ombre de sa fille, et comme il courait sur celle-ci des cancans en désaccord avec son ingénuité, cette surveillance maternelle paraissait aussi ridicule qu'agaçante. On en riait, et l'on se faisait un jeu de s'en moquer au nez de la mère qui au premier mot prenait des mines de poule effarouchée. Cependant jamais on ne la mettait en déroute et là où se trouvait sa fille, elle restait solide à son poste, au Guignol plus que partout ailleurs. « Mesdemoiselles, fermez vos oreilles, on va raconter une histoire que ne doivent point écouter les jeunes personnes qui mangent leur pain en tartine. » La première fois qu'on avait raconté une histoire de ce genre devant Gaston, Zyte était en scène, et il en avait ri, la trouvant aussi drôle qu'étaient amusants les airs effarés de la mère. Mais la seconde fois Zyte était présente, et bien que l'histoire ne fût pas plus vive que celle qui l'avait fait rire, il ne l'avait plus trouvée drôle du tout : devant sa femme! Cependant il n'avait rien dit, et même il n'avait pas laissé paraître son mécontentement, mais ces histoires s'étant répétées, il avait eu une explication à ce sujet, avec Zyte, sans qu'elle pût rien répondre si ce n'est que le théâtre était le théâtre. Comment lui dire, comment lui laisser entendre que pour le mari d'une comédienne sa place est ailleurs que sur les talons de sa femme. C'eût été aborder une question cruelle pour Gaston et qu'elle voulait au contraire lui éviter : ce n'était pas sa faute à ce pauvre garçon si ses espérances du côté paternel ne se réalisaient point.

Mais lui-même avait eu le sentiment de ce qu'elle taisait.

— Il y a des moments, dit-il, où il semble qu'on veut me reprocher de jouer les mères d'actrice.

A cela non plus Zyte ne pouvait pas répondre, si ce n'est pour lui demander de ne pas l'accompagner toujours, ce qu'elle n'avait pas osé.

Il avait continué de jouer les mères d'actrice, autant pour la satisfaction de la voir et d'être près d'elle, que parce qu'il ne savait que faire de son temps; mais les dispositions où il se trouvait étaient trop mauvaises pour qu'il ne se blessât point de ce qui tout d'abord l'avait laissé indifférent

Pourquoi, au théâtre, n'était-elle pas la même qu'à la maison ? Au théâtre elle avait des gaietés, des drôleries, elle trouvait des mots qui faisaient d'elle une autre femme.

Longtemps il n'en avait rien dit, mais à la fin il s'en était plaint :

— Pourquoi ?

Elle n'avait trouvé rien à répondre, si ce n'est que c'était simplement pour être comme les autres : dans un milieu où l'on était toujours en représentation, elle se mettait à l'unisson tout bonnement, pour ne pas détonner.

Et cela lui avait déplu qu'elle voulût être comme les autres, sa femme ne devait pas être comme les autres; s'il l'avait épousée, ce n'était pas parce qu'elle était comédienne, c'était quoique comédienne; il se fâchait qu'elle le fût plus qu'il ne le fallait strictement.

Peu à peu il en était arrivé ainsi à prendre en grippe tout ce qui touchait le théâtre, — les choses et les gens; ne voyant plus en celles-là comme en ceux-ci que les mauvais côtés, les défauts, et les ridicules : quelle sale chose qu'un théâtre; quelles vilaines gens que les comédiens!

L'humiliation lui était venue d'être le mari d'une comédienne et de vivre d'un travail qu'il méprisait.

Alors il avait cessé de descendre avec elle sur la scène, et quand il l'avait accompagnée, ce qui était arrivé de moins en moins souvent, il était entré dans la salle pendant qu'elle jouait, ou bien il était resté tout seul au foyer des artistes.

Mais ce foyer si brillant, si bruyant pendant les entr'actes, quand comédiens et comédiennes en costumes s'y rassemblent, et causent avec les personnes qui viennent leur faire visite, était d'une tristesse mortelle pendant que le rideau était levé : plus personne; tout le monde sur le théâtre; et au brouhaha des conversations, aux rires, aux éclats de voix avait succédé un silence morne dans lequel se faisait seulement entendre le tic-tac monotone du régulateur; à regarder les portraits des comédiens, célèbres qui cachent les murs, à suivre les dessins du velours frappé qui recouvre les fauteuils et les canapés, Gaston trouvait que les minutes duraient des heures : l'acte ne finirait donc jamais.

Alors une lassitude le prenait, et il s'en allait mélancoliquement dans les corridors; mais en se rapprochant de la scène une curiosité le poussait : où était-elle ?

Cependant il ne descendait pas sur le théâtre, mais il s'approchait de la porte à deux battants qui ouvre sur les coulisses et par un des œils-de-bœuf encastré dans cette porte il regardait : en face de lui de l'autre côté de la scène, était le guignol qui avec son gaz flamboyant reflété par la glace du fond se trouvait en pleine lumière; souvent il ne l'apercevait pas, mais parfois aussi il la voyait causant avec ses camarades, riant, s'amusant pendant que lui restait derrière cette porte à se dévorer.

Que ne pouvait-il lui faire quitter le théâtre; elle eût été si charmante, si parfaite sans ce boulet à traîner, et qu'elle lui faisait traîner non seulement par elle-même, mais encore par les siens, son frère, sa sœur.

N'ayant pas fait d'études et étant absolument incapable d'un travail soutenu, Stanislas était cependant arrivé à se créer une certaine situation dans les petits théâtres : il était drôle, il avait de l'originalité et encore plus d'excentricité. Cette excentricité du comédien, il avait trouvé avantageux à ses intérêts de la porter dans sa vie en l'exagérant, de sorte qu'il était devenu un fantoche dont on s'amusait dans les cafés où il passait ses journées : l'hiver, à Paris, au café de Suède ; l'été, sur le quai d'Asnières, qu'il arpentait du matin au soir en cherchant le mot drôle dont il saluerait l'ami qu'il rencontrerait. Ces mots, les journaux de théâtre les recueillaient, et comme Gaston lisait ces journaux pour voir ce qu'on y disait de sa femme, il était assassiné par l'esprit de son beau-frère.

Le cas de Marietta était plus grave. Dans la vie tranquille de Paris, à l'abri du froid et du hâle, le chat écorché, perdant sa maigreur et sa rougeur, était devenue une jolie fille, qui attirait le regard par sa figure gaie et sa physionomie à la fois mignonne et effrontée ; ne ressemblant en rien à son frère, elle avait étudié sérieusement, aussi bien sous la direction de Lachapelle qu'au Conservatoire ; elle aurait obtenu son premier prix de comédie à seize ans, si on ne le lui avait refusé exprès pour la faire travailler encore. Ce n'était pas le prix seulement que Marietta voulait et pour le prix lui-même, c'était aussi l'indépendance qu'il devait lui donner et l'entrée dans une vie brillante qu'elle avait rêvée. Ce retard l'avait si violemment exaspérée, qu'il avait été facile de deviner qu'on devait s'attendre à un coup de tête de son caractère obstiné et de sa nature emportée. Que ferait-elle ? Il était difficile de le prévoir, mais, à coup sûr, elle ferait quelque chose. Il fallait être sur ses gardes. C'était ce que tout le monde, le père, le frère, la sœur, le vieux Lachapelle avait recommandé à la mère ; et madame

Duchatellier, qui connaissait sa fille et l'accompagnait partout, veillait.

Un jour, en sortant de classe, Marietta avait dit à sa mère de l'attendre à la porte de la rue du Faubourg-Poissonnière où elle la rejoindrait tout de suite, et madame Duchatellier avait vu les minutes s'écouler sans que sa fille revînt. Où était-elle ? Une élève avait répondu à cette question : Marietta venait de monter dans un coupé de maître, un beau coupé qui stationnait à la grille de la rue du Conservatoire, et qui était parti aussitôt d'un train d'enfer : le coup de tête était accompli. Evidemment ce n'était pas pour aller se jeter à la Seine que Marietta était montée dans ce beau coupé, mais madame Duchatellier ne pouvait pas se consoler avec cette conclusion. Où était-elle ? Comment la sauver ? Le soir même Lachapelle, qui à son emploi de professeur des sœurs Duchatellier, joignait celui de copiste chez un entrepreneur, avait reçu une lettre d'elle dans laquelle elle le priait de rassurer ses parents : ils ne devaient pas s'inquiéter ; la vie qu'on lui faisait mener ne pouvait pas durer plus longtemps, elle se donnait de l'air ; elle avait pris ses précautions pour être heureuse et elle le serait ; quand la colère serait passée et qu'il n'y aurait plus de gifles à craindre, elle viendrait embrasser ses parents. Où la chercher ? La trouvât-on, que le lendemain elle repartirait : « Elle n'est plus ma fille, avait déclaré Duchatellier, qu'on ne me parle jamais d'elle ». Mais elle était toujours la fille de madame Duchatellier et la sœur de Zyte. Sans doute elle reviendrait un jour à sa classe, et Zyte avait prié le professeur de cette classe qui était Sampic, son camarade au Théâtre-Français, de l'envoyer chercher quand Marietta reviendrait. Trois semaines s'étaient écoulées, et un jour Zyte avait été prévenue, que Marietta venait d'arriver; aussitôt elle était partie pour le Conservatoire. Il avait été convenu avec le professeur que celui-ci garderait Marietta la classe finie, et aussitôt que les élèves furent sorties, Zyte qui attendait à la porte, entra. Marietta, en voyant sa sœur, ne se déconcerta pas, elle se mit à rire :

— Ah! M. Sampic, dit-elle, vous m'avez tendu un traquenard.

Et allant à Zyte, elle l'embrassa tendrement.

— Écoutez votre sœur, dit Sampic, je vous laisse ensemble.

— Enfin, te voilà, dit Zyte, lorsqu'elles furent seules.

— Je n'étais pas perdue, répondit Marietta gaiement; comment va Hella?

— C'est de toi qu'il s'agit.

— Tu vas me faire de la morale. Ce n'est pas la peine. Je sais tout ce que tu peux me dire. Tandis que toi tu ne sais pas ce que j'ai à te répondre.

— Dis-le, alors : si tu peux avoir une excuse, donne-la.

— Pas une excuse, des raisons. Et la première c'est que tu m'as pervertie.

— Moi!

— Crois-tu que ton exemple soit fait pour inspirer la vertu. Tu as voulu un mari, et tu en as trouvé un. Eh bien, après? A quoi le mariage t'a-t-il servi? Tu mènes une vie de galérien. Quand tu ne travailles pas au théâtre, tu travailles chez toi comme une domestique. Quels plaisirs as-tu? Tu demeures au cinquième, tu fais la cuisine; tu raccommodes tes bas; tu ne sors jamais; tu ne vas nulle part; tu n'as pas de toilette, pas de bijoux, tu vas à pied. Et avec cela, comme si ce n'était pas assez, la famille de ton mari, qui vit dans le luxe, te méprise, ton mari s'ennuie; car il s'ennuie, tu sais, ton mari; et il a une manière de regarder votre mobilier qui en apprend long; il t'aime, cela est sûr, mais il t'aimerait mieux et il serait plus heureux dans un autre milieu, le sien, celui où il a été élevé, qui lui manque et qu'il regrette. Voilà la vie que tu t'es faite par ton mariage, et que tu as imposée à ton mari. Tu l'aimais ! Je le sais bien. Fallait-il pour cela l'épouser malgré ses parents? Vois ce qu'elle serait, ta vie, sans le mariage : tu habiterais un bel hôtel, avec voitures, toilettes, bijoux; tu te paierais sans compter toutes les jouissances du luxe; tu serais la plus heureuse des femmes, admirée, enviée, et ton amant serait le plus heureux des hommes, au mieux avec sa famille et avec son père, qui lui donnerait tout l'argent dont vous auriez besoin; il ne s'ennuierait pas, le pauvre Gaston, il ne regretterait rien. Crois-tu, quand on a un pareil exemple sous les yeux, et qu'on réfléchit, qu'on ait envie de t'imiter. Tu me diras que tu as une honnête femme et que tu as l'estime des honnêtes gens. Honnête femme, c'est vrai. Mais, l'estime des autres, crois-tu que tu l'aies tant que ça?

En réalité, ma pauvre Zyte, on se fiche de toi. Sais-tu ce que j'ai entendu dire : « Quelle gueuse, on ne lui connaît pas d'amants! » Alors, que pense-t-on de toi?

Zyte écoutait stupéfaite; plusieurs fois elle avait voulu interrompre sa sœur, mais Marietta avait continué d'un trait, sans se laisser arrêter, pas plus qu'elle ne se laissait troubler.

Enfin elle put commencer et à son tour dire ce qu'elle avait à dire ; mais ce fut en vain, l'appel à la raison, l'appel à la tendresse n'ébranlèrent pas Marietta :

— Je sais ce que je fais, je ne regrette rien, je suis heureuse.

Elle voulut raconter comment elle était heureuse, mais Zyte lui ferma la bouche comme elle la lui ferma aussi quand Marietta lui proposa de la reconduire rue de Rivoli dans son coupé.

— J'aurais tant voulu que nous ne nous séparions pas fâchées, dit Marietta tristement, mais tu ne m'en voudras pas toujours : un moment viendra où tu reconnaîtras que la plus folle des deux n'est pas celle qu'on pense.

Malgré Zyte, elle la prit dans ses bras, et avec attendrissement elle l'embrassa.

Gaston ne connut pas cette entrevue entre les deux sœurs, mais on ne put pas lui cacher l'aventure de Marietta, et son exaspération contre les gens de théâtre devint du dégoût.

IV

Des gens de théâtre qui avaient, ou qui avaient eu des relations avec Zyte, un seul trouvait grâce devant la mauvaise humeur de Gaston, c'était Joseph.

Le jour du mariage Joseph était venu à l'église, mais il n'était point entré à la sacristie, et Gaston n'avait pas eu l'ennui de serrer la main d'un homme qui avait été amoureux, l'amoureux passionné de sa femme, au su et vu de tout le monde.

Depuis, quand par hasard, Joseph avait rencontré Zyte et Gaston, il avait feint de ne pas les voir.

Il est vrai que Joseph n'avait pas la même réserve, lorsque Zyte était seule, et qu'alors s'il la rencontrait, non seulement il la voyait, mais encore il l'abordait et l'entretenait; ce n'étaient que quelques mots; cependant si Gaston les avait entendus, leur accent, bien plus que ce qu'ils disaient, lui eût donné d'autres idées sur Joseph.

Il est vrai aussi que Joseph venait au Théâtre-Français toutes les fois qu'il avait une soirée de libre et que pendant les trois mois d'été, alors que son théâtre était fermé, il manquait rarement les représentations de Zyte.

Mais Gaston ignorait cette assiduité de Joseph dans un théâtre où un comédien des Folies et des Nouveautés n'avait que faire, pas plus qu'il n'entendait l'accent avec lequel cet ancien amoureux parlait à sa femme.

Tout ce qu'il savait de lui, c'était ce qu'il en lisait dans les journaux de théâtre, et cela était à ses yeux sans intérêt. Que lui importait que Joseph se fût fait une réputation au boulevard, Joseph ne comptait pas pour lui, et s'il remarquait son nom, c'était parce qu'il avait le souvenir de ce que la pharmacienne de Noisy lui avait raconté autrefois, rien de plus ; jamais il n'avait parlé de Joseph avec sa femme, et jamais sa femme ne lui avait parlé de Joseph ; il semblait qu'il n'existât pas plus pour l'un que pour l'autre. Au moins celui-là ne se réunissait-il pas aux autres comédiens pour exaspérer Gaston ; son souvenir même lui était indifférent.

Mais pour ne point parler de son ancien camarade, Zyte ne l'avait pas oublié ; la séparation n'avait affaibli en rien son amitié pour lui. Comment n'être point touchée de sa discrétion. Qui prouvait mieux combien il l'avait aimée, que la délicatesse de sa conduite avec elle. Sans doute, elle eût voulu qu'il fût moins ému quand il l'abordait, et elle eût voulu aussi qu'il fût moins assidu à la venir voir jouer, mais pouvait-elle lui en vouloir de cette fidélité au souvenir, alors surtout qu'elle s'exprimait avec cette réserve : le pauvre garçon, le brave garçon.

Sans jamais questionner personne à son sujet, ni son frère, ni Lachapelle, ni même Marietta, elle l'avait suivi depuis leur séparation, et par les journaux elle l'avait vu grandir ; entré comme doublure aux Folies-Dramatiques, il n'avait pas tardé à devenir chef d'emploi, et maintenant il faisait recette ; on le copiait ; il y a avait en province des acteurs qui jouaient les Joseph, un type nouveau dans l'opérette qu'il avait créé, celui des amoureux comiques; la critique s'occupait de lui, le discutait et le plus souvent le couvrait de fleurs. Ses appointements étaient supérieurs à la part que Zyte touchait comme sociétaire.

Si réservé qu'il fût avec elle il y avait un point cependant sur lequel il lui avait adressé une demande bien embarrassante pour elle. Comme beaucoup de comédiens à qui l'éclat et la puanteur du gaz donnent le besoin de voir de la verdure et de respirer un air moins étouffant que celui des théâtres, Joseph habitait la campagne, et malgré l'éloignement de Paris c'était La Varenne qu'il avait adopté : aux environs du pont de Chennevières il avait acheté une petite île, et au milieu des grands arbres, il s'était fait construire sur des piliers en maçonnerie assez élevés et assez solides pour n'avoir rien à craindre des inondations, une petite maison en bois qui prêtait à rire aux bourgeois, mais qui faisait la fierté de son propriétaire : que de journées de travail, que de temps, que de peines, que de plaisirs n'avait-il pas donnés à sa maison qui, pour la menuiserie intérieure, était en grande partie l'ouvrage de ses mains.

Comme dans ses rencontres avec Zyte, il y avait toujours un moment d'embarras où les mots ne venaient pas facilement, il avait pris l'habitude de parler alors de sa maison, de son jardin, de ses bêtes; et quand la construction avait été habitable il lui avait demandé si elle ne viendrait pas le voir, en riant, et sans attacher d'importance à ses paroles elle avait répondu que ce serait avec plaisir, et elle n'y avait plus pensé.

Mais Joseph n'oubliait pas ce qu'on lui disait, surtout ce que Zyte lui disait, et il était revenu à la charge.

— Tu ne veux donc pas venir à La Varenne? Je serais si heureux de te montrer ma maison. Tu en serais la marraine; comme elle ressemble un peu à un bateau, c'est tout naturelle qu'on la baptise. La Varenne n'est qu'à une demi-heure de Paris. Ce n'est pas un voyage. Ce serait une promenade pour ta fille, qui est assez petite pour ne rien dire.

Zyte avait alors compris que la promesse était imprudente, mais comment revenir dessus sans le peiner : elle en avait remis l'exécution sans se dégager : « Je n'ai pas le temps en ce moment; quand une occasion se présentera. »

— Elle se présentera quand tu le voudras bien.

Elle eût d'abord répondu que cette visite était impossible, qu'il lui eût été facile de persister dans son refus, mais comment reprendre son consentement; il tenait tant à ce baptême.

— Je ne te demande pas de venir tous les ans, une fois seulement pour toute la vie.

Elle avait ajouté les retards aux retards, les prétextes aux prétextes, mais toujours plus difficilement, plus péniblement, en voyant comme il s'en chagrinait.

On était ainsi arrivé à l'automne; un jour, en venant à sa répétition, Zyte trouva Joseph qui paraissait collé à la vitrine de Chevet, mais qui évidemment la guettait.

Après les premières paroles, comme toujours, l'entretien tourna à La Varenne.

— J'ai vu dans la *Vie en plein air* du *Figaro*, que ton mari était à la chasse chez M. Bachollet, ne viendras-tu pas à La Varenne; tu es libre, et je le suis aussi.

— Je joue tous les soirs.

Du doigt il lui montra l'affiche au bas de laquelle était annoncé le spectacle du lendemain ;

— Tu ne joues pas demain.

— Je répète.

— Fais-toi remplacer par une pensionnaire, à qui tu laisseras jouer ton rôle une fois, et tu feras deux heureux : elle et moi.

Elle hésita un moment, mais elle n'eût pas le courage de résister au regard voilé qu'il attachait sur elle.

— Eh bien, à demain, dit-elle.

— Si tu prends le train de cinq heures, tu arriveras à cinq heures et demie, je serai au-devant de toi, à la gare.

Zyte était mécontente de ce consentement arraché à sa faiblesse, mais comment le refuser : en somme, rien n'était plus innocent que cette visite.

En sortant de sa répétition, on lui annonça que, par suite d'une indisposition, le spectacle du lendemain serait changé, elle jouerait ce jour-là et non le surlendemain.

Devait-elle profiter de cet incident pour ne pas

aller à La Varenne ; elle en eût la pensée, mais après réflexion, elle trouva que cela ne serait pas délicat ; rentrée chez elle, elle écrivit à Joseph pour le prévenir ?

« Ne compte pas sur moi demain, mon cher Jo-
» seph, un changement de spectacle qu'on vient de
» m'annoncer me retiendra à Paris ; mais après-de-
» main je m'échapperai, et je serai tout à toi de cinq
» heures et demie à neuf heures ; est-ce assez !

» Zyte. »

Sa lettre écrite, elle l'envoya à la poste par sa bonne, mais celle-ci au lieu de descendre aussitôt la copia comme elle le faisait toujours, et ce fut deux lettres qu'elle mit dans la boîte : l'une pour Joseph ; l'autre copie pour l'agence de la rue du Helder.

Hella était trop grande maintenant pour qu'on pût l'emmener sans qu'elle racontât où elle avait été et ce qu'elle avait vu, aussi l'intention de Zyte n'était-elle pas de la prendre avec elle pour aller à La Varenne ; elle la laisserait à la garde de sa mère, à Montmartre, où elle viendrait la chercher le soir, et comme l'enfant se plaisait chez sa grand'maman, où elle avait un jardinet pour jouer, il n'y avait pas à craindre qu'elle s'ennuyât.

Zyte n'avait pas de raison pour ne pas dire à sa mère qu'elle allait chez Joseph et elle le fit franchement, mais sans cacher que son consentement lui avait été en quelque sorte arraché ; puis elle demanda à son père de l'accompagner ; malheureusement Duchatellier avait un travail pressé pour son romancier qui, à son grand regret, l'empêcha d'accepter.

— J'aurais aimé à faire cette partie avec toi, tu n'as jamais été plus jolie.

Il fallait vraiment que Duchatellier eut des raisons bien fortes de rester à la maison, pour se priver de la gloire de se montrer dans Montmartre avec cette jolie femme à son bras — sa fille, comme il le disait, n'avait jamais été plus jolie, tout en beauté dans sa robe de foulard écru qui lui donnait une légèreté de jeune fille ; évidemment elle forcerait les regards à la suivre.

Quand elle descendit de wagon à La Varenne, elle trouva Joseph qui l'attendait à la sortie — un Joseph qu'elle n'avait jamais vu, chaussé de grandes bottes en cuir de Russie avec des boucles d'argent au cou de pied et au genou, coiffé d'un chapeau manille à larges bords et, avec cela une chemise plissée sans empois, nouée au cou par deux cordons ; par-dessus un jersey indigo serré à la taille par une ceinture de laine rouge.

— Comme tu as de belles bottes, dit-elle, en lui prenant le bras.

— C'est pour aller en bateau.

— Il y a de l'eau dans ton bateau ?

— Peux-tu croire !

Si au lieu d'admirer les bottes de Joseph et de plaisanter, elle avait regardé autour d'elle, elle aurait vu qu'un monsieur, à la tournure militaire, décoré, qui avait emboîté le pas derrière elle à la gare de la Bastille et qui était monté dans la caisse voisine de la sienne, la désignait du doigt en parlant à plusieurs personnes; à tous la question était la même :

— C'est bien Joseph des Folies-Dramatiques, n'est-ce pas ? Et la femme, est-ce que ce n'est pas Duchatellier des Français ?

La question était faite si poliment qu'on ne pouvait pas s'en fâcher; quelques personnes ainsi interrogées avaient répondu que c'était bien Joseph, mais qu'elles ne connaissaient pas Duchatellier; deux cependant avaient donné une réponse complètement affirmative; et aussitôt le monsieur décoré avait demandé à un employé de la gare le nom de ces personnes; l'une était un médecin, l'autre un propriétaire.

Zyte et Joseph avaient continué leur chemin en causant amicalement jusqu'au pont; là ils descendirent sur la rivière, et au ponton d'un loueur de bateaux ils s'embarquèrent dans un beau canot en acajou qui à l'arrière portait flottant un grand drapeau marqué d'un Z.

— J'ai pavoisé en ton honneur, dit Joseph en prenant les avirons.

Pendant qu'ils remontaient le courant, le M. décoré adressait sa question au loueur de bateaux :

— C'est bien Joseph et mademoiselle Duchatellier, n'est-ce pas ?

Mais le loueur le reçut mal :

— Me prenez-vous pour un mouchard ? Je ne mange pas de ce pain-là, vous savez; si vous ne voulez pas prendre un bain tout habillé, il faut sortir d'ici.

Le monsieur ne se le fit pas dire deux fois; il

remonta sur le quai et de loin, en promeneur qui va à l'aventure il suivit le bateau qui portait Zyte et Joseph.

Assis à l'arrière Zyte regardait autour d'elle : le temps avait été lourd toute la journée, plus chaud qu'il ne l'est ordinairement en cette saison, et après avoir étouffé dans le wagon, après avoir marché depuis la gare jusqu'au pont dans la poussière de la rue brûlante il était bon pour les poumons de respirer la fraîcheur des eaux et pour les yeux de se reposer dans la verdure de leurs rives ; déjà le calme du soir se faisait sur la rivière abandonnée par les pêcheurs ainsi que par les canotiers, et au delà de Paris dans un ciel orangé chargé de gros nuages immobiles le soleil couchant s'abaissait.

— Où donc est ta maison? demanda Zyte.

— Dans l'île, à l'avant de notre bateau ; au milieu des arbres, ne la vois-tu pas, répondit Joseph qui en ramant tournait le dos au point vers lequel ils se dirigeaient.

Jusque-là Zyte n'avait vu qu'une petite île plantée de grands arbres qui attirés par le vide de la rivière, avaient incliné leurs hautes tiges sur son cours, comme une énorme gerbe de verdure retombante ; l'indication de Joseph lui fit apercevoir au centre de cette gerbe un toit rouge.

Comme il allait aborder à un escalier creusé dans la berge, elle lui demanda de continuer :

— Ne peut-on pas faire le tour de ta robinsonnerie? dit-elle.

— C'est facile ; quand tu aborderas tu verras que

tu dis juste en appelant mon île une robinsonnerie, car j'y vis tout seul avec un chien, des chats et des poules.

Un mot lui vint aux lèvres : « Tu peux être heureux là ? » mais la réflexion lui permit de la retenir à temps.

Lentement ils tournèrent autour de l'île, sous la voûte verte de ses arbres ; sur la berge, derrière une haie épaisse et une solide palissade, un chien les accompagnait avec des abois joyeux.

— C'est Bélisaire ! dit Joseph.

— Ah ! tu l'as appelé Bélisaire !

— Comme le vieux cheval, mais il n'est pas plus aveugle que vieux, et il ferait un mauvais parti à ceux qui voudraient entrer dans mon île.

Ils étaient revenus à l'escalier ; ils débarquèrent et Joseph demanda à Zyte de caresser le chien pour faire amitié : du débarcadère une allée bien sablée de gravier de rivière conduisait entre des touffes d'arbustes et d'asters fleuries à la maison posée sur des piliers : elle n'avait qu'un étage couvert en tuiles ; ses murs étaient en sapin de couleur naturelle avec des volets verts ; et on y accédait par un escalier droit.

— Voilà qui est original, s'écria Zyte, on dirait une grande roulotte qui ne roule pas.

— Ah ! cela te rappelle la roulotte, j'en suis bien content ; tu vois que j'avais raison de te demander de venir, ton premier mot l'a baptisée : la roulotte.

— Et l'intérieur ?

— C'est aussi une roulotte.

— Montons.

Au haut de l'escalier Joseph ouvrit une porte massive, et ils se trouvèrent dans une pièce qui était à la fois vestibule et salle à manger; les murs et le plafond étaient comme le dehors revêtus de bois naturel mais plus finement travaillé; au milieu se dressait une table avec son couvert mis sur une nappe en linge damassé; l'argenterie brillait de l'éclat du neuf; deux bouquets de roses thé s'épanouissaient à chaque bout.

— Tu as invité quelqu'un ? demanda Zyte en remarquant trois couverts.

— Le troisième couvert était pour ta fille.

Elle ne dit point pourquoi elle n'avait pas amené Hella, et elle ne parla pas non plus de l'idée qu'elle avait eue de se faire accompagner par son père.

— Veux-tu voir ma maison, dit-il.

Elle le suivit dans les trois pièces dont elle se composait en plus de la salle en manger, deux chambres et une cuisine.

— Et tu vis là toujours, dit-elle sans trop réfléchir à ce qu'elle disait.

— Aussi heureux... que je puis être heureux.

Puis tout de suite, avec une volubilité voulue, pour ne pas rester sur ces derniers mots, il expliqua en détail comment il vivait : été comme hiver il rentrait dans son île après le théâtre; quand les eaux étaient hautes il avait moins de marches à monter, voilà tout; une femme du pays venait faire son ménage le matin et lui préparer ses repas, toujours il mangeait un dîner froid entre son chien, ses chats et son perroquet. C'était un de ces dîners qu'il avait à offrir à Zyte, car il n'avait voulu personne autour d'eux; une tranche de saumon, un poulet rôti, une salade de légumes et des écrevisses.

Les deux chats, sentant que l'heure solennelle approchait, avaient monté l'escalier et ils se tenaient campés sur leur derrière devant la table que Bélisaire défendait contre un assaut possible; sur son perchoir le perroquet qui guignait des fruits criait ! A table, à table, à table !

Joseph ayant fait asseoir Zyte s'assit lui-même en face d'elle et la servit; une lumière orangée restée au ciel les éclairait et permettait de ne pas allumer encore les bougies; par la porte grande ouverte leurs regards plongeaient sur la rivière dont les eaux reflétaient les lueurs qui tombaient sur leur miroir mouvant.

La nuit arriva vite, au loin on entendait les roulements du tonnerre; il fallut allumer; puis il fallut fermer la porte car le vent s'éleva, soufflant en bourrasque dans les arbres qui craquaient.

— Sois tranquille, dit Joseph, la maison est solide.

Mais Zyte n'avait pas peur, elle en avait vu bien d'autres, dans sa vie, sur les grands chemins.

Cependant l'orage se rapprochait, les roulements du tonnerre se faisaient plus forts, plus prolongés, et à chaque instant les éclairs emplissaient la salle de leurs vagues bleues, noyant la lumière jaune des bougies.

— Tout ce que je souhaite, dit Zyte, c'est que l'orage passe vite.

— Ne t'inquiète pas, il y a des trains jusqu'à onze heures, si tu ne prends pas l'un tu prendras l'autre.

La pluie commença à tomber et l'orage parut s'éloigner, ils purent continuer leur dîner tranquillement en parlant du passé : que de souvenirs leur revenaient qu'ils avaient autant de plaisir l'un que l'autre à évoquer, c'étaient les années de jeunesse de Zyte, les années d'amour de Joseph qui défilaient jour après jour.

Le temps passa sans qu'ils eussent conscience de sa durée, le dîner s'acheva malgré Joseph qui eût voulu que Zyte mangeât tout ce qui était servi sur la table : le fromage à la crème, les pêches, les fraises, les poires; n'en pouvant plus, elle se leva et alla à la fenêtre; la pluie tombait toujours à torrents; on l'entendait s'abattre en nappes sur le toit et fouetter les vitres.

— Tu prendras le train de dix heures, dit Joseph heureux de la garder plus longtemps.

Elle fit le tour de la salle, et s'arrêta devant un grand cadre qui sous son verre enfermait des découpures de journaux.

— Qu'est-ce que c'est que ça ? demanda-t-elle.

— Un choix de quelques articles publiés sur moi qu'un ami m'a offert.

— Apporte une bougie.

Pendant qu'il l'éclairait elle se mit à lire.

— Tu vois, dit-il, j'ai souligné les bons passages pour les relire de temps en temps et m'habituer à y croire. Ça soutient.

— Tu n'as pas besoin de ça.

— Mais si ; il me semble que quand on n'a pas été toujours heureux il n'est pas facile de croire au succès, au sien. Et je n'ai pas été toujours heureux. Quand je pense au temps où j'ai tendu la main sur le pont de pierre à Rouen, je crois que ce qui m'arrive maintenant est un rêve.

— Tu as tendu la main?

— A cette heure je peux bien le dire; je n'en suis plus honteux; je crois même que j'en suis fier: si tu veux que je te conte ça, la pluie cessera pendant ce temps-là

V

Le perroquet se tenait perché sur une patte, silencieux, les chats dormaient dans un fauteuil, le chien ronflait sous la table; au dehors la pluie tombait.

— Tu sais que je suis Bourguignon, commença Joseph se tenant debout devant Zyte qui s'était assise; mais tout jeune je suis venu à Paris avec mes parents, mon père qui était horloger, et ma mère qui dans sa première jeunesse avait joué la comédie dans les théâtres forains : tu vois que j'étais un enfant de la balle et je crois qu'il faut ça: serais-tu arrivée où tu es, si tu n'avais pas eu du sang de comédien dans les veines. Enfin celui qui était dans les miennes, me donna tout petit la passion du théâtre; et quand je fus apprenti menuisier j'allai

manger le pain de mon déjeuner devant l'entrée des
artistes de l'Ambigu ou de la Porte Saint-Martin,
pour voir passer les comédiens, et rentrer les décors
Je ne me lassais pas; et le soir la journée finie je
retournais voir entrer les figurants que j'enviais.
J'avais fini par les connaître, et par être connu aussi
de quelques uns; un soir on me demanda si je
voulais figurer. Tu penses avec quelle joie j'acceptai.
En rentrant à la maison j'étais fier de moi, et le lendemain, ce fut d'un air de triomphe que je dis à ma
mère : « Je vais gagner quinze sous tous les soirs,
ça nous aidera ». Ma mère avait assez souffert du
théâtre pour vouloir m'en dégoûter; elle me dit
tout ce qu'elle pouvait me dire: « Que j'étais un
feignant, un vagabond, que je mourrais sur l'échafaud ». Mais mon père répondit : que j'avais bon
cœur et que ça me sauverait. A l'atelier j'avais un
camarade qui s'était donné le nom d'Espérance
comme moi je m'étais donné celui de d'Artagnan;
rien que ça de chic. T'imagines-tu qu'à quinze ans
j'avais la mine de d'Artagnan; moi je le croyais. Je
lui propose de lui ouvrir le théâtre, et nous voilà
tous les deux figurants. Il est probable que je figu-
rais bien, car un soir qu'un garçon qui remplissait
le rôle d'un tambour manqua, le régisseur me demanda si j'étais en état de le remplacer; ce n'était
pas une petite affaire, il fallait battre la caisse et
chanter un couplet. La caisse c'était mon fort; mais
le couplet. Heureusement j'avais une heure pour
l'apprendre. J'ai la chance de ne pas accrocher, et
le régisseur me dit que ça n'est pas mal. Le rôle me

reste; je le joue pendant deux mois. Un soir, que je sortais avec Espérance un bonhomme sans barbe et sans cheveux, tout rond, la figure rouge m'aborde, et m'invite à prendre un verre chez le marchand de vin. Nous voilà attablés; il me raconte qu'il m'a remarqué dans mon rôle, et me fait des compliments à n'en plus finir.

— Vous avez des dispositions magnifiques, me dit-il, mais pour qu'elles se développent, il faut jouer de vrais rôles, et à votre théâtre cela n'est pas possible, vous êtes trop jeune; moi je suis directeur en province; si vous voulez venir avec moi, je vous engage, vous voyagerez et vous aurez soixante francs par mois.

Voyager! Gagner soixante francs! Jouer de vrais rôles. Je ne perdis pourtant pas tout à fait la tête, et répondis que je ne voulais pas me séparer de mon ami, qui avait encore plus de dispositions que moi.

— L'ami en est aussi.

Je voulais signer tout de suite; mais c'était mon père qui devait signer mon engagement. Quand je lui en parlai tu entends les cris, ma mère voyait l'échafaud. Cependant le consentement finit par être donné, l'engagement signé, et l'on me composa un petit trousseau; au Temple on m'acheta un pantalon noir, une redingote, deux chemises et, ce qui m'éblouit plus que tout, des souliers vernis. Nous avions rendez-vous avec notre directeur à la gare du Nord, nous le trouvons là avec le reste de la troupe qui se composait de son fils, de la maîtresse de celui-ci, et d'un enfant de trois ou quatre ans, et nous voilà partis pour Luzarches. J'aurais bien voulu regarder le pays que nous traversions, mais je devais apprendre mon rôle dans l'*Aumônier du régiment*, dont le père Bridoux m'avait remis la brochure. Je m'y appliquais, mais de temps en temps j'étais interrompu par le père Bridoux qui sur l'air de « C'est bonhomme qu'on me nomme » chantonnait : « Nous allons jouer à Luzarches ». Nous débarquons et nous allons aux bagages pour nous occuper « des décors », dit notre directeur. Nos décors se composaient de deux coulisses, et d'une seule toile peinte des deux côtés, ce qui nous faisait deux décorations. Nous collons nous-mêmes nos affiches; le spectacle se composait de l'*Aumônier du régiment*, d'*Embrassons-nous Folleville*, du *Noël* d'Adam chanté par M. Joseph et du *Bruit de la rame* chanté par M. Espérance, avec accompagnement au violon par M. Bridoux. Ne crois pas que ce soit une balançoire ; il jouait vraiment du violon, le père Bridoux, seulement c'était toujours le même air, celui qu'il chantonnait. « C'est Bonhomme qu'on me nomme » ; pour l'ouverture de toutes les pièces exécutées dans la coulisse, « Bonhomme » ; pour le *Noël* « Bonhomme » ; pour la *Rame* « Bonhomme ». Malgré tout la représentation n'alla pas trop mal, et dans le rôle de l'Aumônier joué, avec mes souliers vernis mon pantalon noir et ma redingote, je ne me fis pas reconduire. Il n'en fût pas partout de même; à l'Isle-Adam, à Pontoise, les recettes furent si faibles qu'il fallut renoncer au chemin de fer et aller à pied, en portant sur son dos les bagages et le matériel. Nous ne payons pas toujours et à Magny, on me garde mes souliers en gage; nous couchions dans les granges et nous mangions quand nous pouvions. Nous arrivons ainsi en vue d'une ville importante que les bornes de la route appellent Louviers. « Nous allons jouer à Louviers » chante le père Bridoux. — Y pensez-vous. — Fichus comme nous sommes. — Je te crois que j'y pense; tu vas voir. — Et de fait en arrivant, il s'en va à la mairie où il demande le théâtre, et l'employé distrait, sans faire attention à celui qui lui parle, accorde la permission. Nous posons nos affiches. La salle se remplit. Dans la coulisse, le violon joue l'ouverture « C'est bonhomme ». La toile se lève; nous n'avons pas dit quatre mots qu'on éclate de rire : « A bas les saltimbanques ». On nous envoie les petits bancs; il faut baisser la toile. La police qui ne veut pas que nous soyons écharpés nous fait filer. Une heure après, nous venons chercher nos frusques, et nous cheminons dans la nuit. Au matin, nous apercevons un village. « Nous allons jouer à... » chante Bridoux.

— Où?

— Je ne sais pas, mais ça ne fait rien.

Pas de théâtre, bien entendu, dans ce village, pas même de halle. On propose une grande étable; à un bout il y a des vaches; à l'autre un tas de fumier monté carrément.

— Voilà un théâtre tout préparé, dit Bridoux, avec quelques planches sur le fumier et des draps pour tentures, ce sera superbe.

Nous allons emprunter les bancs à l'église; le sacristain ne veut nous les donner qu'à condition que nous jouerons un drame : « Parce que, moi, j'aime le drame, dit-il ». Bridoux, que rien n'embarrasse, promet un drame, et nous n'en avons pas dans notre répertoire·

— Qu'allons-nous jouer?

— La *Tour de Nesle*, l'acte de la prison ; Joseph fera Buridan, Espérance le geôlier.

— Et Marguerite de Bourgogne?

— Moi, répondit Bridoux avec sa tranquillité ordinaire, Marguerite a été créée par mademoiselle Georges, qui était une grosse femme c'est mon affaire.

Je ne savais pas le rôle de Buridan, Bridoux me l'expliqua ; je dirais ce qui me viendrait à l'esprit. Tout en montant le théâtre, nous répétâmes à peu près. Bridoux n'était pas plus embarrassé pour les costumes que pour le dialogue ; je jouerais en manches de chemise, avec mon pantalon noir cerclé de rubans rouges, ce qui était très moyen âge ; quant à Bridoux, il trouverait bien à emprunter dans le village le costume de Marguerite de Bourgogne. A l'heure dite on commence : Bridoux joue l'ouverture et les vaches meuglent ; il y avait bien soixante personnes dans l'étable, mais toutes n'avaient pas payé, et plus d'une n'avait voulu donner que deux sous ; ce n'était pas une raison pour mal jouer. L'*Aumônier* va bien, mais voilà qu'en manœuvrant le rideau, Espérance casse la corde qui était pourrie ; il veut retenir la toile et déchire complètement son pantalon non moins avarié que la corde. Comment faire? Je lui prêterai le mien pour chanter la *Rame*. nous nous arrangerons pour n'être jamais en scène en même temps. Je relève le rideau, il entre et commence : « Qu'il est doux sur les flots. » Il chantait la tête basse, une main dans la poche du pantalon, ramant de l'autre. — Lève-donc la tête, que je lui crie. Il change de main, fourre dans son pantalon celle qui avait ramé, et rame avec celle qui était restée dans sa poche. « Le soir quand tout sommeille. »

— Lève donc la tête, animal!... Il la lève enfin, mais c'est pour regarder de mon côté : j'étais perché sur une boîte derrière la coulisse, sans pantalon, la chemise au vent, et me haussais sur le bout des pieds pour tenir le bout de la corde du rideau. Il est pris d'un fou rire. Je lâche la corde. Le public hurle. Bridoux nous fait relever le rideau, et gravement il explique que le pauvre jeune homme, est victime d'une maladie nerveuse. — Quand il est saoûl, crie une voix. Nota qu'à six nous n'avions mangé qu'une livre de pain depuis la veille, et encore l'enfant avait eu la grosse part. Enfin, nous pouvons commencer l'acte de la prison; mais quand on voit paraître Bridoux en femme, on se tord et tout le monde crie : « C'est la mère Bouquet! » La mère Bouquet est la vieille femme que Bridoux, je ne sais comment, a décidée à lui prêter ses frusques. La recette n'avait été que de huit francs. « Nous vous payerons demain, dit Bridoux à l'aubergiste, donnez-nous un bon souper. » Après le souper nous nous couchons dans la grange; mais nous ne dormions pas depuis deux heures que Bridoux nous réveille.

— Partons.

— Et payer?

— Ne parlez pas, filons.

Hors du village, en route dans la campagne, le jour se lève, nous marchons moins vite, et Bridoux nous explique que comme la recette n'eût pas suffi pour tout payer, il est plus prudent de filer. Ce tour qui nous offusque, nous décide à en jouer un à notre directeur. Un soir que la recette avait été bonne, nous restons en arrière avec lui, laissant le fils, la femme et l'enfant prendre les devants; il fait sombre, la plaine est déserte, nous sommes loin de toute maison; tout à coup, je saisis le père Bridoux par le bras : « Le moment est venu de régler nos comptes; vous ne nous payez jamais; vous ne nous nourrissez pas; de l'argent où vous êtes mort ». Il crie au secours; personne ne répond. — « Espérance, le pistolet », Espérance fait jouer la batterie. La peur prend notre homme, il nous donne cent sous; nous éclatons de rire. Il reconnaît sa bêtise : — c'est le pistolet de l'*Aumônier*, il ne part jamais. On arrive à Saint-Valéry en Caux.

— Nous allons jouer à Saint-Valéry, chante Bridoux, mais en attendant ce soir, vous allez vous promener au bord de la mer; vous n'avez jamais vu la mer, c'est très amusant; mes chers enfants, vous ne direz plus que je ne vous fais pas faire un beau voyage.

Nous pêchons toute la journée, et nous nous amusons vraiment; mais quand nous entrons à l'auberge pour faire cuire notre pêche, plus personne. Bridoux, le fils, la femme, l'enfant, tout le monde part en nous abandonnant. L'aubergiste nous met dehors. Comment dîner. Je propose à Espérance de chanter dans les cafés. — Vas-y, toi. J'entre et je commence :

Minuit, chrétiens, c'est l'heure solennelle

On veut me renvoyer. Je m'explique avec un matelot. — Pourquoi n'as-tu pas dit que tu avais faim, crois-tu qu'on va te laisser mourir de faim ? — J'ai un camarade. — Amène-le. On nous sert un festin et nous chantons jusqu'à minuit. Un matelot fait une collecte et nous remet quatre francs. En route pour Paris.

— Avec quatre francs, interrompit Zyte.

— Tu penses bien qu'ils ne dureront pas longtemps et pourtant nous les ménageons. Le jour nous marchons tant que nous pouvons. La nuit nous couchons dans les meules de foin, dans les bras l'un de l'autre pour nous tenir chaud. Cela n'empêche pas que je m'enrhume, et comme je n'aime pas me moucher avec mes doigts je déchire ma chemise et m'en fais un mouchoir que je lave tous les soirs pour qu'il sèche pendant la nuit. A cet exercice, le pantalon et la redingote avaient terriblement souffert, mais je trouve heureusement à les échanger contre un habit, un gilet et un pantalon qui habillaient un mannequin pour épouvanter les oiseaux ; les propriétaires de ce mannequin étaient des gens riches qui lui avaient donné des vêtements en bon état; je les lui prends en échange des miens et il ne dit rien. Nous voulions arriver de bonne heure à Rouen pour chanter dans les rues et faire une belle recette. A huit heures du matin nous entrons à la préfecture pour demander une permission. Le concierge nous répond que les bureaux sont fermés parce que c'est dimanche, qu'il faut déposer une demande écrite et qu'on nous répondra à notre hôtel. Il y a plus de vingt heures que nous n'avons mangé. Nous errons par la ville, le long des quais, sur les boulevards, nous nous asseyons sur des bancs et nous nous relevons quand on nous regarde trop pour aller devant nous, où? Nous n'en savons rien; qu'attendons-nous? nous ne le savons pas non plus; il y a du trouble dans nos têtes. Autour de nous passent des gens endimanchés, nous entendons des marchands de plaisirs et de pain d'épice crier leur marchandise. Nous arrivons sur un pont, le pont de pierre où est la statue de Corneille. — Si nous nous jetions à l'eau, propose Espérance. Nous étions appuyés contre le parapet, un monsieur passe. Instinctivement sans rien dire, je lui tends la main; il me met deux sous dedans. Espérance les prend et va chercher du pain. Mais le cœur me manque, je glisse sur le trottoir. On s'assemble. On me fouille. On trouve mon engagement.

— Un artiste, un camarade, dit un des curieux, qu'on le porte à m... théâtre.

On me porte à l'.cousu, qui est un petit théâtre au bout du pont. On me donne un bouillon. Je me remets un peu, et Espérance arrive avec un morceau de pain dont il avait mangé la mie en courant. Nous racontons notre histoire.

— Venez chez moi, dit l'artiste qui s'appelait Aubert, vous vous reposerez et nous dînerons ensemble.

Il demeurait sur le quai; en nous rendant chez lui, il commanda à son restaurant un gigot, un broc de cidre, un pain de six livres; et aussitôt que le tout fut apporté, on se mit à table. Vers six heures Aubert, forcé d'aller à son théâtre, nous quitta : « Continuez de manger; après, couchez-vous dans mon lit; demain nous verrons ». Nous lui obéissons en continuant de manger, mais de temps en temps nous nous rappelons l'un l'autre à la discrétion : « Ne nous conduisons pas comme des mufles; il faut en laisser ». Cependant morceau après morceau nous dévorons tout, pain, viande, et ne laissons rien. Nous nous endormons sur la table. Le lendemain Aubert nous donne des souliers à la poulaine, une chemise à chacun, deux mouchoirs et trois francs.

Nous nous remettons en route; ce qui allongeait notre chemin, c'était que nous passions au retour par les mêmes pays où nous nous étions arrêtés à l'aller afin de voir aux bureaux de poste si nous ne trouverions pas un peu d'argent que nos parents devaient nous envoyer. A Etrépagny, Espérance touche un bon de dix francs. Nous montons dans la voiture d'un marchand de pois qui nous conduit à Gisors, où nous prenons le train. A onze heures je frappe à la porte de mes parents. — Qui est là ? — Moi. — C'est ce brigand de Joseph, dit ma mère. Elle m'ouvre, m'embrasse et me donne à souper. Le lendemain, nettoyage général, coupe de cheveux dans la cour, bain, etc. — J'espère que tu es guéri, me dit mon père. Un mois après je débutais à Saint-Omer.

— Mon pauvre Joseph, dit Zyte tout émue.

— Voilà le début; et maintenant, dans mon chalet de La Varenne, je reçois à ma table mademoiselle Duchatellier, sociétaire de la Comédie-Française.

Pendant le récit de Joseph, Zyte ne l'avait point interrompu, mais elle avait cependant suivi avec attention les bruits du dehors, la pluie qui tombait toujours, les roulements du tonnerre qui ne s'arrêtaient point, aux derniers mots elle se leva, et alla à la fenêtre.

— Tu ne peux pas partir, dit Joseph, la pluie tombe à seaux, tu prendras le dernier train.

Comme elle paraissait contrariée, il ouvrit la porte pour examiner le temps : un torrent d'eau s'engouffra dans la salle, et les bougies s'éteignirent.

Il fallait bien, bon gré malgré, se résigner.

— Qu'importe que tu arrives un peu plus tôt ou un peu plus tard, dit Joseph, ta fille est maintenant endormie, et madame Duchatellier est habituée à veiller.

Pour lui faire passer le temps, il revint sur son récit et le compléta : l'hiver précédent il avait entendu un violon jouer Bonhomme dans une cour de la rue Rochechouart, c'était le père Bridoux qui chantait dans les rues, bien vieux, bien misérable, mais toujours insouciant ; il avait été revoir Aubert à Rouen et il lui avait rendu son dîner ; Espérance, était à la Porte-Saint-Martin.

Mais Zyte n'écoutait guère ; elle ne quittait pas la fenêtre des yeux : si la pluie diminuait d'intensité, le tonnerre, par contre, semblait se rapprocher. Ses coups étaient plus répétés, plus secs ; de nouveau des éclairs aveuglant emplissaient la salle.

Elle regarda à sa montre, il était dix heures et demie ; elle mit son chapeau et sa jaquette.

— Je vais te donner un caoutchouc, dit Joseph, il t'enveloppera jusqu'aux pieds.

Mais pendant qu'elle s'habillait un nouvel orage s'était déchaîné plus violent ; il passait maintenant sur l'île : la maison tremblait sous ses vibrations, au dehors les rafales du vent tordaient les arbres ; dans les courts intervalles de repos on entendait la rivière soulevée clapoter.

— Attendons encore un peu, dit Joseph.

— Il faut partir : qui sait si nous ne serons pas obligés de nous arrêter en chemin.

Il alluma une lanterne, et s'étant coiffé d'un béret, il ouvrit la porte ; mais à ce moment même l'île s'enflamma devant eux ; un coup de tonnerre formidable éclata. Ils furent rejetés dans la salle par la commotion ; Joseph referma la porte.

— Il est impossible de partir, dit-il, ici nous sommes abrités par les grands arbres qui nous enveloppent ; si nous avions été sous les arbres nous étions foudroyés. Attendons.

Il s'était fait un moment de silence ; la pluie et le vent avaient été coupés par le coup de foudre ; ils reprirent, et les éclairs, le tonnerre reprirent aussi.

— Il est certain, dit Joseph, que nous sommes au centre de l'orage retenu par le cirque de collines qui entourent la boucle.

Zyte tenait sa montre dans sa main, et à chaque instant elle regardait les aiguilles ; la pluie, le vent, le tonnerre continuaient.

— Je serais chez toi, dit Joseph, que tu ne me laisserais pas partir, car alors même qu'il n'y aurait rien à craindre de l'orage, il est certain que nous ne pourrons pas arriver à la gare sans être mouillés comme si nous étions tombés à l'eau ; pour moi cela est sans importance parce que je changerai de linge tout de suite ; mais toi peux-tu rester mouillée pendant deux heures, tu gagneras une fluxion de poitrine ; reste ici, tu prendras demain matin le premier train ; pourvu que ta fille te trouve près d'elle à son réveil, n'est-ce pas assez ?

C'était en paroles hachées qu'il avait pu lui adresser ces observations, elle se récria : Il fallait partir.

Sans doute il le fallait, mais comment ? Pouvait-elle s'exposer à la fluxion de poitrine dont parlait Joseph ; les artistes sont obligés à des précautions et à des ménagements qu'il serait fou à eux de braver.

L'heure marchait, et l'orage restait toujours au-dessus d'eux sans vider ses nuages.

— Il est trop tard, dit Joseph, nous n'arriverions pas maintenant pour le train.

Elle s'assit avec un mouvement de contrariété.

— Tu ne vas point passer la nuit sur cette chaise, dit-il, couche-toi, tu étrenneras ma chambre d'ami, ce sera la chambre de la reine, personne n'y couchera plus.

Sans attendre une réponse, il avait ouvert une armoire : il en sortit des draps et les porta dans la chambre d'ami.

— Tu as cinq heures à dormir, dit-il en revenant, je t'éveillerai en temps ; sois tranquille je ne viendrai pas t'écouter dormir comme je le faisais contre la paroi de ta roulotte.

Elle lui tendit la main, et avec un sourire affectueux, car elle ne pouvait pas lui tenir rancune de ce dont il n'était pas responsable, elle lui dit bonsoir.

— Bonne nuit.

Il n'entra pas avec elle dans la chambre dont elle repoussa la porte.

Cependant, malgré sa promesse, il ne put pas résister à la tentation de rester à cette porte, et s'asseyant sans bruit, il demeura là longtemps : elle était sous son toit, à deux pas de lui, celle qu'il aimait plus que jamais, et il n'avait qu'à tourner cette clé pour la prendre dans ses bras ; quelle nuit ! Le vertige le souleva, il étendit la main et frôla la clé. Mais cette clé parla à sa raison ; il s'arrêta : Zyte se fût enfermée, il aurait enfoncé la porte ; elle avait eu foi en lui, il serait digne d'elle.

Il alla se jeter sur son lit, et le lendemain, quand l'aube blanchit les vitres il l'appela doucement : l'orage s'était calmé depuis plusieurs heures et dans le silence du matin on n'entendait plus que quelques gouttes d'eau qui des branches chargées de pluie tombaient dans des flaques.

Zyte fut promptement habillée, et en descendant dans l'île elle trouva les allées et le gazon jonchés de branches cassées ; un des gros peupliers du débarcadère avait été fendu par la foudre, tout le bas de son tronc complètement écorcé montrait une large plaie blanche.

— Tu vois, dit Joseph occupé à écoper l'eau du bateau, qu'il aurait été mauvais de se trouver sous ce pauvre arbre.

Ils descendirent rapidement la rivière dans la fumée des vapeurs grises qui flottaient au-dessus de son cours ; et ils abordèrent au ponton du loueur de bateaux. Celui-ci, qui était déjà levé, s'approcha de Joseph qui attachait son canot, tandis que Zyte montait sur le quai :

— M. Joseph, défiez-vous ; sans en avoir l'air, regardez au coin du pont, il y a là un particulier qui vous guette, et m'a fait un tas de questions hier quand vous vous êtes embarqué avec cette jeune dame, et le voilà encore ce matin.

Le particulier, c'était le monsieur décoré de la veille ; Joseph le retrouva à la gare, et le vit monter dans le train ; mais il n'osa pas en prévenir Zyte, à quoi bon l'inquiéter sans savoir pourquoi et de quoi.

A sept heures et demie, Zyte arrivait à Montmartre, dont les rues étaient ravinées par la pluie et sa mère venait lui ouvrir la porte : Hella dormait encore.

Zyte expliqua à sa mère que c'était l'orage qui l'avait retenue à la Varenne, et madame Duchatellier trouva cette explication toute naturelle :

— Pour tout le monde tu auras couché ici.

VI

Le lendemain, comme Gaston rentrait pour déjeuner avec Bachollet, on lui remit une dépêche.

« Viens immédiatement au château.

» CHAMONTAIN. »

Il la donna à lire à Bachollet
— Que veut dire cela ?
— Que ma mère est malade.
— Partez tout de suite ; je vais envoyer une dépêche chez moi pour qu'une voiture vous attende à la gare de Paris, et vous porte vivement au château.

Pendant que Bachollet écrivait cette dépêche, Gaston en adressait une à Zyte pour lui demander de se trouver à la gare du Nord à son arrivée.

En débarquant il l'aperçut avec Hella.

En quelques mots il lui expliqua ce qui le ramenait, et lui demanda de l'accompagner jusqu'à Nogent, elle reviendrait par le chemin de fer.

En route ils purent s'entretenir plus librement et Hella plaça son mot :

— As-tu eu peur ? demanda-t-elle à son père.

— Peur de quoi ?

— De l'orage ; ça faisait boum boum dans le lit de grand'maman.

Gaston regarda sa femme :

— L'orage nous a empêchées de rentrer, dit Zyte.

— J'ai couché chez bonne maman, continua l'enfant, on est joliment bien.

Puis la conversation tourna ; Gaston ne pensait qu'à sa mère.

A Nogent la voiture s'arrêta devant la station, et Zyte descendit avec sa fille pour prendre le train qui les ramènerait à Paris.

Gaston continua sa route rapidement, traversa Nogent, Bry, Noisy et arriva à la grille du château. Avant qu'elle lui fût ouverte il descendit de voiture, et courut à la concierge.

— Comment va ma mère ?

— Mais bien, répondit la concierge surprise, comme tous les jours.

Sa mère n'était donc pas malade ; alors que signifiait cette dépêche ; pourquoi son père l'appelait-il ? voulait-il donc enfin ouvrir sa maison à Zyte et à Hella ?

Comme ces idées lui traversaient l'esprit pendant qu'il se dirigeait vers le château, il vit son père paraître sur le perron et venir au-devant de lui les deux mains tendues.

Cet accueil après trois années de séparation était

fait pour émouvoir Gaston et lui mettre l'espérance au cœur : M. Chamontain lui ouvrit les bras ; ils s'embrassèrent.

— Mon pauvre enfant, murmura M. Chamontain, mon pauvre Gaston.

Et, sans en dire davantage, il l'entraîna dans son cabinet dont la porte ouvrait sur le vestibule.

— Tu me fais peur, dit Gaston n'osant interroger son père.

— Élève ton âme à la hauteur de ton malheur, dit M. Chamontain dont la mémoire était meublée de phrases oratoires toutes faites.

— Mon malheur ?

— Ta femme...

— Je viens de la voir.

— Il vaudrait mieux qu'elle fût morte et que tu ne la revisses jamais.

— Mon père.

— Vas-tu croire que c'est pour l'accuser sans preuve que je t'ai appelé. T'a-t-elle dit où elle avait passé la nuit d'hier ?

— Oui, chez son père, à Montmartre.

— Chez son amant à La Varenne.

Gaston eut un moment d'hésitation, puis brusquement il fit deux pas vers la porte, mais son père le saisissant d'une main, de l'autre lui présenta une lettre :

— Fermeras-tu les yeux à l'évidence : lis.

— Je n'ai rien à lire, rien à entendre.

— C'est une lettre d'elle que je te montre, une lettre qu'elle a écrite à son amant.

Sans le vouloir, inconsciemment, Gaston avait levé les yeux sur la lettre et reconnu l'écriture de sa femme.

— Depuis longtemps, continua M. Chamontain, je soupçonnais ta femme de te tromper; j'ai voulu avoir des preuves en main, et je me suis arrangé pour obtenir une copie des lettres qu'elle écrivait; voilà celle du billet par lequel elle donne un rendez-vous à son amant. Ne veux-tu pas savoir quel est l'homme qu'elle t'a préféré?

La tentation était trop forte; il prit la lettre, mais elle dansait si fort au bout de sa main que ce fut à peine s'il put la lire.

Arrivé au bout, il resta anéanti: c'était bien son écriture; et elle avait reconnu elle-même que cette nuit-là elle n'avait pas couché rue de Rivoli.

Il se laissa tomber sur une chaise.

— Vois-tu, comprends-tu, maintenant, dit M. Chamontain en lui reprenant la lettre qu'il serra dans son bureau.

— C'est impossible! s'écria Gaston.

— C'est impossible; oui, je le dis comme toi; et cependant cela est.

— Il y a quelque erreur, quelque machination.

— Elle a dit, n'est-ce pas, qu'elle avait couché chez son père.

— Ce n'est pas elle qui l'a dit, c'est Hella.

— Cela n'est que plus significatif; c'est l'enfant qui a parlé; et qu'a-t-elle dit?

— Que l'orage l'avait empêchée de rentrer.

— Tu vois! Avec sa réticence féminine, elle a arrangé ce que l'enfant venait de dire. Eh bien ! la vérité est qu'elle a couché à La Varenne; et nous avons d'autres preuves que cette lettre. Voici la liste de témoins qui l'ont vu arriver à la gare où ce Joseph l'attendait à cinq heures et demie du soir, et d'autres qui l'ont vue repartir le matin, Joseph la ramenant.

Gaston prit la liste que son père lui présentait et lut les noms qu'elle contenait.

— La preuve est-elle faite? demanda M. Chamontain.

— Pour toi qui ne la connais pas, peut-être; elle ne l'est pas pour moi.

— Veux-tu que nous allions à La Varenne interroger ces témoins?

— Je ne croirais qu'elle.

— Eh bien ! allons à Paris, il faudra bien qu'elle avoue. Je fais atteler.

Mais, avant de sortir, il sonna, et aussitôt madame Chamontain ouvrit la porte ; Gaston se jeta dans les bras de sa mère et éclata en sanglots.

Elle l'embrassait passionnément et murmurait de douces paroles maternelles comme on fait pour plaindre et calmer la douleur des enfants, pleurant avec lui.

— Mon pauvre chéri, comme tu souffres!

— Je l'aimais tant; je l'aimais tant.

— Nous te guérirons, tu ne nous quitteras plus.

— Et ma fille?

— La loi te la donnera, je te l'élèverai, je l'aimerai comme je t'ai aimé.

— Ah ! maman, maman.

M. Chamontain rentra et annonça que la voiture attendait.

— Nous rentrerons ce soir, dit-il.

— J'irai t'endormir comme lorsque tu étais petit, dit madame Chamontain en l'embrassant.

Assis dans le coupé à côté de son père, Gaston ne parla point, et M. Chamontain ne fit rien pour forcer son silence : à quoi bon ; dans son cœur, l'amour trompé, la jalousie et l'indignation criaient plus fort que ne pourraient le faire les raisonnements.

Cependant, après un temps assez long, il voulut que son père lui dît comment il avait obtenu cette lettre ainsi que ces témoignages, et M. Chamontain répondit franchement :

— Je voulais des preuves à l'appui de mes soupçons, je n'ai reculé devant rien pour me les procurer.

Un peu avant d'entrer dans Paris, Gaston dit qu'il voulait tout d'abord interroger M. et madame Duchatellier, et son père ne s'y refusant point, le coupé prit le chemin de Montmartre.

— Je serai près de toi dans ton entrevue avec ta femme, dit Chamontain, mais il est inutile que j'entre chez ces gens ; peut-être parleront-ils plus volontiers devant toi seul.

Gaston s'était efforcé de prendre une contenance, mais il n'était guère maître de lui en mettant sa main dans celle que Duchatellier lui tendit.

— Vous allez bien, mon cher gendre ; vous avez fait bonne chasse ?

— Très bonne. Et Zyte ?

— Mais Zyte est chez elle ; vous croyiez donc la trouver ici ?

— Vous l'avez vue ?

— Elle nous a quittés hier matin.

Gaston baissa les yeux :

— Elle a... couché ici.

Duchatellier fut pris d'un accès de toux.

— Mais sans doute, répondit madame Duchatellier, vous comprenez, par l'orage qu'il faisait, elle ne pouvait pas rentrer : on ne fait pas toujours ce qu'on veut.

Duchatellier examinait son gendre et quand Gaston les eût quittés, il déclara à sa femme qu'il se passait quelque chose de mauvais.

— Si quelqu'un se connaît en figures tragiques, c'est moi, n'est-ce pas, eh bien, Gaston en a une, dans le calme voulu, qui m'inquiète.

Quand Gaston eût rejoint son père, et que le coupé descendit vers Paris, il fallut qu'il racontât ce qui s'était dit dans cette visite.

— Tu vois, s'écria M. Chamontain, le père et la mère s'entendent avec leur fille ; cette connivence n'est-elle pas une nouvelle accusation.

La résistance que Gaston avait opposée aux preuves que son père lui donnait, faiblissait, cependant il voulut résister encore. Elle avait couché à Montmartre. Ceux qui croyaient l'avoir reconnue s'étaient trompés ; celle qu'on avait vue à La Varenne était une femme qui lui ressemblait. Elle n'aimait pas Joseph. C'était lui qu'elle aimait. Et il retrouvait dans son cœur des regards, des mots qui ne permettaient pas le doute. Elle allait tout expliquer. Bien que le coupé filât grand train, il n'allait pas assez vite au gré de son angoisse.

Enfin, ils arrivèrent rue de Rivoli, et Gaston monta son escalier d'un tel pas que son père, qui se hâtait derrière lui, le pria de ralentir un peu.

Il ne sonna point, mais, ouvrant la porte avec sa clé, il entra rapidement dans le vestibule, et de là tout de suite dans le salon.

Assise devant la fenêtre qui donne sur la colonnade du Louvre, un livre sur ses genoux, Zyte travaillait.

Le bruit de la rue l'avait empêchée d'entendre les pas dans le vestibule, en voyant entrer Gaston le mot qui lui vint aux lèvres fut :

— Ta mère ?

Mais elle ne le prononça pas tout entier, derrière son mari, elle avait aperçu M. Chamontain et elle était restée interdite.

— Notre vie, dit Gaston d'une voix rauque, dépend de la réponse que tu vas me faire.

Épouvanté de la question qu'il avait à poser, il s'arrêta un court instant :

— Où as-tu passé la nuit d'hier ?

Du second plan où il se tenait, M. Chamontain vint au premier en se plaçant à côté de son fils.

Elle avait alors compris ce que signifiait la présence du père ; c'était la guerre ; le père parlait par a bouche du fils.

— Tu ne réponds pas, s'écria Gaston.

— Je t'ai dit que j'avais été empêchée par l'orage de rentrer ici.

M. Chamontain jeta à son fils un regard qui disait clairement :

— Tu vois la fourberie.

— Tu ne m'as pas dit où tu avais passé la nuit, — ce que je demande.

Évidemment il fallait répondre, toute hésitation ne ferait que rendre la situation plus grave, et il était impossible de ne pas dire la vérité, qui sûrement était connue.

— A La Varenne, dit-elle.

— Chez Joseph ?

— Chez Joseph.

— Misérable !

Il s'avança sur elle, les bras levés ; son père le retint.

— Je vais t'expliquer, s'écria-t-elle.

Mais M. Chamontain lui coupa la parole :

— C'était votre aveu qu'il nous fallait ; nous n'avons que faire de vos explications.

Tout en parlant, il poussait son fils vers la porte.

— Gaston ! s'écria-t-elle.

Mais cet appel exaspéra Gaston au lieu de le toucher.

— Sortons, dit-il.

Il entraîna son père.

— Écoute-moi ; tu ne peux pas ne pas m'entendre.

Ils étaient dans le vestibule et, elle les suivait, mais elle ne trouvait que M. Chamontain devant elle.

Gaston avait ouvert la porte du palier ; ils sortirent ; et comme il n'avait pas lâché le battant, il le referma violemment sur Zyte qui fut rejetée en arrière.

Si M. Chamontain n'avait pas eu de jambes pour monter l'escalier, il en eut pour le descendre ; d'étage en étage cependant, il regarda si elle ne les suivait point.

Mais elle était restée étourdie, ne pensant même pas à rouvrir cette porte.

Assurément, c'était M. Chamontain qui menait tout : il l'avait fait espionner ; il savait qu'elle avait couché à La Varenne ; Gaston averti la croyait coupable.

Les apparences l'accusaient, cela n'était que trop vrai, mais comment avait-il pu croire les apparences ? Comment ne l'avait-il pas écoutée ?

Il ne l'aimait donc pas !

Elle eût une défaillance, le cœur étouffé paralysa l'esprit, ses idées ne s'enchaînèrent plus.

Elle faisait des efforts pour raisonner, quand on sonna à la porte.

— Lui ! Il revenait !

Elle se jeta sur la porte et l'ouvrit.

Ce n'était point Gaston ; c'était le duc de Paradan.

— Où est Gaston ? s'écria le duc, l'avez-vous vu ?

— Il vient de partir.

Il avait jeté sa question sans se donner le temps de la regarder ; il remarqua son bouleversement.

— Alors j'arrive trop tard, dit-il.

Elle ne savait que penser : était-ce en ami, était-ce en ennemi qu'il se présentait.

Avec sa finesse ordinaire, il démêla ce qui se passait en elle :

— Vous savez bien que j'ai toujours été votre ami, dit-il, j'espérais arriver à temps pour vous sauver, et Dieu sait si je me suis hâté.

Son cœur se fondit en entendant ces paroles :

— Ah ! sauvez-moi, s'écria-t-elle.

— Je suis venu pour ça. Avant tout, qu'avez-vous dit.

— La vérité.

Le duc l'examina en homme qui se demandait quelle était cette vérité.

— Un aveu alors.

— Oui.

— Complet ?

— Je n'ai pu dire qu'un mot, sans l'expliquer.

— Quel mot ?

— Que j'avais dû passer la nuit à La Varenne.

— Alors, c'est vrai.

La froide physionomie du duc s'exaspéra, un éclair passa dans ses yeux voilés.

— Mais vous êtes donc folle, s'écria-t-il, folle à lier.

Elle croyait à la sympathie, à un appui. Elle fut stupéfaite de cette explosion de colère.

— Comment, vous savez que vous avez dans M. Chamontain un ennemi implacable, qui ne vous a pas pardonné votre mariage, qui vous hait, qui vous méprise et qui depuis que le divorce est rétabli, ne pense qu'à s'en servir pour rendre la liberté à son fils, et vous allez stupidement lui donner des armes.

— J'ai été retenue par l'orage.

— D'abord, pourquoi avez-vous été à La Varenne?

— Parce que je n'ai pas pu refuser un ancien camarade à qui j'aurais causé un vif chagrin.

— Vous vous inquiétez du chagrin que vous pouvez causer aux autres, vous ! Enfin cette imprudence commise, comment avez-vous eu la folie de passer la nuit chez ce camarade, qui prétend-on a été votre amant autrefois.

— C'est une infamie.

— Il ne s'agit pas de savoir si cette infamie est ou n'est pas pas fondée: on la répète et cela suffit. Et vous, tranquillement, parce qu'il tonne, parce qu'il pleut, vous restez chez lui ; mais vous deviez passer à travers l'inondation pour vous sauver du danger dans lequel vous aviez fait la bêtise de vous jeter.

— Je l'ai voulu ; c'était impossible.

— Impossible ; est-ce qu'il est impossible de passer à travers les flammes quand la maison brûle. Vous comprenez que, moi, je crois à la parfaite innocence de cette nuit ; vous avez dormi de votre côté ; et ce garçon a dormi du sien ; c'est tout naturel ; si je ne croyais pas ça, je ne serais pas ici. Mais moi, je ne suis rien. C'est votre mari qu'il faudrait convaincre de votre innocence, c'est votre beau-père, c'est votre belle-mère, c'est votre belle-sœur, car vous avez tout le monde contre vous, moi excepté. En ce moment, je suis sûr que Gaston et M. Chamontain sont chez l'avoué en train de préparer les premiers actes de la procédure du divorce.

— Il faut que je voie Gaston, il m'entendra.

— Où le voir ? Croyez-vous que son père et sa mère, après avoir mis la main sur lui, vont le lâcher. Croyez-vous que dans l'état d'exaspération où il est, il vous écouterait.

— Que faire ! s'écria-t-elle désespérément en voyant pour la première fois la profondeur du gouffre où elle était entraînée.

— Pour le moment, rien.

— Mon Dieu !

— Il ne sert de rien de se plaindre, dit le duc durement.

Mais tout de suite, il prit un ton moins sec :

— Vous croyez que je suis votre ami, n'est-ce pas ? ma présence ici le prouve ; vous sentez que vous pouvez avoir confiance en moi.

Elle lui tendit la main.

— Je ferai tout ce que je pourrai pour vous sauver, mais si vous voulez que je vous serve utilement, il faut que personne ne soupçonne notre alliance, sans quoi je perdrais tout crédit auprès de Gaston et me fâcherais avec mon beau-père. J'ai pour vous une vive sympathie, ce n'est pas d'aujourd'hui que je vous la montre, Gaston vous aime ; je ne veux pas que, pour une imprudence, vous soyez séparés, et qu'on vous prenne votre fille.

Elle poussa un cri.

— Croyez-vous que si le divorce est prononcé on

laissera sa fille à une mère dont l'adultère aura été prouvé.

— Mais il n'y a pas de preuves contre moi, je suis innocente, je le jure.

— Il y aura des témoins contre vous qui de leur côté jureront — dans une affaire qui ne leur est pas personnelle, — que vous avez passé la nuit chez un homme qui a eu pour vous... autrefois les sentiments les plus vifs.

Si le duc avait été moins absorbé dans son propre tourment, il aurait vu la physionomie expressive de Zyte traduire une angoisse désespérée : les yeux fixes, les pupilles dilatées, les sourcils relevés et froncés, la bouche ouverte, les bras projetés en avant, le corps tremblant.

— On me prendrait ma fille, murmurait-elle.

— On vous la prendrait, et madame Chamontain en ferait la sienne si tendrement que jamais plus l'enfant ne penserait à sa mère... flétrie qu'elle ne verrait jamais. Il ne faut pas que ce crime s'accomplisse.

— Comment ?

— En ce moment je ne vois rien à faire, tout est contre vous, mais, Dieu merci, cette détestable loi du divorce est faite de telle sorte que les époux doivent se trouver en présence quand il y a défense, et vous vous défendrez, n'est-ce pas ?

— Pour ma fille, pour moi, de toutes mes forces.

— Il arrivera donc que Gaston ne pourra pas vous fuir, comme il l'a fait tout à l'heure ; il faudra qu'il vous accuse devant le président et, par contre, il faudra qu'il écoute votre défense ; il sera sous le feu de vos yeux ; plaidez votre cause de façon à l'émouvoir. Je crois qu'en ce moment, dans l'état d'exaspération où il est, vous réussiriez difficilement. Mais ce procès ne se jugera pas en un jour. L'exaspération aura le temps de tomber d'elle-même ; l'amour parlera ; les regrets naîtront : j'aurai soin d'ailleurs de les susciter. Ce sera le moment d'agir : plaidez bien votre cause, vous la gagnerez ; ramenez votre mari à vous, vous le garderez. Que faut-il pour cela ? Entre deux êtres qui s'aiment, un mot, un regard, une pression de mains suffisent. La réconciliation éteint l'action en divorce. Votre mari, votre fille seront tout à vous pour jamais, car vous ne serez plus assez imprudente, je pense, pour fournir à votre beau-père des motifs qui permettent d'intenter une nouvelle demande. Votre sort est entre vos mains. Le divorce est un drame, jouez votre rôle dans la vie avec le talent et la séduction que vous déploieriez au théâtre ; ne saurez-vous pas garder le mari que vous avez su prendre.

VII

M. Chamontain redoutait la réconciliation autant que le duc l'espérait ; comme son gendre, il se disait qu'elle était possible, facile, et que, pour qu'elle se produisît, il suffisait d'un mot, d'un regard ou d'une pression de main.

Il fallait donc l'empêcher, et pour cela le mieux

était d'arranger les choses de façon à ce que le mari ne pût retourner à sa femme sans être ridicule. Que Zyte fut coupable, il en était sûr; qu'elle fût la maîtresse de ce comédien il était prêt à le jurer; que tout Paris le crût comme il le croyait lui-même, et jamais Gaston si faible, si ensorcelé qu'il fût, ne pourrait se réconcilier avec une femme dont le déshonneur serait public.

Dans ses affaires financières, il s'était trop servi des journaux pour ne pas savoir tout le parti qu'on en peut tirer. Le lendemain un journal boulevardier, le plus lu dans le monde des théâtres, publiait en belle place une petite note qui devait faire travailler les esprits. « On parle d'une demande en divorce qui serait déposée contre une de nos plus brillantes comédiennes, dont le début, il y a quatre ans, a été un événement parisien. Les faits sur lesquels s'appuie cette demande se seraient passés dans une île de la Marne, où « l'heureux complice » qui appartient, lui aussi, au théâtre, s'est fait construire une maison bizarre, bien connue de tous les canotiers. Nous ne pouvons en dire davantage, ni être plus précis ; la parole est à MM. les avoués. »

Elle avait été aussi aux curieux et aux bavards, la parole. Justement parce que la note était un rébus, on avait voulu la deviner, et les indications données étaient assez précises pour que la chose fût facile à ceux qui connaissaient le monde du théâtre. La brillante comédienne dont le début avait été quatre ans auparavant un événement parisien, c'était mademoiselle Duchatellier; le comédien qui s'était fait constrofre une maison bizarre dans une île de la Marne, c'était Joseph. Chaque journal avait donné sa note explicative plus complète que celle des autres, et en quelques jours le Tout-Paris qui s'occupe du théâtre avait connu l'histoire de Zyte et même beaucoup d'histoires à côté.

— Cette petite Duchatellier.

— Faisait-elle assez sa tête, avec son amour pour son mari.

— Elle est bien bonne.

Mais il y en avait qui la trouvaient mauvaise, — ceux-là même qui, ayant voulu plaire à Zyte, s'étaient vus repoussés. Dès là qu'on ne lui connaissait pas d'amants, la chose en soi n'était pas mortifiante ; c'était une bizarrerie, une originalité, une toquade comme une autre, peut-être tout simplement le calcul d'une femme qui veut se singulariser et faire parler d'elle dans un monde où elle sera une exception. Mais quand on voyait qu'on avait été dupe, la situation changeait de face : le refus qu'on avait subi devenait une humiliation ; pourquoi celui-ci et pourquoi pas celui-là, plutôt, c'est-à-dire soi-même ; c'était donc de la répulsion. Quelle grue ! Et avec cela, hypocrite.

Un sentiment d'hostilité s'était donc élevé contre Zyte, et grand avait été le nombre de ceux qui étaient tombés sur elle.

— C'est bien fait.

— Sacrifier un si bel avenir.

— Les femmes sont folles.

M. Chamontain était trop pressé d'obtenir le divorce pour perdre du temps, et tout de suite la demande de Gaston avait été introduite; un matin on avait apporté à Zyte un paquet de feuilles de papier timbré couvertes d'une écriture peu lisible.

Cependant elle avait lu.

On l'assignait à comparaître devant M. le président du tribunal de première instance séant à Paris, en son cabinet au Palais de Justice, pour répondre à certains faits qui lui étaient reprochés et entendre conjointement avec son mari les représentations que M. le président croirait propres à opérer un rapprochement. Les faits sur lesquels se basait la demande consistaient dans la lettre qu'elle avait écrite à Joseph pour lui donner rendez-vous; en la lisant elle fut épouvantée : comment Gaston avait-il eu connaissance de cette lettre? comment elle-même avait-elle commis l'imprudence de l'écrire dans ces termes : « Je serai toute à toi de cinq heures et demie à neuf heures, est-ce assez »; que ne pourrait-on pas faire dire à ces quelques mots, qui pour elle n'avaient été qu'une excuse des refus sans nombre opposés jusque-là par elle à Joseph, mais dans lesquels il serait facile de voir une promesse. Puis venait son arrivée à La Varenne où Joseph l'attendait, leur promenade en bateau, la nuit passée dans l'île et son départ le lendemain matin. Enfin l'affirmation de son père et de sa mère qu'elle avait couché à Montmartre, quand il était notoire, au contraire, qu'elle avait passé la nuit à La Varenne.

Malgré ce que le duc lui avait dit, elle avait douté jusqu'au dernier moment que Gaston en vînt au procès : il réfléchirait, il sentirait qu'elle ne pouvait pas l'avoir trompé.

Mais les siens, mais Bachollet n'en avaient pas jugé ainsi. Quand Bachollet avait lu les articles des journaux, il était revenu à Paris pour qu'elle lui expliquât ce qui avait pu leur donner naissance, car il ne croyait pas à sa culpabilité; et ces explications elle les lui avait franchement fournies, sans rien cacher. Alors bravement il avait entrepris de la défendre, et avec la résolution qui était dans son caractère il avait été trouver M. Chamontain pour lui faire comprendre que ce procès ne reposait sur rien de sérieux, puisque lui Bachollet affirmait l'innocence de Zyte. Mais M. Chamontain lui avait nettement fermé la bouche, et il était revenu de cette entrevue indigné.

— Vous n'avez à espérer que dans une défense habile, car avec sa faiblesse ordinaire Gaston est une marionnette aux mains de ses parents qui se sont emparés de lui et le dominent entièrement, le père par l'autorité, la mère par la tendresse, la sœur par la raillerie; c'est donc cette défense qu'il faut organiser; elle vous le ramènera.

Et, comme après lui-même il n'avait confiance que dans les gens qu'il employait, son médecin, son notaire, son avoué, son avocat, il avait tenu à lui donner son avoué : — « C'est un homme sérieux qui a toute ma confiance. »

Comme elle ne connaissait ni avoués, ni avocats, ni gens d'affaires d'aucune sorte, elle avait accepté celui qu'il lui proposait

Quand l'avoué connut l'affaire d'une façon plus précise que par le récit de Bachollet, il ne cacha pas à Zyte qu'elle lui paraissait grave, et il lui fit la question qu'elle-même s'était adressée :

— Comment avait-elle pu écrire une lettre aussi compromettante.

Zyte avait donné son explication, mais pour qu'elle fût acceptable, il fallait qu'on fût disposé à présumer l'innocence, tandis qu'au contraire, c'était la culpabilité qui semblait vraisemblable : le tutoiement se justifiait par la camaraderie du théâtre, mais le « tout à toi », comment le justifier, alors qu'il avait été suivi de cette nuit passée dans la même maison. A la vérité, il y avait l'orage. Mais si cet orage excusait tout, pourquoi le beau-père et la belle-mère avaient-ils essayé de tromper leur gendre par une affirmation fausse.

Sans appuyer son espérance sur rien, Zyte avait cru que l'avoué, par cela seul qu'il était un habile homme d'affaires, la rassurerait ; il trouverait quelque moyen de défense, comme le médecin doit trouver un remède miraculeux dans les cas désespérés, elle fut épouvantée de le voir si peu rassuré lui-même, et ce fut pleine d'angoisse qu'au jour fixé par l'assignation, elle se rendit avec son père au Palais de Justice.

Quand elle traversa le Palais, quelques jeunes avocats la reconnurent, et alors il y eût un brouhaha sur son passage.

— C'est Duchatellier qui vient pour son divorce.

On la dévisagea, quelques-uns la suivirent, et elle

baissa la tête avec confusion, tandis que son père se redressait fièrement en lui disant :

— On nous reconnaît.

Ils arrivèrent les premiers dans la salle d'attente du président, mais peu de temps après, M. Chamontain entra, suivi de Gaston. En voyant son beau-père, Zyte avait baissé les yeux, tant son émotion avait été poignante ; quand elle les releva pour chercher ceux de son mari, ce fut en vain ; il s'était assis de façon à lui tourner le dos, et il resta ainsi jusqu'au moment où on les appela.

Zyte passa la première et Gaston la suivit, les deux pères restant dans la salle d'attente à se regarder comme des chiens de faïence ; le riche méprisant le pauvre, le pauvre dédaignant le riche ! Quel vieux misérable ! disait Chamontain ; quelle vieille canaille ! disait Duchatellier.

A la première question du magistrat qui faisait fonctions de président, Zyte prit la parole, et plus bravement qu'on ne pouvait s'y attendre en voyant l'angoisse qui la faisait trembler, elle dit d'un trait ce qu'elle avait à dire : puisque les gens d'affaires trouvaient la situation compromise, c'était à elle de la sauver.

— Je suis innocente du crime dont on m'accuse, mais je suis coupable d'une imprudence que j'ai été amené à commettre par une amitié pour un camarade et par faiblesse. J'aime mon mari, je l'aime aujourd'hui comme au premier jour de notre mariage, et s'il obtenait le divorce, il ferait de moi la plus malheureuse des femmes.

Elle dit cela en le regardant, mais elle ne rencontra pas ses yeux, qu'il tenait attachés sur le parquet; alors elle continua :

— Pardonnez-moi, monsieur le président, de garder la parole ainsi, mais quand mon mari, accompagné par son père, est venu, emporté par l'indignation, me demander où j'avais passé cette nuit, il n'a rien voulu entendre, et j'espère que mes explications lui prouveront que je n'ai pas cessé d'être digne de son amour.

Le président avait vu Zyte dans quelques-uns de ses bons rôles, et il la trouvait aussi touchante dans son cabinet que sur la scène, aussi jolie, aussi dramatique; quelle science de diction ! comme elle avait bien dit « accompagné de son père », et aussi « digne de son amour ».

— Parlez, madame, nous vous écoutons.

Mais Zyte tout à son angoisse, ne fut pas pour le président ce qu'il était pour elle, elle ne sentit pas ce qu'il y avait dans « nous vous écoutons », et n'y vit que la liberté de s'expliquer qu'on lui accordait :

— Voici comment j'ai été entraînée dans cette imprudence. Joseph n'est pas pour moi le premier venu, c'est le camarade, l'ami de mes années de jeunesse ; avec une discrétion dont je n'avais pas pu ne pas être touchée, il s'était éloigné de moi après mon mariage, comprenant que mon mari, élevé dans un tout autre monde que le nôtre, pouvait ne pas aimer certaines fréquentations ; cependant nous n'avions pas rompu toutes relations et quand il me rencontrait seule, il m'abordait. Dix fois il m'avait

demandé d'aller voir, quand je serais libre, une
maison qu'il était tout fier de s'être fait construire.
J'insiste sur ce sentiment de fierté qui s'explique
quand on sait les années de misère qu'il a traver-
sées. Toujours j'avais refusé. Enfin deux jours avant
cette visite dont on me fait un crime, il me rencontre, au moment où j'entrais au théâtre, et m'a-
dresse de nouveau son invitation ; par les journaux
il sait que mon mari est à la chasse, et que je suis
seule à Paris. Comment refuser ! J'accepte pour le
lendemain. Un changement de spectacle me retient,
et, je lui écris la lettre qui semble m'accuser ; je veux
racheter tous les refus que je lui ai opposés, et sans
penser à autre chose je lui dis que je serai tout à
lui. J'arrive à La Varenne, où il m'attend, et cela est
d'autant plus naturel qu'on ne peut arriver chez lui
qu'en bateau. Nous dînons. Un orage survient et
m'oblige à laisser passer l'heure que je m'étais fixée
pour reprendre le train. Enfin il faut partir malgré
la pluie, malgré le tonnerre qui font rage. Nous
ouvrons la porte ; à ce moment la foudre frappe
l'arbre du débarcadère, l'île est en feu. Il est impossible de sortir. Je dois me rendre à l'évidence.
Quand le calme se rétablit un peu, le dernier train
est parti. Je reste, et ne rentre à Paris que le lendemain matin. Dois-je avouer à mon mari la vérité?
Je ne l'ose pas, mes parents diront que j'ai passé
la nuit à Montmartre. J'aurais dû ne pas accepter
cette invitation ; j'aurais dû ne pas écrire cette
lettre ; j'aurais dû prévoir qu'un accident pourrait
m'empêcher de revenir ; j'aurais dû, la faute com-

mise, l'avouer franchement à mon mari, et ne pas chercher à la cacher par un mensonge, je le reconnais; mais de cette faute au crime dont on m'accuse il y a un abîme que je ne pouvais franchir, mon amour l'atteste.

Le président ne put pas ne pas admirer la façon dont fut dit ce long couplet, son élan passionné, son développement mesuré et harmonieux, sa gradation savante qui arrivait à ce cri vraiment superbe, « mon amour l'atteste ». Si ses fonctions de président avaient comme celles du confesseur leurs lassitudes, elles avaient aussi parfois des bonnes fortunes, et c'en était une d'avoir entendu la musique de cette voix si bien timbrée, et d'avoir vu de près ce beau visage si expressif, ces yeux si éloquents, cette bouche si passionnée. Quelle admirable comédienne !

Malheureusement Gaston n'avait pas écouté sa femme comme le président, en la regardant, car ses yeux n'avaient pas quitté le parquet sur lequel s semblaient attachés, et s'il n'avait pas pu fermer ses oreilles il s'était raidi contre l'émotion en se répétant que tout cela était préparé à l'avance : une leçon bien dite, et bien jouée.

Il fallait répondre, il le fit en deux mots, sèchement :

— Ce que je ne veux pas dire, les témoins que j'ai à faire entendre le diront pour moi.

La loi veut que le juge fasse aux deux époux les représentations qu'il croit propres à opérer un rapprochement; le président s'acquitta de son devoir longuement avec l'intention manifeste de bien marquer l'intérêt qu'il apportait à cette cause.

Quand il se tut, Gaston ne répondit à son discours que par une muette inclinaison de tête ; puis aussitôt qu'il put se lever, il sortit au plus vite, et Zyte n'eût qu'à le suivre.

Si désappointée qu'elle fût, elle n'était pas découragée : évidemment, il avait gardé une attitude imposée, comme il avait répété une leçon : il n'avait pas été lui ; M. Chamontain, non Gaston ; le beau-père, non le mari.

Dans le ciel noir qui l'enveloppait, il y eut d'ailleurs une éclaircie comme un rayon de soleil et d'espérance ; le tribunal en accordant au mari « la permission de citer », c'est-à-dire d'engager l'action à fond, statua sur la garde de l'enfant qui fut confiée à la mère.

Au moins elle avait sa fille, et bien que son avoué ne lui eût pas caché que ce n'était qu'une mesure provisoire, son angoisse s'en trouvait allégée : le présent était sauf. Aussitôt elle quitta son appartement de la rue de Rivoli et vint habiter avec ses parents à Montmartre, l'enfant trouverait là un jardinet pour jouer, les distractions et les gâteries que pouvait lui donner sa grand'maman, et ce qui était d'une grande importance, une garde qui ne se laisserait pas tromper : l'expérience de la bonne était instructive, et montrait qu'avec un homme comme M. Chamontain on ne pouvait s'entourer d'assez de précautions. Pendant que Zyte était à son théâtre ou au Palais, ou chez l'avoué il fallait qu'elle eût la sécurité absolue et sa mère seule pouvait la lui assurer

La procédure suivit son cours ; Zyte eût à comparaître plusieurs fois au Palais ; mais au lieu de se plaindre de ces comparutions répétées, elle eût voulu qu'elles fussent plus fréquentes encore : n'était-ce pas dans une de ces rencontres que pouvait naître l'occasion, promise par M. de Paradan, de se trouver seule avec Gaston.

Cependant cette occasion ne se présentait pas, M. Chamontain accompagnant toujours Gaston (et dans son anxiété elle en était venue à se demander si le duc avait été sincère, lorsqu'un jour, elle reçut un court billet qui pour n'être point de la main de M. de Paradan venait sûrement de lui :

« On n'a pas encore pu faire ce qu'on voulait, mais le moyen de réussir est proche ; d'ailleurs, les circonstances paraissent plus favorables, la réaction attendue se produit sous l'influence de la séparation ; — veillez et brusquez. »

Que de motifs d'espérer dans ces quelques lignes : le duc ne l'avait pas abandonnée comme elle l'en accusait : les circonstances étaient plus favorables, Gaston revenait à elle.

Un jour, pendant l'enquête, M. Chamontain n'accompagna pas Gaston ; ce fut le duc que Zyte vit paraître, et un signe imperceptible de celui-ci l'avertit d'être attentive « Veillez et brusquez. »

Évidemment, pendant les dépositions des témoins il n'y avait rien à tenter, il n'y avait qu'à veiller comme le recommandait le billet ; c'était seulement à la sortie que l'occasion d'entretenir Gaston pouvait se présenter. Pour être plus libre, elle renvoya son père à l'avance, et quand on sortit elle se rapprocha de Gaston, tandis que le duc restait en arrière. Ils étaient dans un corridor sombre, elle lui prit la main, et la serra dans une étreinte rapide, en même temps qu'elle lui jetait d'une voix à peine perceptible, que lui seul pouvait entendre, ces quelques mots :

— Il faut que je te parle, monte dans ma voiture.

Et elle continua son chemin, se demandant s'il la suivait : à la chaude étreinte par laquelle il avait répondu à la sienne, elle croyait l'avoir ému, mais ne se trompait-elle point ?

En ouvrant la portière de sa voiture, elle pût se retourner ; dans l'ombre elle l'aperçut à quelques pas derrière elle ; passerait-il ?

— Gaston, murmura-t-elle.

Il monta et referma la portière : elle lui avait pris la main ; elle se trouva dans ses bras.

Quand elle pût parler, ce fût le même mot qu'elle répéta :

— Il faut que tu m'entendes ; mais pas ici, chez nous.

La distance est courte du Palais de Justice au Louvre ; en quelques minutes ils arrivèrent ; le soir s'était fait, et ce fût dans l'obscurité de l'escalier non encore éclairé qu'ils montèrent, se tenant par la main.

Il ouvrit lui-même la porte avec sa clé ; mais lorsqu'ils se trouvèrent dans cet appartement encore tout chaud et vivant de leurs souvenirs, il ne fut pas question d'explication ; il la prit dans ses bras et la porta dans leur chambre.

— Et maintenant, tu vas chez l'avoué, dit-elle pendant qu'il endossait son pardessus.
— Tout de suite. Et toi, comment vas-tu pouvoir jouer ?
— N'est-ce pas notre métier de jouer quand même, dans la douleur comme dans la joie.
— A tout à l'heure.
— Dîne en sortant de chez l'avoué, et reviens m'attendre ; demain matin, nous irons chercher Hella ; quelle joie pour elle de revoir son papa.

Ils descendirent ensemble, et dans la rue seulement, ils se quittèrent, Zyte pour aller au théâtre, Gaston pour monter chez son avoué qui demeurait aux environs de la Bourse.

Mais il ignorait que les études d'avoué ne sont plus ouvertes le soir ; ce fût inutilement qu'il sonna; la concierge lui dit que l'étude était fermée.

Il resta dans la rue désorienté, il était venu pour se désister de sa demande en divorce trouvant plus commode de le dire à l'avoué qu'à son père ; il ne voulut point rentrer auprès de sa femme sans s'être acquitté de l'engagement qu'il avait pris envers elle, et puisque l'avoué n'était pas là pour recevoir son désistement, il s'expliquerait avec son père : ce soir même ou le lendemain, il fallait bien en venir là ; et pour Zyte mieux valait que ce fut ce soir même : elle lui saurait gré de sa fermeté qui serait pour elle une preuve d'amour.

Quand elle rentra à minuit, ayant à peine pris le temps de changer de costume, elle ne le trouva point installé dans leur chambre, l'attendant, comme il l'avait promis.

Pourquoi n'était-il pas encore arrivé ?

Elle eut un serrement de cœur, mais tout de suite elle se reprocha d'avoir pu admettre l'inquiétude.

Il allait arriver.

Le temps s'écoula, les heures succédèrent aux minutes, les bruits des voitures s'éteignirent.

Il ne viendrait point.

Où l'aller chercher ? Chez son père ?

Mais il n'était pas possible qu'il fut rentré chez son père : il lui était arrivé quelque chose ? Quoi ?

Elle passa la nuit dans ces angoisses, les plus cruelles de sa vie.

Au matin elle n'était pas plus fixée : où aller, que faire ? Elle s'était dit que le jour lui apporterait une idée. Mais au jour elle se trouvait encore plus dans le vide que pendant la nuit, par cela seul que la nuit était écoulée et que le jour commençait.

On sonna ; son cœur bondit ; il avait la clé de l'appartement, ce n'était pas lui. Alors que venait-on lui apprendre ?

Haletante, elle ouvrit ; c'était le duc.

— Gaston, s'écria-t-elle.

— Il vient de partir pour la Hongrie avec son père. Mais vous avez des témoins ?

— Quels témoins ?

— Des témoins de votre réconciliation.

— Je ne sais pas.

— Que s'est-il passé ?

— En sortant du Palais de Justice, il est monté en voiture avec moi et nous sommes venus ici.

— Et alors ?

— A sept heures, il est parti pour aller chez l'avoué se désister.

— Et au lieu d'aller chez l'avoué, il est venu chez son père à qui il a dit plus ou moins bravement qu'il renonçait au divorce parce qu'il avait la preuve que vous n'étiez pas coupable. Mais son père et sa mère, ont si bien manœuvré qu'ils l'ont retourné. Ils lui avaient fait vouloir le divorce. Vous lui aviez imposé la réconciliation. Ils l'ont ramené au divorce.

— C'est impossible ; il m'a promis...

— Les promesses des gens faibles autant en emporte le vent. M. Chamontain, moins naïf que vous, qui n'auriez pas dû le quitter, l'emmène pour le soustraire à votre influence. Tout notre espoir est maintenant dans les témoins qui prouveront la réconciliation. Votre cuisinière, votre femme de chambre ?

— Je demeure avec mes parents, je n'ai plus de domestique ici.

— Le cocher qui vous a amenés ?

— Je n'ai pas son numéro.

Le duc frappa du pied.

— Votre concierge l'a vu passer.

— Oh ! sans doute.

— Allez l'interroger.

Elle revint bientôt ; la concierge ne pouvait rien affirmer ; lorsqu'ils étaient montés, elle n'était pas dans sa loge ; lorsqu'ils étaient redescendus, elle dînait, et à ce moment, ce n'était pas son habitude de se déranger pour voir qui passait.

Le duc eut un mouvement de fureur, et pour la première fois de sa vie, lui si correct, l'injure lui vint aux lèvres :

— Vous êtes stupide, plus stupide qu'il n'est permis de l'être : il n'y a plus rien à faire.

Et il s'en alla.

Zyte resta si profondément accablée dans la honte, honte d'elle-même et honte de son mari, qu'elle ne dit rien de cette réconciliation à son avoué. Ce ne pouvait être qu'une humiliation inutile, puisque le duc reconnaissait lui-même qu'il n'y avait plus rien à faire.

La loi qui a exigé que les parties soient présentes aux premiers actes de la procédure du divorce, n'a point eu les mêmes exigences pour les derniers : le jugement fut rendu sans que Gaston revînt en France ; il autorisait le divorce et remettait l'enfant à son père.

Seule, Zyte eût subi ce jugement tant était profond son mépris pour celui qu'elle avait si passionnément aimé, mais elle avait sa fille qu'elle voulait garder, il fallait donc qu'elle usât de toutes les ressources que la loi mettait à sa disposition.

En appel, les parties n'ont pas à comparaître, le procès se passe entre gens d'affaires, Gaston ne revint pas en France, tant M. Chamontain avait peur :

l'arrêt confirma le jugement de première instance aussi bien sur le point du divorce que sur celui de la garde de l'enfant.

Le jour même où l'arrêt fut rendu, Bachollet qui, pendant le cours des deux procès s'était montré assidu auprès de Zyte, venant la voir à chaque instant le soir au foyer du théâtre, et lui faisant assez souvent des visites à Montmartre, arriva chez les Duchatellier, où il trouva Zyte en pleurs serrant convulsivement sa fille dans ses bras.

Il lui demanda un moment d'entretien, quelques minutes seulement, s'excusant de la troubler dans des circonstances aussi douloureuses.

— Le jugement qui vous frappe, dit-il, n'ôte rien à l'estime que j'ai pour vous depuis longtemps. Et la preuve, c'est que je viens vous demander d'être ma femme. Je vous aime depuis que j'ai pu vous apprécier, et si je ne parle qu'aujourd'hui, c'est qu'hier, mes paroles eussent été une offense. Aujourd'hui, vous êtes libre de par la loi, comme je le suis moi de par mon caractère et ma fortune. Le monde vous a été cruel, et le plus sûr moyen de prouver l'inanité de ses accusations est de prendre pour mari l'homme qui a été le témoin de votre vie; plus tard, quand votre fille sera grande, ce mariage pourra éclairer ses sentiments.

Elle lui tendit la main :

— C'est à une désespérée que vous parlez, si elle pouvait croire à un recommencement, ce serait en vous écoutant. Je ne me marierai jamais. Je ne suis plus femme. Je ne suis plus mère. Je ne suis que comédienne. Une grande artiste qui elle aussi avait souffert de l'amour, m'a dit, il y a quatre ans, un mot qui depuis plusieurs mois m'est revenu bien souvent : « Vous êtes tendre, que le bon Dieu écarte le malheur de votre chemin ; aimez votre art ; n'aimez que lui. » Son souhait n'a pas été exaucé. Son conseil sera suivi. Le mariage, quelle plaisanterie on en a faite. Quelle farce... tragique.

FIN

NOTICE SUR « ZYTE »

Il est rare de trouver une femme de théâtre qui n'espère pas ou n'ait pas espéré faire un beau mariage. Qu'elle ait ou n'ait pas de talent, peu importe ; chez celle qui en a, la vocation matrimoniale est la même, si elle n'est pas plus ardente, que chez celle qui n'en a aucun, comme si pour toutes la scène n'était qu'un lieu d'exposition bon à les mettre en belle lumière et en valeur, un champ de foire où l'on parade en attendant l'acheteur. Que les obscures, qui par les dons naturels ou le travail ne sont rien et n'arriveront à rien, veuillent échanger la vie de galères dans laquelle elles traîneront à jamais leur boulet contre une plus heureuse, cela s'explique ; mais chez les autres, les brillantes, que la nature a douées de la beauté ou du talent, qui par le travail de leur jeunesse sont arrivées au succès, pourquoi cette ambition qui n'est qu'une déchéance? Comment le mariage leur paiera-t-il les sacrifices qu'elles font ?

Toutes, étoiles ou pauvres diablesses, s'imaginent qu'elles trouveront, dans un beau mariage, la fortune d'abord, cela va de soi, et en plus la considération ou les triomphes mondains en même temps que le respect familial : être grande dame ou simplement femme honnête pour de bon et non plus de semblant, au hasard d'un rôle, quel rêve !

La vérité est qu'il s'en trouve qui les mériteraient ces triomphes mondains, comme il peut s'en trouver aussi qui auraient droit à ce respect familial ; et cependant la dure expérience ne tarde point à leur prouver que, quelles qu'elles soient et quoi qu'elles fassent, elles ne les auront jamais, alors qu'ils iront spontanément à la bourgeoise la plus insignifiante.

C'est que femmes de théâtre elles ont été, femmes de théâtre elles restent ; par cette simple raison qu'il y a des professions qui vous marquent d'une empreinte indélébile et que, de même que le prêtre défroqué ne se débarrasse jamais de la robe qu'il a portée, la comédienne n'efface pas le rouge dont elle s'est maquillée, aussi indestructible pour elle que le sang sur les mains de la lady Macbeth dont elle a peut-être joué le rôle.

Est-ce à dire que le monde, le grand comme le bourgeois, n'a pour elle que dédains ou mépris ? Les choses ne vont pas jusque-là. Mais il n'en est pas moins vrai qu'elle n'y est point admise en égale. Quand on médit d'elle, ce n'est pas du tout de la même façon que de la première venue, et contre elle toute accusation est acceptée à l'avance : — Vous comprenez ?... Est-ce qu'un mari jaloux de sa femme l'est de l'élève du couvent à la mode comme de l'élève du Conservatoire ? Et plus tard, quand elle marie ses filles, quels sentiments rencontre-t-elle auprès de son gendre et de la famille de celui-ci ?

L'Église a pu relever les comédiens de l'excommunication si longtemps prononcée contre eux, le monde n'en est pas arrivé à son indulgence.

Que faire à cela ? Rien, si ce n'est ne pas quitter le théâtre quand on y tient une place si petite qu'elle soit, et rester libre maîtresse de sa vie comme de ses sentiments.

C'est avec ces idées que j'ai écrit *Zyte*, mais sans pousser les choses jusqu'à la thèse : l'exemple suffisait.

Qu'au lieu de subir le préjugé du beau mariage, Zyte obéît tout simplement à l'impulsion de son cœur et devînt la maîtresse de Gaston, il était possible qu'elle la restât toujours et que leur amour, que rien ne traverserait, se transformât en une liaison indestructible comme il n'est pas rare d'en rencontrer au théâtre, où collage est plus fort que mariage.

Cette conclusion n'est pas morale, dira-t-on.

Assurément, mais le théâtre n'a rien à faire avec la morale.

Faut-il dire que la famille Duchatellier n'est pas une fantaisie d'imagination ? J'espère qu'on voit que c'est un tableautin d'après nature, avec son mélange de vertus bourgeoises et de vie de bohème dans le cabotinisme le plus misérable.

Zyte eût-elle été possible telle que je l'ai montrée sans son éducation dans ce milieu ?

Je conviens qu'il peut dérouter les idées courantes sur ces pauvres comédiens ambulants en qui la régularité bourgeoise ne veut voir que des êtres abjects simplement parce qu'ils sont désordonnés. Mais il n'y a jamais à se demander si l'on bousculera ou ne bousculera pas la tradition : rendre ce qu'on voit, et ne pas s'inquiéter du reste ; je n'ai pas inventé le pain bénit de la mère Duchatellier, ni ses prières, ni son honnêteté.

Vraie aussi est la première tournée de Joseph, et la représentation à Luzarche, celle à Louviers, la main tendue sur le pont de pierre de Rouen sont telles que me les a racontées le comédien arrivé qui a commencé par là une carrière que le talent a dégagée brillante des misères du début.

Enfin, vraie aussi la leçon de mademoiselle Rousseau, sur l'interprétation du rôle de Chimène ; seulement c'est mademoiselle Dudlay, de la Comédie-Française, qui l'a faite, non à Zyte, mais à celui qui l'a reproduite, imparfaitement par malheur, et sans l'élan d'inspiration, sans les éclairs de celle qui l'improvisait.

H. M.

ÉMILE COLIN — IMP. DE LAGNY

www.ingramcontent.com/pod-product-compliance
Lightning Source LLC
Chambersburg PA
CBHW071114230426
43666CB00009B/1959